# 공자

현대 중국을 가로지르다

# 공자

## 현대 중국을 가로지르다

전인갑 외 지음

새물결

# 차 례

# 공자, 현대 중국을 가로지르다

본서는 2002년부터 시작된 「20세기 중국의 공자와 국민국가」라는 제목의 공동연구의 산물이다. 1년간의 공동연구와 2년여에 걸친 원고 수정과 단행본 발행 준비를 거쳐 이제야 겨우 빛을 보게 되었다. 적지 않은 시간을 경과하면서 우리의 공동연구가 대상으로 하는 중국의 문화적 환경도 많이 바뀌었다. 이 연구가 시작될 무렵만 해도 중국에서 공자 혹은 전통문화의 재평가는 지금만큼 활발하게 진행되고 있지는 않았다. 그러나 2004년과 2005년에 중국에서 국가적인 지원을 등에 업고 공자라는 상징이 화려하게 부활했으며, 갈수록 공자는 중국인의 정체성을 확인하는, 그리하여 중국 사회를 통합하는 상징으로 더욱 중시되고 있다.

또한 우리의 연구가 시작될 무렵에는 한국의 중국 현대사 학계에서도 공자를 전면에 내세워 연구한다는 것이 어색했을 뿐 아니라 인기 영합적인 공자 해석과 '유교자본주의론' 혹은 '아시아적 가치' 논란 등으로 인해 이 연구가 구구한 오해를 불러일으킬 만한 소지도 다분했다. 그럼에도 아주대학교 김태승 교수를 비롯하여 여러 선생님들의 격려로 20세기의 중국인들이 새로운 사회질서를 만들기 위해, 그리고 새로운 국가체제를 재구축하기 위해 청산이든 활용이든 간에 공자를 어떻게 정리하고자 했던가에 대한 우리의 문제의식을 학문적으로 심화시킬 수 있었다.

우리의 눈에 20세기의 중국사는 전혀 상반된 모습으로 전개되는 듯한 착각을 불러일으킬 만큼 모순된 현상이 교차하였다. 최근에만 하더라도 중국의 지도자들은 선부론先富論을 이념적 기반으로 성장제일주의에 천착하더니 이제는 균부론均富論 혹은 조화론合譜論으로 선부론이 불러일으킨 격동을 수습하려는 듯하다. 이처럼 모순되게 비치는 현상은 20세기를 통틀어 쉽게 발견할 수 있다. 공자 역시 낙후의 원흉으로 지목되어 청산의 첫번째 대상으로 전락하기도 했지만 그 후 긍정적 재평가를 받아 부활하는 듯했다. 20세기 후반기에도 동일한 경험을 반복했으며, 현재는 공자가 중건重建되고 있는 듯한 양상이다.

우리의 연구는 20세기 전·후반에 반복되는 이러한 현상을 실태 그대로 드러내고 분석함으로써 현대 중국이 만들어지는 과정에서 공자로 상징되는 전통이 실제로 어떻게 작용했던가를 밝히고자 하였다. 이 과정에서 우리는 공자 혹은 전통을 둘러싼 평가의 가치편향성을 배제하고자 노력하였다. 우리의 노력이 어떻게 평가될 것인가는 일면 두렵기도 하지만 이제 독자들의 냉엄한 평가에 맡길 수밖에 없다.

본 연구는 한국학술진흥재단의 2002년도 기초학문연구 지원비 수혜를 받아 시작하였다. 공동연구팀은 전인갑을 연구책임자로 하여 이경룡, 천성림, 김승욱, 정문상, 박경석, 김지선으로 구성되었다. 그후 본 연구에 공감한 국제평화대학원대학교의 성리학 전문가 조남호 교수와 상해시당안관의 싱지엔롱邢建榕이 연구팀에 합류하여 도움을 주었을 뿐 아니라 옥고를 건내주어 본서의 현재 면모를 갖추게 되었다. 연구를 진행하는 과정에서 인천대학교 중국학연구소의 지원도 적지 않았음을 밝힌다.

본서를 편집하는 과정에서 공자에 대한 이미지를 시각화하기 위해 화보를 곁들였는데, 연구팀의 일원인 김승욱 교수가 화보를 선택하고, 설명을 붙이는 수고를 아끼지 않았다. 인문학술서의 발행이 쉽지 않은 현실에서 이 책의 출판을 기획해주신 새물결 출판사의 조형준 주간과 번거로운 편집 작업에 성의를 다해준 편집진에게 깊은 감사를 드린다.

2006년 4월
전인갑

# 총론: '공자', 탁고적托古的 미래 기획

## '공자', 극단의 반전反轉

〈자료 1〉 1910년대 신문화운동 와중에서 연출된 "타도 공가점打倒
孔家店"의 한 장면

"도척盜跖이 행한 해독은 일시적이지만 도구(盜丘, 도둑놈 공자)가
남긴 재앙은 만세에 미친다. 향원鄕愿이 일을 잘못하면 (그 여파가)
겨우 일우一隅에 그치나 국원國愿의 유독流毒은 천하에 퍼진다. 그런
까닭으로 공화共和의 국민이 되었으나 배운 것도 재주도 없으며,
기꺼이 공씨孔氏의 노예인 효자순손孝子順孫이 되었다. 공씨를 겨드
랑이에 끼고서 불간 돼지가 성질이 나 이리저리 설치는 (것처럼)
어리석고 난폭할 뿐, 시비是非를 구분하지 못하며, 불량한 풍속과
관행에 사로잡혀 분수도 모르고 무모하게 세계 공화국의 배반할
수 없는 원칙을 거부한다. 이 역시 개미가 자신의 힘을 가늠하지
못하고 큰 나무를 흔들려는 무모함일 뿐이다."[1]

<자료 2> 1930년대 공자탄신일 행사

자료 2-1

"역사가 있어야 민족정신이 고양될 수 있고, 문화가 있어야 민족의 진보가 원만하게 개척될 수 있고, 출중한 역사인물이 있어야 그를 본받아 민족의 영예를 유지할 수 있는데, 공자야말로 이를 모두 충족시켜줄 수 있는 존재이다."[2]

자료 2-2

"제공전례祭孔典禮가 27일 아침 7시 중앙정부에서 파견한 엽초창葉楚傖 등의 주재로 곡부曲阜 공묘孔廟 대성전에서 성대하게 거행되었다. 십수년래 없었던 성대한 전례이었기에 구경꾼이 수만에 이르렀고, 공묘는 새벽부터 공덕성孔德成을 비롯한 공씨 족인 수천여 명과 각계 인사들로 가득 차, 성황을 이루었다. 중앙은 27일 아침 8시, 중앙당부 대강당에서 선사공자탄신기념전례先師孔子誕辰紀念典禮를 거행하였다. 당부 내외에 화환이 가득하였고, 강당에는 갖가지 표어가 나붙었다. 의식이 매우 성대하게 거행되었다. 국민당 중앙집행위원회에서 왕조명汪兆銘, 거정居正, 대전현戴傳賢, 진공박陳公博, 방각혜方覺慧, 진수인陳樹人 등 당부와 국민정부의 주요 인사를 비롯해 약 천여 명의 공직자들이 참석하여 성황을 이루었다."[3]

<자료 3> 문화대혁명 시기 공자 파괴 장면

자료 3-1

"공가점은 봉건주의, 자본주의의 상징이며, 4대 구악의 대표이고, 자본주의 복벽 세력의 지주이며, 모택동 사상의 절대적 권위를 수립하는 데 큰 장애이다. 반드시 공가점을 타도해야 한다! 반드시 공가점을 타도해야 한다! 오사 시기에 무산계급이 영도한 인민대중의 반봉건적 문화대혁명에서 일찍이 "타도공가점"의 구호를 제기하였다. 그러나 당시의 신문화운동은 광대한 공농군중에게 깊이 침투하지 못하였고, 자산계급의 대표 인물이 봉건세력에 타협 투항하여 공가점을 철저하게 타도하지 못했다. 이후 존공尊孔, 독경讀經이 또 다시 반동파가 반동 통치를 진행하는 금과옥조가 되었다."[4]

자료 3-2

아래 사진은 곡부의 공묘 대성전 안에 있던 명대에 채색한 공자상이다. 문화대혁명 때 북경에서 내려온 홍위병들에 의해 눈이 파

▲ 20세기 20년대 프랑스인이 촬영한 공묘 대성전의 공자상.
◀ 문화 대혁명 시의 파괴된 모습.

이고, 복부가 뚫렸다. 온몸에 공자를 비난하는 각종 표어가 어지럽게 붙어 있다. 공자상의 가슴에 크게 "천하의 몹쓸 놈頭號大混蛋"이라 쓴 글이 눈에 띈다. 그 후 공자상을 뒤집어 밖으로 끌어내 가두행진을 하며, "천하의 몹쓸 놈" 공자를 여러 사람들에게 보이면서 모욕을 주었고, 끝으로 파괴하였다. 이 사진은 뒤집히기 전의 광경이다.[5]

〈자료 4〉 중국인민대학의 공자연구원 개원식

"그의 사상은 중화민족의 살아 숨쉬는 원천이고, 예악문화禮樂文化의 주요 근거이며, 가치 관념의 시비是非의 기준이고, 윤리도덕의 규범 근거로서 중화문화의 기본적 정신 가치를 구성했다." "유가사상은 이천여 년의 발전 중에 중화민족의 정신을 배양하였으며, 민족 주체 정신을 창조하는 중임을 담당했고, 그 자체의 생명과 지혜로 중화민족 정신의 영원한 독립과 발전을 수호했다."[6]

자료 4는 2002년 11월 30일 중국의 명문 대학인 중국인민대학에서 성대히 개회된 "중국인민대학 공자연구원"의 창립 기념식을 전하는 중국공산당 이론지 『광명일보光明日報』 보도 기사의 일부이다. 이날 기념식에는 미국, 캐나다, 스웨덴, 일본, 한국에서 외빈이 초청되었고, 국무원 전부총리 곡목谷牧, 민진중앙民進中央 부주석 초장楚庄, 교육부 부부장 장신승章新勝, 국학대사國學大師로 칭송받는 장대년張岱年과 북경대학의 탕일개湯—介 교수 등이 참석한 가운데 경축식이 개최되었다.

대대적인 경축행사와 함께 개원된 공자연구원은 "우수한 전통문

"천 개의 얼굴을 가진 공자"

중국 춘추 시대 사람인 공자(BC 551~479년)는 교육자, 철학자, 정치 사상가, 문학자, 편집자 등 천 개의 얼굴을 갖고 있다. 하지만 공자는 예수가 그리스도교의 창시자이고 부처가 불교의 창시자인 것과 같은 의미에서 '유교'의 창시자는 아니다. 그리하여 그의 가르침은 사회 역사적 환경에 따라 각기 유가(儒家), 유학(儒學), 유교(儒敎) 등으로 다양하게 변주되어 수용되어왔다. 조선 시대의 경우에만 해도 공자는 이처럼 유학과 유교 사이를, 즉 학문과 정치 그리고 종교 사이에서 계속 동요해왔다. 뒤의 여러 도판들이 보여주듯이 그의 초상들이 다양하게 형상화되어온 것은 이와 관련되어 있을 것이다.

마원(馬遠)의 공자상(북경 고궁박물원 소장). 앞의 공자상과는 현격한 대조를 이루며, 특히 구릉(丘) 모양으로 머리가 튀어나왔다고 전하는 공자의 모습을 생동감 있게 표현하고 있다. 과연 동일인물인가 할 정도로 큰 진폭을 보여주는 공자의 초상들은 그만큼 역사적으로 그의 사상의 수용 폭이 넓었음을 반증해준다.

은행나무 단상(杏壇)에서 제자들에게 강학하는 공자의 모습을 형상화하고 있는 이 그림은 공자의 가장 원형적인 이미지 중의 하나를 상징적으로 보여준다. 이것은 마치 예수와 부처가 제자들을 대상으로 자신의 가르침을 전했듯이 공자 또한 제자들과의 대화와 가르침을 통해 자신의 사상을 전달했음을 보여준다. 하지만 예수와 부처가 이후 제자들에 의해 편찬되는 대화편들을 통해 신격화되는 반면 공자는 '온고이지신'의 현실 개혁가로서, 세상을 사는 지혜의 교사로 남아 있게 된다.

공자가 관직에 있을 때 출행하는 모습. 공자는 수레 위에서 사구(司寇) 관복을 입고 단정히 앉아 있고, 앞뒤로 12제자가 수행하고 있다(남송 시대의 『조정광기(朝廷廣記)』에 수록). 공자의 가르침은 '유교'라는 틀로 종교화되는 방향으로 나갈 수도, 또는 천하를 주유하면서 현실 정치를 개혁하는 방향으로 나갈 수도 있었다. 현세의 초월이 아니라 현세적 실천을 강조하고 실천한 데서 공자 사상의 독특한 특징을 찾을 수 있다(위).

초병정(焦秉貞)의 「공자성적도(孔子聖迹圖)」(미국 세인트루이스 미술관 소장). 열국을 주유하며 제후들에게 유세하는 장면을 그리고 있다. 공자의 학문은 학문(學)을 민중에 대한 가르침(敎)으로 적용해가는 특징이 있었으며, 그런 점에서 국가 통치 이념으로 화하기 쉬운 구조를 갖고 있었다(아래).

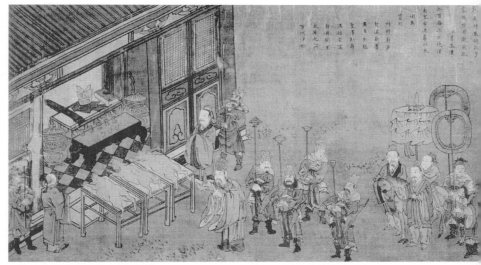

한 고조 유방의 태뢰제(소, 양, 돼지 세 가지 제물을 다 갖춘 제사) 장면. 한대 이후 유교는 국가 권력에 의해 존숭되며, 국가 유교가 된다. 중국 최초로 천하를 통일한 진나라와 그에 이은 한나라의 중앙 집권적 권력이 등장하면서 유교는 이후 중국의 국가 통치 이데올로기가 되며, 뒤이어 동아시아 인접 국가들에서도 유사한 형태로 자리잡게 된다(위).

산동성 곡부에 있는 공묘(孔廟). 이는 공림(孔林), 공부(孔府)와 함께 '삼공' 으로 불린다. '공부' 는 공자 집안의 후손들이 세습해서 연성공 시대부터 거주하는 지역으로, 중국의 명·청 시대의 황궁 다음으로 가장 큰 저택이다. '공림' 은 공자와 그의 가족들의 전용 묘지로 세계에서 가장 크고 오래된 가족 묘지이다. 공자가 세상을 떠난 2년 후에 조성되었으며, 한대 이후 역대 통치자들의 13회에 걸친 수리와 복원을 거쳐 현재의 규모가 되었다(아래).

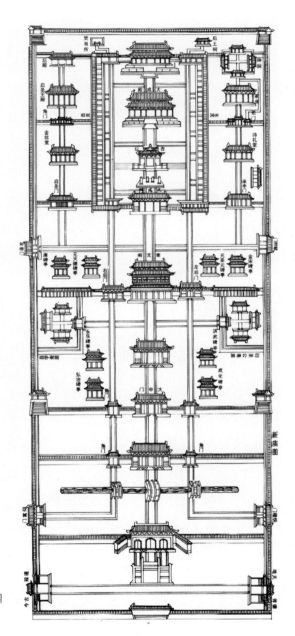

정덕본(正德本) 『궐리
지(闕里志)』의 공묘도.

공묘에서 함께 추숭되고 있는 맹자, 증자, 안자(顏子), 사자(思子)의 사배상(四配像). 이것은 마치 수많은 제자들과 함께 모셔지고 있는 부처의 이미지를 연상시킨다. 춘추 전국 시대를 배경으로 하는 공자의 가르침은 법가, 묵가, 노장 사상 등 다른 사상적 흐름과의 길항 관계 속에서 영향을 주고받는 가운데 체계화되었다. 또 이후의 정신 세계를 두고 인도에서 유래해 중국식으로 토착화된 불교와 때로는 경쟁하면서 때로는 상호 보완하면서 맺은 관계 또한 공자의 사상을 이해하는 데서 무시할 수 없는 요소였다.

수사서원(洙泗書院). 서원은 중국의 전통시대 동안 유학 경전을 강학하던 주요 교육기관이었다. 수사서원은 니산서원(尼山書院), 춘추서원(春秋書院), 석문서원(石門書院) 등과 함께 산동 곡부의 4대서원으로, 지금까지 온전히 보존되어온 유일한 서원이다.

第七週光復紀念
民國七年十月二十九日

願大家
拿鏡子先照自己

好國民要留好樣
於社會

曲阜縣石刻孔聖為魯司冠真像
陸 軍 競 技 會

중화민국 7(1918)년 10월 29일, 동자군(童子軍) 육군경기회(陸軍競技會)가 신해혁명 승리 7주년을 기념해 인쇄한 석각 판화. 공자가 공화국 체제로의 이행을 기념하는 판화의 중심에 등장하고 있는 것이 이채롭다. 아마 이것만큼 동아시아의 근대화의 역설을 잘 보여주는 것도 없을 것이다. 외적으로는 급속한 서구화=근대화가 이루어지지만 정서적(mentalité)으로는 보수적인 정신 상태가 장기지속되는 것이다.

1942년 일본 괴뢰 정권이 인쇄한 선전물 속에 등장한 공자상. 중국의 항일전쟁 시기 괴뢰 정권은 공자 존숭을 제창했다. 늙고 고분고분한 노인의 모습을 한 이 공자상은 동시에 일본 제국주의가 바라던 중국의 모습을 그대로 투영하고 있다.

항일전쟁 시기 괴뢰 정권이 발행한 1원권 지폐 속의 공자상.
공자상의 좌측에는 곡부 공묘 대성전 앞의 용주(龍柱)가 함께 인쇄되어 있다(중국연합준비
은행 발행). 옆 페이지의 공자상과도, 그리고 뒷면의 우측 페이지의 공자상과도 또한 대조
를 이루는 이 공자상에는 괴뢰 정권의 이중적 입장이 절묘하게 투영되어 있다. 다분히 서
구화된 이미지에다 풍만한 몸매의 공자가 그것을 잘 보여준다.

제공의식(祭孔儀式). 산동 곡부에서는 2004년부터 관 주도로 공자 제사를 재개했다. 중국은 근대화와 함께 전통을 상징하는 공자와 우여곡절의 역사를 겪지만 이처럼 관에 의해 다시 제사로 모셔지는 상황은 중국의 현상황이 국민 통합의 이데올로기로서 전통을 대변하는 공자를 그만큼 절박하게 요청하고 있다는 것을 보여준다.

2002년 중국 우전부가 발행한 60분(分)권 우표. '고대 사상가 공자'라는 중립적인 표현과 함께 '성인'이나 유교의 창시자가 풍길 수 있는 모든 아우라가 지워져버린 이 초상화에서는 현대와의 관련에 대한 평가에서 묘한 망설임이 느껴지지 않는가?

◀ 비림비공운동 당시 불태워지는 만세사표(萬世師表) 공자의 편액. 오사운동에서 시작된 반공자 움직임은 비림비공에 이르러 절정에 달했다. 이는 옆의 위 사진에서 볼 수 있는 현 중국의 공자 존숭 움직임과 대조를 이루며, 중국 근대화 과정의 이중 변주 또는 역설을 상징적으로 보여준다.

20세기 40년대 공덕성(孔德成) 일가.

▶ 정운붕(丁雲鵬)의 삼교도(三敎圖).
그림 속의 공자, 석가모니, 노자는 유교, 불교, 도교의 '삼교합일(三敎合一)'을 표현하고 있다. 중국의 민간 신앙에서 유교는 불교, 도교와 습합(習合)되어 때론 명확히 구분되기 어렵다.

자녀의 학업, 가정의
화복 등을 기원하는
공자사당에서의 구
복 행위들. 민간 신앙
의 대상으로서 '공
자'의 모습을 엿볼
수 있다.

화를 계승하고, 공자사상의 정수를 널리 알리고, 국민의 인문적 소질을 함양하며 인류의 아름다운 미래를 건설"하는 데 기여할 것을 목표로 설정하였다. 여기서 공자는 '중화민족의 기본적 정신 가치'를 창조한 인물로서 중국뿐 아니라 '인류의 아름다운 미래'를 건설하기 위해 궁구해야 하는 위대한 인물로 설정되었다. 2001년 9월 동 대학 교정, 2004년 11월 북경어언대학北京語言大學 교정에 공자 동상을 건립한 것이나, 2004년부터 중국문화와 중국어를 전 세계에 전파하기 위해 만든 중국문화원을 '공자학원孔子學院'이라 명명한 것[7] 역시 공자 재평가와 공자를 활용한 중국문화 중건重建이 중국인들에 의해 기획되고 있음을 보여준다.

20세기 중국사에 조금이라도 관심을 가진 사람이라면 21세기 벽두에 화려하게 부활한 공자를 보면서 적지 않은 당혹감을 느끼게 될 것이다. 20세기 중국사에서 공자만큼 극단을 오가는 평가를 받은 인물도 없다. 20세기 초 만악의 근원으로 지목되어 철저한 파괴의 대상으로 전락했던 공자는 불완전하나마 새로운 국가를 건설하는 데 '동원'되어 일시적 재평가를 받다가 그 후 역시 철저한 파괴의 대상으로 재차 전락했다. 하지만 20세기 중국인들이 그렇게도 염원했던 강한 중국이 회복되는 과정, 한 걸음 더 나아가 옛 중화대제국을 연상시키는 '굴기崛起' 과정에서 공자는 또다시 화려하게 부활하는 극단의 역정을 걸어왔다. 이러한 공자의 역정은 단절과 연속, 파괴와 건설, 전통과 근대가 복잡하게 뒤엉켜 전개되는 중국현대사의 드라마틱한 반전과 재반전을 고스란히 반영한다.

20세기 중국인에게 공자는 분명 어떤 식으로든 정리하고 넘어가야 할 존재였다. 그 방식은 파괴일 수도, 현실의 필요에 의한 '활용' 혹은 미래지향적 재구성일 수도 있었다. 자료 1과 자료 3은 공자 파괴라는 방식을 통해, 자료 2와 자료 4는 공자의 재구성 혹은 활용이라는 방식을 통해 공자와 유학을 근간으로 유지된 중국의 역사를 정리하고자 한 시도였다.

자료 1은 중국 정신혁명의 분수령이었던 오사신문화운동에서 공자 타도打倒孔家店의 '노영웅'으로 칭송받았던 오우吳虞의 공자 비판이다. 여기서 공자는 도척보다 더 큰 해악을 끼친 인물로 전락하여 이름조차 '(도구盜丘, 도둑놈 공자)'로 바뀌었다. 그 이유는 명확했다. 공자와 예교질서가 '사람을 잡아먹기' 때문이었다.[8] 또한 철저하게 파괴해야 하는 우상이었기 때문이다.[9] 중국적 가치를 천하의 보편 가치와 등치시킬 만한 역량을 갖춘 대일통大一統 세계제국 중국을 식민지보다 못한 '차식민지次植民地'로 전락시킨 주범으로 공자를 클로즈업한 이상, 그리고 "민주와 과학"이라는 새로운 시대정신의 실현을 매개로 근대적 국민국가를 건설해야 하는 절박한 상황에서 공자와 예교질서가 그 실현을 저해하는 '우상'으로 굳건히 자리 잡고 있는 이상, 철저한 공자 청산은 당시로서는 불가피한 시대적 과제였던 것이다.

공자는 중화인민공화국에서 또 한번 철저한 파괴의 대상으로 전락했다. 문화대혁명에서 전개된 공자 비판은 신문화운동과는 비교도 안 될 정도로 파괴적이었고, 사회적, 문화적 재난을 초래했다. 자료 3은 이상주의가 초래할 수 있는 위험성을 가장 극적으로 보여준다. 자료 3의 사진은 연전에 아프가니스탄의 탈레반이 우상숭배를 이유로 바미얀 대불大佛을 파괴한 반문명적 행위를 연상시킨다. 여기서 공자는 신문화운동 시기의 "도둑놈 공자"에서 "천하의 몹쓸 놈"으로 한 단계 더 추락했다. 신문화운동에서 공자 비판은 그래도 이성에 의해 인도되었지만 문화대혁명에서 공자 비판은 그러하지 못했다. 이성에 의해 절제되지 않은 '어린' 홍위병들의 이상주의는 이제 공자 비판을 넘어 반문명反文明으로 치달았던 것이다.

오사신문화운동 주도자의 의식 속에서는 공자와 근대성, 공자와 혁명, 공자와 국민국가, 나아가 공자와 강한 중국으로의 복귀는 결코 양립할 수 없었다. 문화대혁명 주도자의 의식 속에서도 공자와 사회주의 국민국가(중화인민공화국)는 결코 공존할 수 없었다. 그러므로 공자를 파괴하고 청산하는 것은 당연했다.

중국이 민주와 과학으로 집약된 새로운 가치에 의거하여 근대사회로 발전해야 하는데, 공자로 상징되는 구질서는 이를 가로막고 있는 최대의 장애였다. 새로운 가치의 구현, 다시 말해 서구적 근대성의 성취를 위해 구질서를 철저하고도 시급히 청산해야 한다는 인식이 당시 급진적 지식인들의 심리구조였다. 그런데 신문화운동을 주도했던 지식인들은 민주와 과학으로 집약된 근대성을 구현하는 그 자체에 목적이 있었다기보다는, 이를 통해 침체된 사회를 새롭게 도약시킬 수 있는 문화적, 정신적 토대를 마련하는 데 궁극적인 지향점이 있었다. 신문화운동은 국민국가와 이에 걸맞은 사회운영시스템을 만들기 위한 선행 작업이었던 것이다.

문화대혁명의 주도자들도 사회주의 중국이라는 새로운 가치를 구현하는 데 있어 구가치와 구질서는 시급히 청산해야 할 구악이라는 인식이었다. 지금 와서 보면 문화대혁명에서 나타난 광란의 열정은 수렴하고 가야 할 현실에 의해 제어되지 못한 채, 사회주의적 국민국가 건설이라는 이상에 지나치게 집착한 결과 빚어진 현상이었지 않은가 생각된다. 비록 반문명적 파괴 행위였다는 차이는 있지만, 문화대혁명에서의 공자 파괴 역시 국민국가 건설을 위한 전통 파괴 운동이었다는 점에서는 신문화운동과 묘한 연속성을 보인다. 문화대혁명은 봉건적 유산의 청산과 새로운 형태의 국민국가인 사회주의 중국의 완성을 명분으로 공자를 철저하게 파괴했으며, 그 결과 공자는 역사의 전면에서 사라질 뻔한 운명을 맞았다.

그런데 공자와 예교질서는 중국 사회 깊숙이 착근된, 중국의 문화와 사회를 구성하는 기본 요소였다. 공자와 분리하여 중국인 혹은 중국문화 나아가 중국 자체의 정체성을 운위할 수 없는 상황에서 공자는 현실적 필요, 예컨대 국민 통합의 문화적 토대를 충족시키기 위한 수단으로 '활용' 할 만한 영향력은 충분했다. 또한 역사적으로 공자가 담당해온 국가, 사회, 문화 통합의 메커니즘으로서의 기능 역시 현실에서 배제할 수 없었을 뿐 아니라 '활용' 할 만한 가치가 충분했다.

중국은 지역의 다양성이 강한 사회로, 각 지역은 이해관계를 둘러싸고 혹은 문화적 이질성으로 인해 갈등 국면이 상존하는 사회였다. 또한 가족과 종족을 단위로 사회적 경쟁이 격심한 사회였으며, 경쟁의 결과는 매우 가혹했다. 현실은 통합보다 분열의 경향이 강했다고 할 수 있다. 그러므로 가혹한 경쟁과 상존하는 갈등에 한계를 긋는 한편, 경쟁과 갈등이 불가피한 현실을 배제하지 않고 이를 담아낼 수 있는 기제가 중국 사회에는 필요했다. 공자로 상징되는 예교질서는 역사적으로 오랜 시간 동안 '느슨' 하지만 거역할 수 없는 도덕 원리를 통해 문화적으로 중국 사회를 통합하는 기능을 수행해왔다. 국가, 사회, 가족질서가 문화주의에 입각하여 유지됨으로써 삼자가 하나의 원리로 통합되어 결과적으로 중국 사회 전체의 통합성이 확보될 수 있었다. 공자는 현실에 있어서도 그러한 통합의 정점에 존재했던 것이다. 그러므로 공자를 필요로 했던 토양이 근본적으로 바뀌지 않는 한 공자가 가진 통합력을 대안 없이 배제한다는 것은 위험한 선택이었을 뿐 아니라 시대 변화에 맞추어 공자를 '변통變通' 할 수만 있다면 공자를 통합의 정점에 두는 것이 훨씬 현실적이면서 '위험' 을 배제할 수 있는 선택이었다.

자료 2는 그러한 가능성을 확인시켜주는 사례이다. 1930년대 중후반 국민정부는 의욕적으로 '국가 건설' 에 매진한다. 취약한 권력 통합력과 일본의 침략으로 야기된 국가적 위난 상황에도 불구하고 국민정부가 추진한 자본주의적 근대성 추구를 통한 새로운 국가 건설 모색은 적지 않은 성과와 가능성을 보여주었다. 국민정부는 취약한 사회적, 정치적 통합력을 보완할 필요가 절박했는데, 공자는 더 없이 좋은 상징이었다. 공자탄신기념일이 지정되고, 중앙과 지방의 당정 기관이 대대적인 기념행사를 개최하여 공자를 민족정신의 고양, 민족의 진보, 민족의 영예 유지의 구심점으로 선전하였다. 이 역시 공자라는 상징을 활용하여 사회적 통합을 다지려는 목적이었다. 국민정부에 의해 시도된 공자 복원은 시대 변화를 깊이 성찰하지 못하고 공자라는 상징만을 활용함으로써 공자 파괴를 요구하는 시대적 요청에 적절히 대응하지 못했을 뿐 아니라 미래지향적 공자 재구성에도 실패하였다. 그러나 공자는 여전히 활용할 만한 가치가 있음을 확인시켜주기에 부족함이 없는 시도였던 것만은 부정할 수 없다.

국민정부의 공자 활용 이후 70여 년이 지난, 그것도 정권의 주체도 세계 속에서 점하는 중국의 위상도 완전히 달라진 21세기 벽두에, 1930년대 공자에 대한 상징 조작과 거의 동일한 목적과 방식으로 국가권력에 의한 공자 기획이 반복되는 듯하다. 자료 4가 그것이다. 첫머리에 소개한 자료 2와 자료 4의 내용은 표현만 다를 뿐 그 함의는 거의 완전히 동일하다. 자료 4의 공자 기획은 한 걸음 더 나아가 인민대학뿐 아니라 전국의 '인문 역량'을 집중하여 300~500권 분량의 『유장儒藏』을 10~20년 계획으로 편찬할 계획을 수립했으며,[10] 그 성과물이 최근 하나씩 출간되고 있다. 이것은 공자 재평가가 단순히 단일 연구소 차원이 아니라 국가 차원에서 추진되고 있음을 시사한다. 말하자면 공자를 활용하여 문화 역량을 갖춘 중국을 재흥하고자 하는 공자 재구성 작업은 국가적 기획의 산물이라 할 수 있다.

아직은 속단할 수 없으나 최근 국학열國學熱, 각종 역사 프로젝트—동북공정東北工程, 단대공정斷代工程, 문명탐원공정文明探源工程,[11] 『청사淸史』 편찬 등—가 조직적으로 진행되는 현상과 더불어 새로운 중국문화 건설의 핵심 자원 가운데 하나로 공자를 적극적으로 평가하는 흐름은 개혁개방 이래 비약적인 발전을 배경으로 전통의 재해석을 통해 자신들의 미래를 기획하려는 지적 경향이 확산되고 있는 현실과 무관하지 않은 듯하다. 여하튼 전통문화를 창조적으로 재구성하여 중국과 세계의 미래를 준비하려는 중국인에게 공자가 여전히 유용한 자산이라는 사실은, 그들 스스로가 극단의 평가를 통해 얻은 잠정적인 결론일지 모른다.


## '공자'에 의탁한 미래 창조

20세기 중국인들은 자신들의 미래를 위해 공자를 정리해야 한다는 점에서는 일치했으나 그 방식은 첨예한 대조를 보였다. 한편의 기획에서는 공자는 미래를 위해 반드시 정리하고 넘어가야 할 역사의 짐이었으므로 파괴되어야 했다. 또 다른 기획자들은 동일한 목적을 달성하기 위해, 공자는 미래를 만들어가기 위한 소중한 자원이었으므로 활용하고 재구성해야 했다. 특히 후자는 공자가 주나라를, 그리고 많은 중국인들이 하은주夏殷周 삼대三代를 이상으로 삼아 현실을 비판하고 이상적인 세계 즉 대동세계大同世界를 기획하고자 했던 문화사적 관성이 20세기 중국인들에게 면면히 이어진 결과인지도 모른다. 어떤 입장에 서든 한쪽에서는 치열하게 공자를 파괴했고, 또 다른 쪽에서는 공자의 활용 가치에 끊임없이 집착했다. 그 결과 역사의 현실에서 공자는 파괴와 재구성(활용)이라는 극단의 역정을 겪지 않을 수 없었다.

두 극단의 선택에는 각각 납득할 만한 타당성이 있었다. 우리의 연구는 공자 파괴의 타당성보다는 재구성의 불가피성에 중점을 두고 논의를 전개하고자 한다. 그것은 오사신문화운동 이래 현재까지 때로는 이성적인 방식으로, 때로는 반문명적 방식으로 공자 파괴의 타당성이 확인되었기 때문이기도 하다. 그러나 그보다는 중국문화에서 공자는 중국인 스스로 청산할 수도, 외래 요소에 의해 청산될 수도 없는, 따라서 어쩔 수 없이 지고 가야 할 역사의 살아 있는 유산이라는 판단 때문이다.

20세기의 중국은 정체와 격동이 뒤엉켜 한 치 앞도 가늠하기 어려운 복잡한 반전反轉의 시대였다. 전통과 근대, 혁명과 반혁명, 자본주의와 사회주의의 충돌, 그리고 이를 둘러싼 정치적, 문화적, 사회적 주도권 투쟁은 반전에 반전을 거듭했다. 그럼에도 최소한 이하나의 목적에는 이론異論이 없었던 듯하다. 그것은 강한 중국으로의 복귀였다. 복잡하게 연출된 반전의 드라마인 20세기 중국의 격동은 강한 중국으로의 복귀를 위한 몸부림이었다. 그 몸부림은 중국 사회가 근대성(modernity)을 갖추려는, 또한 통합된 '국민'에 의한 통일된 '국민국가'를 건설하고 발전시키려는 움직임으로 구체화되었다.

그런데 근대성을 토착화하는 것과 국민국가를 건설하는 것은 실질을 달리함에도 불구하고, 국민국가의 완성이 근대성의 성취로 인식되는 경향이 매우 강했다. 말하자면 근대성의 성취는 국민국가 완성을 위한 수단이며, 국민국가 완성이라는 과제에 종속된 가치였다. 오사신문화운동에서 본격 발원한 근대성의 추구도 국민국가 건설이라는 시대적 과제로부터 결코 자유롭지 못했다고 할 수 있다. 이택후李澤厚가 말했듯이 '계몽'이 '구망救亡'에 압도되었던 것은 '민주와 과학'으로 집약되는 근대성 그 자체의 구현보다는 강한 중국으로의 복귀에 필수불가결한 전제인 통일된 국민국가의 건설에 훨씬 많은 가치가 두어졌음을 의미한다. 국민국가 건설, 나아가 강한 중국의 회복이 그 무엇보다 강하게 20세기 중국을 짓누르고 있었던 것이다.

그러나 근대성의 성취를 통해 중국의 재건을 모색한 진영과 강력한 국가권력을 새롭게 구축함으로써 강한 중국을 중건하려는 진영의 차이는 분명했다. 우리의 논의에 한정해서 보자면 전자는 공자를 극복하고 청산함으로써 그러한 목적에 접근하고자 했다. 이 진영의 입장에서는 공자는 극복의 대상이었다. 소위 계몽적 조류의 이러한 지향과는 달리 공자에 대한 또 다른 기획 역시 존재했다. 그것은 후자 진영에 의해 주도된 것으로 공자를 '내포'의 대상으로 삼아 그러한 목적을 달성하려는 움직임이었다. 이처럼 앞서 살펴본 공자 평가를 둘러싼 극단의 반전은 동일한 목적을 향한 서로 다른 접근법이 초래한 산물이었다.

중국이 '근대적 개인'과 시민사회 그리고 국민국가가 긴장 관계를 갖고 정립하였던 서구식 근대국가로 발전할 수 있었다면, 공자는 20세기 중국에서 결코 내포의 대상이 되지 못했을 것이다. 20세기의 중국은 '근대적 개인'의 성장과 시민사회의 형성을 결여한 채, '누란의 위기'에 직면한 중국이라는 역사체歷史體를 구해내기 위해 선택할 수 있는 최상의 방안으로 국민국가 건설에 집착했다. 궁극적으로는 강한 중국을 회복하는 데 목적이 두어진 국민국가 건설 모색이 다양하게 전개되었는데, 여기서 공자는 문화적 통합, 나아가 국민적 통합의 구심점으로 활용되었다.

'내포 대상으로서의 공자' 기획은 지식인 사회와 국가권력에서 각기 다른 방식으로 진행되는 바, 먼저 지식인 사회에서 모색되었던 공자 재구성 시도를 살펴보고자 한다.

20세기 중국에서 근대성은 그 자체가 추구해야 할 '우상'이었다. 동시에 근대성은 중국이 국민국가를 건설하여 강한 중국으로 복귀하기 위한 '수단'이었다. 수많은 사상사 논쟁을 통해 볼 때 진보적 지식인들은 '수단'으로서의 근대성을 획득하기 위해 공자를 파괴의 대상으로 지목했지만 문화적으로 보수 경향의 지식인들은 전혀 다른 방향에서 공자를 활용했다. 공자는 이들에 의해 서구 편향적 근대성을 재검토하고 보다 깊이 있는 발전 전략을 촉구하는 성찰의 수단으로 기능했던 것이다. 대표적인 문화보수주의로 알려진 학형파學衡派를 비롯하여 1930년대 신유학新儒家과 양수명梁漱溟이, 1980년대 문화열文化熱 논쟁에서 중체서용론자가, 1990년대 국학열國學熱과 '공자의 본래 모습을 돌려주자還孔子本來面目'는 주장이 그러했다.

오사신문화운동 시기 공자를 재구성하려는 학술적 시도는 학형파에 의해 대표적으로 진행되었으므로 학형파를 중심으로 문화보수주의에서 재구성하고자 했던 공자상을 살펴보고자 한다. 비록 일부 급진 지식인에 의해 제기되기는 했지만 오사 시기의 공자에 대한 전면적이고 철저한 정리는 중국 역사상 초유의 사태로 당시 중국 사회에 던진 충격은 경천동지할 만했다. 그러나 존공尊孔의 사회적 분위기가 여전히 강고했을 뿐 아니라 공자로 상징되는 전통문화와 질서는 중국의 '초안정超安定'적 장기발전을 가능케 한 토대로 오랫동안 기능했으므로 일조일석에 와해될 대상도 결코 아니었다. 무엇보다 급진 지식인의 영향력은 현실에서 제한적이었고, 이들의 문제 제기 강도에 비례하여 존공 분위기가 강화됨과 동시에 보수적 인사를 중심으로 공자 파괴에 대한 사회적 비난이 확산되었다.

그 와중에서 구미에서 유학한 문화 · 학술계 인물을 중심으로 신문화운동에서 연출되고 있는 조급한 '서구' 모방을 비판하는 사상적 흐름이 대두하였다. 신문화운동이 점차 확산되면서 전통사상의 급진적 부정으로 인해 사상의 공황 상태가 초래된 반면, 그 대안이 세심하게 제시되지 못한 채 새로운 학설이 난무했을 뿐 아니라 신문화운동 주도자들 간에도 사상적 분열이 극심하였다. 이로 인해 사회 전반에 걸쳐, 그리고 적어도 사상 면에서는 '문화적 진공' 상황에 봉착했으며,[12] 그 틈을 타고 허무주의가 급속히 확산되었다. 이러한 상황은 서구 모방을 비판하는 사상적 흐름이 대두하는 배경이 되었다.

이러한 흐름은 『갑인甲寅』, 『학형學衡』이 선도했는데, 이들 잡지의 주도자들은 서구 사상의 비판적 수용을 통해 공자와 전통을 재구성하려 했다. 『학형』은 신문화운동에 대한 학술적이고 체계적인 비판으로 당시 영향력이 적지 않았다. 학형파가 문화보수주의 입장을 견지한 것은 사실이다. 그러나 이들은 국학보존회를 중심으로 하는 청말의 국수학파國粹學派나 오사 시기에 동성학파桐城學派와 절강학파江浙學派가 신문화운동에 공동 대응하기 위해 만든 북경대학의 국고파國故派와 같은 대표적인 전통주의자들과는 학문 배경, 전통에 대한 해석, 서구의 문화와 사상에 대한 이해에 있어 현저히 달랐다.

물론 『학형』에 관여했던 인물들은 복잡한 구성을 보인다. 하버드 대학을 비롯한 구미에서 유학한 지식인을 비롯하여 전통학문에 젖어 있던 전통주의자들도 참여하는 등 구성원의 성격이 다양했다. 그러나 '하버드 삼걸'로 평판이 높던 오복吳宓과 탕용동湯用彤이 중핵이었고, 여기에 진인각陳寅恪도 관여했다. 『학형』의 주도자들은 대부분 호적을 비롯한 신문화운동 주도자들과 연령 구성이나 유학 경험 등이 유사했다. 학형파를 주도했던 오복, 탕용동, 매광적梅光迪, 유이징柳詒徵 등은 미국 유학을 통해 어빙 배빗(Irving Babbit)이 주창하고 있던 '신인문주의'를 연구하여 중국의 새로운 사상적 모색에 적용하고자 했다. 말하자면 이들은 서구사상의 적극적 수용을 통해 공자와 전통을 재구성함으로써 신문화운동의 급진성에 제동을 거는 한편, 공자 파괴가 초래할 사회적 재난을 경고하고자 했던 것이다. 이들 역시 서구의 이론을 매개로 했다는 점은 신문화운동 주도자들과 동일했지만 그들과는 다른 서구사상을 가지고 그들과 다른 차원의 '신문화'를 탐색했던 것이다.

신문화운동으로 본격화된 공자 정리 작업은 학형파의 등장으로 문화적으로는 공자 파괴와 재구성이라는 두 축으로 진전되고 있었다. 뿐만 아니라 국가권력도 공자를 국민국가 건설에 활용하려는 기획을 하게 된다. 그리하여 공자 파괴를 통한 새로운 중국 건설 모색은 공자를 활용한 국가 건설 모색과 긴장 관계를 형성하게 되었다. 후자는 줄곧 국가권력에 의해, 전자는 비판적 지식인을 통해 발현되었던 바, 전자는 후자에 대한 비판적 대안으로 강한 영향력을 발휘하였다. 20세기 전·후반기를 통틀어 공자 비판이 정치적, 사상적으로 끊이지 않았던 것도 이 때문이다.

국가권력 역시 공자를 적극 활용했다. 국가권력에 의해 공자는 중국의 정체성을 형성하는 요체로 격상되어 존숭되었던 바, 그것은 제반 사회적 자원을 효율적으로 국가 건설에 동원하려 했던 국가권력이 공자의 현실적 가치를 적극 활용하고자 한 기획의 산물이었다. 앞의 자료 2에서 본 바와 같이 1930년대에 장개석蔣介石은 신생활운동新生活運動에서 공자를 국민 통합의 수단으로 적극 활용했다.

또한 '공자 타도打倒孔家店' 운동의 최대 수혜자라 할 수 있는 중국공산당 정권이 오늘날 공자와 전통문화를 '중화문화의 기본 정신 가치를 구성'하는, 그러므로 '중국 특색 사회주의 문화의 유기적 조성 부분'이라고 평가[3]하는 상황에 이르면 공자가 정체성의 정수로 격상되었음을 누구도 부인하지 못할 것이다. 공자상을 건립하고, 공자연구원을 만들고, 전 세계에 공자학원 설립을 추진하고, 덕으로 나라를 다스린다는 덕치를 표방하며, 『논어』를 비롯한 고전 교육이 부활하는 것은 이를 위한 상징 조작이다. 공자탄신기념 행사가 곡부를 비롯한 여러 도시에서 국가의 지원을 받아 화려하게 치러지는 것도 동일한 맥락이다.

이러한 상징 조작은 중국의 문화적 정체성을 강화하는 한편, 구미와는 다른 차원에서, 즉 공자와 전통문화를 근간으로 세계가 공유할 수 있는 문화를 중국인들이 창도할 수 있다는 문화적 자신감의 반영으로 해석할 수 있을 것이다. 물론 사회주의 시장경제의 확산으로 사회 모순과 계층간 갈등이 심화되는 상황을 조금이라도 완화하기 위한 목적에서 공자와 전통을 적극적으로 재해석하여 통합의 기제로 삼으려는 대내적 요인도 무시할 수 없다.[14]

1949년을 경계로 차원을 달리하는 국민국가 건설의 두 길 모두에서 공통으로 발견되는 이러한 현상은 공자에 대한 이해가 단순히 전통의 극복 혹은 계승의 문제라는 측면뿐 아니라 국민국가의 건설과 공자가 결코 분리될 수 없음을 확인시켜주는 것이다. 또한 서구에서 근대적 개인과 시민사회가 근대국가를 구성하는 기반이었다면, 20세기 중국은 공자와 전통을 문화와 사회 통합의 기제로 삼아 국민국가를 만들어왔던 것이다.

위와 같은 현상은 공자와 그로 상징되는 전통문화 그리고 유교적 가치가 삼투되어 형성된 사회질서(예교질서)가 다양한 모습으로 20세기 중국인들의 일상과 의식 그리고 정치와 사상의 영역에 깊숙이 자리 잡고 있음을 보여주는 것이다. 또한 공자 극복이든 공자 내포든 간에 20세기 중국인의 다양한 국민국가 건설 모색은 중국 사회에 뿌리 깊게 내면화된 공자를 배제하고서는 실현되기 어려웠음을 반영한다. 그 결과 시간과 체제를 달리함에도 공자를 활용하여 강한 중국을 재건하려는 20세기 중국인들의 미래 기획이 반복될 수 있었던 것이다.

## 20세기 중국의 공자 기획

20세기 중국 사회에서 공자가 논란이 된 배경을 이해하려면 사상적 측면보다는 공자의 문화심리적, 사회적 기능과 정치적 활용의 측면에 더 주목해야 한다. 또한 그렇게 해야만 끊임없이 쟁점이 되고 있는 공자, 나아가 전통에 대한 논의를 새로운 차원에서 진행할 수 있다. 그런데 여기서 하나 부언할 것은 1980년대에 미국에서 활발히 논의되었으나 지금은 거의 용도 폐기된, 그러나 근년 한국 지식인 사회에서 이상 열풍을 불러일으킨 바 있는 유교자본주의론을 재론하거나 유교적 전통이 동아시아의, 좁게는 중국의 경제적 급성장에 긍정적으로 작용했다는 담론에 개입할 생각은 없다. 더욱이 그러한 논의의 연장선에서 진행되고 있는 '전통'에 대한 재해석 및 이를 통해 동아시아 사회 발전의 동력을 발견하려는 일부의 경향을 비판하는 데 초점을 두고 있지도 않다.

현재의 중국은 '중층적 역사 과정'에서 형성된 사회이다. 전통문화의 상징인 공자는 그 과정에서 배제할 수 없는 장기지속적 토대였다. 그러므로 공자라는 배제할 수 없는 토대가 현대 중국의 형성 과정에 어떠한 작용을 했는지를 규명할 필요가 있는 바, 우리의 논의는 이를 실증적으로 분석하는 데 목적이 있다. 이 문제의 해명을 위해 다음 몇 가지 측면에서 접근하고자 한다.

첫째, 20세기 중국인들의 일상 속에 내면화된 공자의 실상을 재구성할 필요가 있다. 이것은 중국인의 일상생활 속에 녹아 있는 기층문화 혹은 문화심리구조로서의 공자 이미지에 대한 분석이다. 이 작업은 강한 중국을 건설하기 위한 기획에서 공자가 빠지지 않고 등장하는 원인을 전망하는 데 도움을 줄 것으로 생각된다. 부언하자면, 국민국가 형성 과정에서 국민 통합은 전제이다. 일상 속에 내면화된 공자, 다시 말해 기층문화이자 문화심리구조의 하나로 중국인의 의식과 생활 속에 깊숙이 침투해 있는 공자는 이미 부인할 수 없는 국민 통합의 기제로 기능하지 않을 수 없다. 이 점에서 공자는 국민 통합의 순기능 요인으로 작용할 것이다.[15]

위와 같은 문제의식을 담고 있는 1부 일상의 공자는 대중매체 속에 투영된 공자(전통)와 가정의 긴장, 공자와 여성문제, 누드모델 사건에 관한 글을 통해 20세기 중국인의 일상생활에 투영된 공자의 이미지와 그 무게를 분석하였다.

1920. 30년대 대중매체 속에 투영된 가족 담론과 가족을 둘러싼 다양한 과도기적 삶의 형태를 분석하는 과정에서는 전통적인 가족 관념과 가치관이 새로운 가족관계와 가족관념 형성에 상당한 영향을 미쳤음을 밝힌다. 소위 근대적 생활방식은 풍족하고 안락한 삶을 보장해주리라는 '확신' 아래 유행처럼 받아들여졌다. 그러나 무비판적이고, 무분별한 수용은 많은 병폐를 낳게 되는데, 그러한 병폐를 교정하는 한편, 전통적 가족도 아니고 그렇다고 해서 유행처럼 받아들인 서구적 가족도 아닌 자신들의 현실에 맞는 새로운 가족관계와 가족관념을 만드는 데 전통이 활용되었던 것이다. 이 지점에서 전통을 재구성하여 서구적 근대를 상대화해 가고 있는 1930년대의 중국인을 발견할 수 있을 것이다.(1부 1장 「대중매체 속의 공자와 가족)

1930년대 국민당 계열의 여성 지식인의 사례를 보면 유교와 공자가 여성주의와 반드시 대립적이지 않다는 사실을 알 수 있다. 공자와 여성주의는 일견 양립 불가능한 듯이 보인다. 그러나 1930년대 일부 여성주의자들은 국난 극복이라는 민족주의의 대명제를 달성하기 위해 민족주의의 입장에서 유교를 재해석함과 동시에 유교의 입장에서 페미니즘을 재정의하였다. 이 주제를 다룬 필자는 이를 '여성적 전략'이라 개념화했는데, 그것은 일상 속에 유교의 힘이 강하게 남아 있음을, 그리고 유교가 여성들에게 내면화되어 있었음을 반영하는 것이다. 일상에서 여전히 지속되고 있는 살아 있는 공자와 공자를 그토록 부정하려 했던 여성주의가 공존의 접점을 찾지 않을 수 없었던 현실을 이 글을 통해 확인할 수 있을 것이다.(1부 2장「공자와 여성」)

상해미술전문학교 서양화과의 여성 누드모델크로키 수업과 습작 공개 전시를 계기로 점화된 누드모델사건은 20세기 전반기 중국에서 가장 근대화된 도시인 상해에서조차 공자가 여전히 배제할 수 없는 무게로 뿌리 깊게 일상의 삶을 제어하고 있었음을 보여준다. 반면 누드크로키라는 새로운 교육과정을 실험한 문화 진영은 사회적 압력에 의해 '불경'스러운 실험을 철회하지 않을 수 없을 정도로 영향력이 매우 제한된 사회의 첨단에 불과하였다. 존공의 사회적 저변이 여전히 넓고 강고했음을 이 사건을 통해 확인할 수 있을 것이다.(1부 3장「누드모델사건」)

둘째, 국가권력에 의해 기획된 공자를 추적할 필요가 있다. 국가권력은 제반 사회적 자원을 효율적으로 국가 건설에 동원하려 했다. 기층문화 혹은 문화심리구조로 삼투되어 있는 공자는 중화민국 시기와 중화인민공화국 시기를 불문하고 문화적 차원에서 통합된 국민을 손쉽게 만들어낼 수 있는 수단으로 적극 활용되었다. 뿐만 아니라 중화민국 시기의 보수 지식인들과 중화인민공화국 시기, 특히 1990년대에 본격 형성된 대중문화 시장에 의지하여 대두한 '새로운 지식인'들에 의해서도 공자는 중국의 정체성을 확보할 수 있는 '편리한' 상징으로 주목된 바 있다. 20세기 중국의 국가권력이나 일부 지식인에게 공자는 중국인이라는 통합성과 정체성을 상대적으로 용이하게 만들 수 있는 수단이었던 것이다.

전혀 다른 정치, 사회 체제에서 발견되는 공자 기획 그리고 그 연속성과 동일한 지향성은 과연 무엇을 의미하는 것인가? 그것은 일차적으로 중국 사회에서 공자는 인위적인 노력으로 극복할 수 있는 대상이 아님을 말해준다. 그러나 그보다는 정치적 필요와 시대 상황에 조응하여 기획되는 중국의 국민국가 모색, 강한 중국의 모색에서 공자가 활용되었다는 점에 주목해야 할 것이다. 그러므로 2부 「기획된 공자」에서 분석하는 바와 같이 '비공(批孔, 공자 비판)'과 '존공尊孔'을 철학적 논쟁의 범주에서뿐 아니라 정치, 사회적 수요라는 측면에서 해명해야만 20세기에 공자가 그토록 극단의 반전을 거듭한 이유를 밝힐 수 있을 것이다.

국민국가 수립을 위한 사회적, 정치적, 문화적 대립과 경쟁은 앞서 말한 것처럼 극단을 오가는 공자 기획을 만들어냈다. '성스러운' 문묘는 그러한 대립과 경쟁을 어쩌면 가장 민감하게 반영하고 있는지 모른다. 상해 문묘의 기능이 변화해온 과정을 분석해보면 당시의 시대 상황에서 파괴든 재구성이든 간에 공자가 어떻게 활용되었는가를 잘 알 수 있다. 신해혁명 직후 문묘에서 존공 활동이 중단되었는데, 존공이 공화 이념에 맞지 않을 뿐 아니라 공자 부정을 통해 새로운 중화민국을 건설하겠다는 지향의 반영이었다. 반면 원세개는 집권적 통합을 강화하기 위해 공자를 적극 활용하여 문묘의 제공 기능을 회복, 강화시켰다. 그 후 남경 국민정부는 초기에는 비공을 통한 국가 건설을 모색하다가 1934년 이후에는 존공으로 돌아서 공자를 매개로 한 국민당 주도의 국민국가 건설을 지향하였다. 이처럼 공자는 어떠한 방향의 국민국가를 건설할 것인가에 따라 비공으로 기획되기도 하고 존공으로 기획되기도 할 만큼 높은 활용가치를 지녔다.(2부 1장 「근대 상해 문묘의 기능 변화」)

20세기 전반기 국가권력에 의한 공자 활용의 정점은 남경 국민정부에 의한 공자 기획일 것이다. 1934년 국민정부는 공자탄신기념일을 부활시켰다. 그 목적은 명백했다. 공자를 활용하여 문화적 측면에서 국민적 일체감을 조성하려는 목적이었다. 여기서 공자는 문화민족주의를 발현시키는 핵심 추동력으로 활용되었던 것이다. 한 걸음 더 나아가 공자는 대계도 등에 의해 손문과 삼민주의를 옹호하는, 그리하여 결과적으로 국민당 통치, 장개석 독재의 정당성을 보장하는 이념 장치로 활용된다. 이로써 정치적 의도가 문화민족주의의 긍정적 측면을 압도하게 되고, 공자를 보다 보편적이고 폭넓은 시각으로 재해석할 수 있는 가능성이 축소되는 결과가 초래되었다. 여하튼 국민정부의 존공 기획을 통해 공자가 살아 있는 매력적인 유산임이 확인된 셈이었다.(2부 2장 「공자탄신기념과 문화민족주의」)

공자가 시간과 체제를 넘어 배제할 수 없는 중국인의 자산임을 다시 한번 확인하는 사례를 중화인민공화국에서 발견할 수 있다. 문화대혁명에서 공자는 철저한 파괴의 대상으로 전락했다. '비림비공批林批孔' 운동에서 공자는 사회주의 혁명의 수레바퀴를 거꾸로 돌리려는 반혁명의 수괴로 낙인찍혀 파괴 대상으로 전락했다. 그런데 이 시기에 제기된 '비공평법批孔評法'은 반혁명 세력을 제압하기 위한 수단의 논리일 뿐 아니라 역설적이게도 문화대혁명을 종결시키려는 문혁 방향 전환 논리로 작용했다고 한다. 어찌 보면 공자 파괴의 가장 전형적인 사례인 문화대혁명에서조차 공자는 정치적으로 파괴의 대상임과 동시에 정치적 활용의 대상이었던 것이다.(2부 3장 「공자 비판의 정치학」)

그런데 문화대혁명에서의 공자 비판은 노신魯迅의 선구적 발언에서 보이는 공자 비판의 역사와 분리하기 어렵다. 문혁 시기 공자 비판은 사상적, 개념적 기반이 없는 것이 아니었다. 조기빈趙紀彬이 그러한 역할을 했는데, 그는 풍우란馮友蘭으로 대표되는 공자에 대한 추상적 해석에 맞서 공자를 계급적 인물로 그리는 한편 자신의 주장에 대한 철학적 논거를 제시하였다. 청대 고증학 전통을 이어 언어분석적 태도로 공자와 논어를 해석한 그의 연구방법론에 문제가 없는 것은 아니다. 그러나 그의 공자해석은 절대적 성인으로서의 공자 이미지에서 벗어나 자신의 시대를 치열하게 살았던 사상가로서의 공자를 부각시켰다는 점에서 신문화운동 이래 공자 비판의 역사적 물줄기 속에서 한 정점을 이루는 것만은 분명하다.(2부 4장 「이데올로기적 『논어』 독해」)

20세기 중국의 공자 기획에서 가장 극적인 반전은 최근 10여 년 사이에 벌어지고 있다. 최근에 국가권력과 지식인은 서로 다른 방향과 목적을 갖고 공자를 재구성하고 있다. 국가권력은 지식인을 보조자로 삼아 1980년대에는 문화열 논쟁을 기획하고, 1990년대에는 국학열을 고조시켜 좌파의 비공 논리를 시정하는 한편, 공자와 전통문화를 중국 특색의 사회주의 문화 건설에 기여하도록 기획하고 있다. 반면 국가권력의 기획에 복무하는 대상으로 격하되고, 시장경제의 발전에 따라 확대되고 있는 대중문화의 세속화 경향에 압도된 계몽적 지식인의 문화 주도권은 현저히 약화된 상황이다. 이런 와중에도 지식인들은 국가권력에 의한 공자 기획에 신중한 태도를 견지하는 한편, '인문정신의 위기' 담론에서 보이는 것처럼 현대화한 중국인들의 일상생활에 뿌리 내릴 수 있는 도덕적 덕목을 제시할 새로운 신유가新儒家의 탄생을 모색하고 있는 듯하다. 이러한 모색은 중국에서 시민사회(civil society)가 성장한 후 공자와 전통문화를 창조적으로 재구성하여 중국의 시민사회가 공유할 수 있는 문화 토대로 삼으려는 지식인들의 문화 전략으로 해석할 수 있을 것이다.(2부 5장 「'인문정신의 위기 논쟁과 공자 기획'」)

지금까지의 논의를 통해 다음 몇 가지 문제를 좀 더 면밀히 성찰할 수 있는 기회가 되었으면 한다. 첫째, 전통과 근대의 문제는 발전론적 관점에서 일방적으로 이해할 수 있는 문제도 아닐 뿐 아니라 역사(혹은 전통) 환원주의적 관점에서 이해될 수 있는 문제가 아니라는 점이다. 전통과 근대가 격렬한 마찰음을 내고 있던 시점을 과도기로 보는 인식은 극복 대상으로서의 전통과 추구 대상으로서의 근대를 전제로 중국의 근대성을 이해함으로써 중국인들이 형성해가고 있었던 근대성의 실체를 왜곡할 위험성이 있다. 반면 변화하지 않는 전통을 강조하는 환원주의적 관점 역시 전통의 역동성을 부정하는 결과가 될 수 있다. 따라서 근대 중국 사회를 움직인 제반 기제와 사회적 자원의 유통 구조를 전통과 근대가 각각 발휘했던 역동성에 주목해서 파악해야 한다. 전통과 근대가 중층으로 공존할 수밖에 없는 현실에서 진행되었던 근대성 탐색의 성과와 한계가 규명될 때 비로소 중국에서 근대성의 실체가 한층 명확해질 것이다.

둘째, 국민국가론에 대한 비판적 접근을 통해 볼 때 국민국가라는 근대를 만들어가는 과정에서 공자가 국민국가 즉 근대를 형성하는 한 요소로 작용하였음을 간과해서는 안 될 것이다. 공자로 상징되는 전통과 국민국가라는 근대는 그 원형대로 20세기 중국에 존재할 수 없었다. 변화된 시대와 역사적 토양을 달리하는 사회에서 공자와 근대는 불가피하게 접점을 찾지 않을 수 없었다. 20세기 중국에서 양자는 중층적 결합 과정을 통해 공자는 재구성되고, 국민국가는 서구의 그것과는 질적으로 다른 내용으로 형성되어갔던 것이다.

논의를 여기서 한 걸음 더 진척시키자면 때로는 공자 파괴를 통해, 때로는 공자 활용을 통해 만들고자 했던 국민국가는 각각 그 자체의 구현에 목적이 있었다기보다는 문화적 보편성에 기반을 둔 거대한 대일통 천하를 복원하기 위한 수단이었다는 관점을 가질 필요도 있다. 중국인들은 문화적 보편성을 실현하고 대일통 천하를 영원토록 보존하는 것이 국가의 본질적 기능이라는 인식을 뿌리 깊게 가지고 있었다. 국민국가는 그러한 기능을 수행할 근대적 형식이었던 것이다.

# 1부

# 일상의 '공자,

『열녀고현도(列女古賢圖)』(산서성박물관, 대동시박물관 분리 소장)(위).

『여효경도(女孝經圖)』(북경고궁박물원 소장). 그림은 『여효경』중「효치장(孝治章)」(아래).

# 1 대중매체 속의 '공자'와 가족

_김지선

## 머리말

1931년 1월부터 『조선일보』에 「삼대」가, 역시 같은 해 『상해시보上海時報』에 「집家」이 연재된 것은 우연의 일치만은 아닐 것이다. 1930년대 초 한국과 중국에서 거의 동시에 가족 내 세대간의 갈등을 다룬 작품이 나왔다는 것은 동양사회를 지탱하고 있었던 가족주의적 사고방식이 더이상 설득력을 얻지 못하고 있었던 현실을 반영하고 있다. 그리고 이러한 세대간의 갈등 속에는 봉건사회에서 근대사회로 이행해가는 과정에서 나타나는 가치관의 갈등이라는 공통분모가 내재되어 있다. 오사 시기 이후로 개인주의적 인간관이 봉건사회의 규범, 사상, 체제를 비판하고 개혁하는 과제가 되었지만, 일상에는 구습과 전통적 사고방식이 여전히 남아 있었고, 둘 사이의 첨예한 충돌은 바로 1930년대 '가족'이라는 공간에서 드러났다. 유교문화권 속에서 개인은 고립된 개체로 존재하는 것이 아니라 가족이라는 조화로운 전체의 한 부분으로 이해되었기에 가족문제는 바로 당시의 가치관이나 사회 제반 현상들을 바라보고 분석하는 첩경이 될 수 있다.

국민당이 1930년에, 공산당이 1931년에 각각 남녀평등의 정신을 표방하며 혼인과 가족에 관련된 민법을 제정, 공포하면서 근대국가로서의 면모를 구축하기 위한 토대를 다져나갔다. 이에 신문, 잡지 등은 다양한 입장에서 이상적인 가족관을 제시하였지만 현실은 그 이상과 거리가 멀었던 듯하다. 사회 지도층의 지속적인 노력에도 불구하고 가족 갈등 문제가 현실로 심각하게 대두되었다. 이런 상황들로 볼 때, 중국에서 전통 가족제도의 개혁은 불균형한 형태로 진행되고 있었음을 알 수 있다.[1] 1930년대 전후 시기의 작가들이 가족의 삶을 통해 집요하게 파헤치고자 하였던 것도 곧 가족이라는 화두를 통해 당면한 사회의 문제점들을 드러내고 그것에 대한 해결의 전망을 제시하고자 하였던 노력에서 시작되었던 것이다. 이에 이 글에서는 1930년을 전후로 한 시기의 가족 담론과 소설에 나타난 가족상을 통해 가족이라는 공간 속에서 전통과 근대가 어떠한 양상으로 충돌하면서 조우해나가고 있었는지 살펴보고자 한다.[2]


## 이상적인 가족관

19세기 말 과학문명을 기반으로 한 서구 제국주의가 중국을 군사적, 경제적으로 침탈하였던 사건은 중국인들에게 존망에 대한 위기의식을 불러일으켰다. 아울러 사회 내에서 일기 시작한 문화 충격은 바로 기존의 봉건사회 구조적 모순의 발견과 이에 대한 청산이라는 움직임으로 이어졌다. 전통과의 단절로부터 근대화의 출발점을 찾고자 한 20세기 초 중국 지식인과 정치가들에게 봉건시대의 가족과 그것의 유지 원리였던 유교 이데올로기는 중국 사회의 전근대적 기반으로 인식되었고 그들 사이에는 이에 대한 청산 없이는 새로운 사회를 건설할 수 없다는 절박감이 팽배해 있었다. 중국의 전통사회에서 정권政權, 종권族權, 신권神權, 부권夫權이라는 종법제도와 사상은 사회 전반에서 생활네트워크를 형성하는 혈맥과도 같은 것이었다. 수신修身, 제가齊家, 치국治國, 평천하平天下라는 유가 시스템 속에서 한 개인은 가족, 국가, 천하와 은유적인 동시에 환유적인 관계를 맺는 유기체의 원리 속에서 이해되어왔다. 이 때문에 새로운 가족에 대한 지식인들의 구상은 대가족제도에 대한 비판으로 연결되었으며 '개인의 존엄성 회복'이라는 인간관의 정립은 전통사회의 규범과 사상, 공동체 중심의 사고에 대항하는 기제가 되었다.

아마도 대가족제도의 해체 문제에 관하여 청말민초淸末民初의 무정부주의자들만큼 집착한 예를 찾기란 쉽지 않을 것이다. 무정부주의자들은 '군권君權=부권父權', '반국가反國家=반가정反家庭'이라는 논리 아래 전통문화 가운데 전제 봉건 요소들에 대해 전면적이며 강렬한 비판을 전개하였다. 무정부주의자들은 가족을 권력관계가 발생하는 기본 단위로 인식하고 가족과 종법제도를 둘러싼 여러 사회문화적 환경에 대해 맹렬하게 비판하였는데, 그들에게 가족을 변혁시키는 일은 정부를 전복하는 정치혁명과 동등한 위치에 놓여 있었다. 특히 천의파天義派의 '훼가론毁家論'이나 신세기파新世紀派의 '훼가담毁家譚'은 각기 사회혁명의 방식과 관점에서 차이가 있었지만 근본적으로 전통 가족이 전제 군권의 기초라고 인식하였던 점, 가족윤리의 변혁이 사회윤리의 변혁으로 이어진다고 이해하였던 점, 더 나아가 결혼 반대, 가족 해체라는 주장까지 나아갔던 점에서는 견해를 같이 한다고 하겠다.[3] 민국民國 성립 이후에도 강항호江亢虎의 '무가정주의無家庭主義'와 사복師復의 '폐가족주의廢家族主義' 등 무정부주의자들에 의해 가족은 해체되어야 한다는 논의가 끊임없이 제기되었다.

그 후 신문화운동의 대표적인 간행물인 『신청년新青年』은 과학주의에 기초한 철저한 반反전통주의라는 입장에서 대가족제도를 비판하고 새로운 가족제도를 제시하려고 노력하였다. 1917년 손명기孫鳴琪는 「가정과 국가 사이의 긴밀한 관계를 개량해야 한다改良家庭與國家有密切之關係」라는 글에서 가족제도의 개혁을 근대적 국가 이미지를 건설하는 과정과 연관시켜 문제를 제기하였다.[4] 1919년 오우吳虞는 「가족제도가 전제주의의 근거가 되는 것에 대해 논함家族制度爲專制主義之根據論」에서 유교의 '효제孝悌'를 중국의 전제정치와 가족제도를 결합하는 근간으로 보고 유교 이데올로기와 이에 바탕을 둔 가족 및 국가구조의 재편을 주장하였다.[5] 이러한 논의들은 곧 유교 이데올로기를 매개로 한 가족과 국가구조의 일체성 및 양자 간의 연계에 대한 청산을 주장한 것으로서, 가족주의 국가구조의 해체를 요구한 것이라 하겠다.

이 외 『소년중국少年中國』 역시 가족문제에 지속적으로 관심을 보였던 간행물로서, 1919년 제1권 제4기는 '부녀문제'를 특집으로 다루면서 이상적 가족상을 제시한다. 그 중 좌학훈左學訓은 「아름답고 유쾌한 가정優美愉快的家庭」에서 남녀 간의 애정이 전제된 결혼을 강조하면서 결혼 후에는 '일부일처의 부부애'가 행복한 가정을 꾸려나가는 토대가 될 수 있다고 주장한다.[6] 또한 황애黃藹는 「모범 가정이 진보적인 사회의 중심이 된다規範家庭爲社會進步的中心」[7]라는 글에서, 오약남吳弱南은 「중국 가정은 반드시 개조되어야 한다論中國 家庭應該改造」[8]라는 글에서 모두 서양의 가족론에 입각하여 중국의 전통 가족제도를 비판하고 있다. 이들은 모두 서양의 가족상을 이 상적인 것으로 설정하고 이를 중국 현실에 도입하여 대가족제도에 서 비롯되는 문제들을 해결하고자 하였다.

『신조新潮』의 맹진孟眞은 이보다 더욱 급진적인 논의를 전개해나 간 경우이다. 그는 「만악지원萬惡之原」이라는 글을 통해 가족을 '만 가지 악의 근원'으로 규정하고 전통 가족제도를 격렬하게 비판하 면서 이러한 문제들을 해결하기 위한 방법으로 '독신주의'를 주장 하기도 하였다.[9] 자유주의 성향을 지녔던 맹진은 심지어 독신주의 에 대해 "가장 고상하고 가장 자유로운 생활"[10]이라고 표현하고 있 다. 특히 혼인의 자유와 자유연애가 가족제도 혁신의 해결점이 될 수 있다는 인식은 미국의 무정부주의자 엠마 골드만(Emma Goldman)의 글이 『신청년』에 소개되면서[11] 관심을 받기 시작하였 다. 그리하여 1920년대 이후부터는 자유연애에 대한 담론이 사회 적으로 부각되기에 이른다.

또한 1920년대에 이르러서는 이혼 문제가 본격 논의되기도 하였 다. 평백平伯은 「현행 혼인제도에 대한 편면 비판現行婚制底片面批評」 에서 남녀 간의 자유로운 교제와 애정은 결혼생활의 기본 조건이 라고 제시하면서 그것이 전제되지 않는 결혼은 이혼해야 한다고 주장한다.[12] 역시 최박崔薄도 애정 없는 결혼생활을 구제해줄 수 있 는 유일한 방법은 이혼이라고 언급함으로써 가부장적, 전통적 관 념의 부부윤리를 파괴하는 주장을 하기도 하였다.[13] 이러한 문제

제기들은 기존 제도와 윤리의 모순을 지적하면서 새로운 제도와 윤리에 대한 전망을 제시한 것이었으나, 다른 한편으로 직업을 가진 지식인 여성들 사이에서 개인주의 풍조, 독신의 증가, 만혼 현상이 유행하기도 하였다.[14]

1920년대에 가족에 관한 논의가 주로 반봉건, 곧 '전통에 대한 부정'이라는 측면에서 이루어졌다고 한다면 30년대에는 좀 더 다양한 입장과 시각에서 가족의 문제를 논의하려는 움직임들이 있었다. 특히 1930년대에서 주목할 점은 이 시기부터 신문, 잡지에 부부애정학, 가정의 화목, 권태증 등의 입장에서 가족의 문제를 설명하는 글들이 실리기 시작했다는 것이다. 이러한 현상은 부부애가 중심이 된 소가족제도가 사회 보편적으로 관심의 대상이 되고 있었음을 보여주는 예라 하겠다. 1930년대 『신보申報』를 보더라도 부부싸움으로 인한 폭력과 살인, 자살까지 이어지는 사건들이 매일 보도되는 상황이었지만, 다른 한편에서는 부부싸움을 통해 부부 사이의 애정을 확인하고 사소하게 부딪히는 충돌을 건강하게 풀 수 있다고 설명하기도 하였다.[15] 이렇게 볼 때 30년대의 가족 담론에서는 부부애, 가정 화목이 중요한 요소로 인식되고 있었음을 알 수 있다.

1930년대에 연애와 결혼, 가족생활 등 가족문제에 대해 다양한 정보를 제공하였던 잡지로는 『생활주간生活週刊』을 꼽을 수 있다. 『생활주간』에서 제시하였던 이상적인 가족의 모델은 서구, 특히 미국의 가족상에 있었던 것으로 보인다. 『생활주간』에서는 몇 회에 걸쳐 미국 전원주택의 구조, 실내 인테리어 등을 특집으로 상세하게 소개하였다. 또 인간의 최고 행복과 향락의 조건으로 미국의 가정교육과 가정환경을 제시하면서 이에 대해 집중 보도하기도 하였다.[16] 또한 문명화된 나라의 가정주부가 해야할 덕목들로 합리적이고 효율적인 재정 관리, 아동 교육, 가정의 실내 환경에 대한 개선 등이 있다고 소개하는 기사가 실리기도 하였다.[17] 이렇게 볼 때 『생활주간』이 제시하고자 하였던 이상적인 가족상은 합리성, 효율성, 경제적 풍요로움으로 대변되는 미국의 가족이었음을 알 수 있다. 당시 상해를 비롯하여 근대 도시의 형태를 띠기 시작한 문화 속에서 핵가족, 특히 미국의 가족생활에 대한 관심이 매우 고조되고 있었음을 보여준다고 하겠다.

더욱이 『생활주간』에는 전통 가족윤리로부터 유발된 가정 불화를 사회적 토론의 쟁점을 삼기도 하였는데 대가족제도를 비판하는 사설과 독자들의 투고가 끊임없이 이어졌다. 주로 대가족제도 내의 갈등과 가정 불화를 막는 유일한 방도는 일부일처와 그 자녀만을 포함하는 소가족제도라는 견해가 제기되었다. 소반笑槃이라는 필명을 쓴 독자는 「중국의 가족제도中國家制」라는 글에서 비록 소가족제도 자체에도 문제가 있음에도 불구하고 소가족제도는 대가족제도에서 발생하는 문제, 예컨대 고부 간의 갈등을 막을 수 있다고 주장한다.[18] 그런데 더욱 흥미로운 것은 1930년대의 한국에서도 '친애親愛'를 단위로 한 부부 중심의 가족이 가정 불화를 막는 유일한 방도이며, 이로써 고부 갈등, 며느리의 학대 문제를 개선할 수 있다는 의견들이 『동아일보』나 『신동아』, 『신여자』 등의 사설에서 제기되었다는 점이다.[19] 이러한 인식은 당시 가족의 중심이 더이상 '부모'가 아니라 '부부'로 옮겨지고 있었으며 서구적인 부부관, 애정관이 사회적으로 설득력을 얻어가고 있었다는 것을 보여준다.

이렇듯 1930년대에 이르러 가족에 관한 다양한 해석과 설명들이 제기될 수 있었던 배경에는 농업·혈통·유교 중심의 전통사회에서 개인이 중심 단위로 움직이는 산업사회로의 변화라는 시대 인식이 포함되어 있다. 개인주의에 대한 주장과 혈연적 가족주의에 대한 비판은 봉건 질서의 해체와 함께 상공업의 발전과 도시의 부흥이라는 사회 변화를 반영한 것이었으며, 여기에는 근대에 대한 선험적 가정, 즉 근대=발전=선이라는 가치관이 내재되어 있었다.[20] 소가족제도에 대한 수용은 이러한 변화된 가치관에 힘입어 사회적으로 설득력을 얻어갔다고 할 수 있다. 하지만 다른 한편에서 1930년대 반광단潘光旦을 중심으로 제기된 '절충주의 가족제도折中家制'가 사회적으로 반향을 일으켰던 사례만 보더라도 중국인들에게서 전통 가족관과 가족윤리가 무조건 배제되면서 빠르게 침몰해갔다고 보기에는 여전히 조심스럽다.

1930년대 가족 담론과 관련하여 반광단과 『신월월간新月月刊』을 간과할 수 없을 것이다. 반광단은 『신월월간』을 통해 우생학에 입각하여 성, 가족, 결혼 문제를 분석한 논문[21]이나 이혼 문제에 관련된 글[22] 등 주로 서구 학자들의 논문을 꾸준히 번역해서 소개하였다. 그 중 「우생 결혼과 법률優生結婚與法律」이라는 글에서 민법 중 혼인에 관련된 조항들을 우생학적 가치로 분석하고 있는 부분은 매우 흥미롭다. 당시 사회에서 조혼에 대한 금지가 '경제적 독립 조건의 미비'라는 측면에서 찬성되어왔던 것에 비해 반광단은 건강한 2세를 출산할 수 있는 '신체 조건의 미비'를 이유로 들면서 조혼 금지를 찬성하였던 것이다. 중국 사회가 번창할 수 있는 제일 조건으로 생물학적 의의에서 '건강한 조직=가족'을 주목하였던 그의 이론적인 모색은 아편으로 찌들어갔던 봉건적 신체를 버리고 강한 체력을 지닌 국민상을 제시하려는 노력에서 비롯된 것이었다.

더욱이 반광단을 비롯하여 맥혜정麥惠庭 등의 학자들이 결혼의 목적이 2세를 낳아서 교육시키고 부모를 봉양하는 데 있다고 주장하였던 것을 볼 때, 이들이 구상하였던 절충주의 가족제도折中家制의 이상적인 가족상은 서구의 소가족제도는 아니었다. 즉 대가족의 동거 형태와 제도에서 비롯되는 병폐는 비판하지만 가족 간의 자애慈愛, 효순孝順이라는 전통 미덕은 그대로 유지시키려고 노력하였던 것이다.[23] 근대문명과 가치관이 수입된 이후로 끊임없이 비판의 대상이 되어온 대가족제도였지만 반광단의 절충주의 가족제도가 당시 중국인들 사이에서 상당한 호응을 받았던 것을 볼 때, 전통 가족관이 지니고 있는 미덕과 가치는 현실에서 여전히 큰 영향력을 행사하고 있었던 것으로 보인다. 이는 1850년에서 1920년 사이 식민지 인도에서 서구 핵가족의 특성을 개인주의적, 이기적인 것으로 비판하면서 상대적으로 인도의 확대가족제도는 전통적, 공동체적 가치를 보유한 것으로 칭송되었던 상황과 상통하는 면모를 보여준다.[24] 무조건 '수용'이 아니라 '참조'를 통해 중국 가족의 아름다운 미래를 구상하고자 하였던 노력 속에는 중국과 서구, 전통과 근대에 대한 현실적인 균형감각이 내재되어 있었다고 하겠다.


## 가족의 다양한 세태


외세의 침략으로부터 시작된 중국인들의 사회에 대한 자각은 변하지 않으면 안 된다는 위기의식을 낳았고 사회 전반에서 정신세계의 재편성 과정이 진행되었다. 하지만 일상 속에 남아 있는 구습

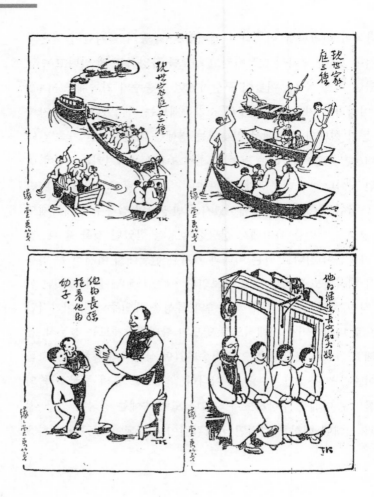

의 관성은 여전히 현실을 지탱하고 있는 힘의 논리였다. 이상적인 가족상과 일상에서 경험하는 가족생활은 괴리된 모습으로 드러날 수밖에 없었다. 풍자개豊子愷의 「인생만화지십人生漫畵之十」 중 「가정 사제家庭四題」(50쪽)는 이러한 사회적 괴리감을 잘 드러내고 있다.[25]

서구 근대문명의 상징인 바다에 떠 있는 증기선과 나룻배. 한쪽 에서는 근대문명의 혜택에 영합한 두 나룻배가 증기선을 따라 무 서운 속도로 바다를 헤쳐나가고 있지만 다른 한쪽에서는 허술하기 짝이 없는 나룻배 하나가 망망한 바다 위로 느리게, 아주 느리게 가고 있다. 증기선을 따라가는 배의 가족들은 저어 가야 할 노를 상실한 채 앉아서 각자 앞만 보고 있다. 반면 천천히 노를 저어 가 는 배의 가족들은 매우 힘겨워 보인다. 그들은 열심히 어디론가 향 해 나아가지만 상대적인 속도감에 밀리면서 증기선이 그려내는 포 물선과는 무관하게 흘러가고 있다.

다른 그림에서는 가족의 완전한 해체를 동경하는 '동거'라는 형 태의 배가 저만치서 유유히 흘러가고 있고, 또 다른 그림에서는 자 신의 큰손자가 첩에서 얻은 어린 아들을 안고 있는 광경을 흐뭇하 게 바라보는 아버지의 모습이 있다. 또 동갑내기인 첩과 큰딸과 며 느리가 함께 나란히 앉아 있는 기차의 풍경도 있다. 이 그림 속 인 물들은 모두 서로 자신의 생각만 하면서 앞만 바라볼 뿐 어느 누구 도 얼굴을 마주보고 있지 않다. 현실의 부조화로부터 유발되는 웃 음, 그것은 '쓴웃음'일 것이다. 하지만 여기에는 한순간의 웃음으 로는 간과될 수 없는 현실의 불일치가 있고 그 아이러니는 다시 일 상의 삶 속에서, 다시 문학 속에서 드러난다. 그것은 부정할 수 없 는 현실 자체였다.

**아버지의 죽음으로 대변되는 부권의 상실**

'군권=부권'이라는 유교 논리 속에서 아버지는 흔들리지 않는 권위의 상징 그 자체였다. 온 집안의 숭배와 경외를 받는 아버지의 권위는 아버지에서 아들로 계승되는 문화적 연속성을 지니는 것이었다. 조상의 신성을 물려받은 가장의 명령은 결코 거부할 수 없는 힘을 행사하였고, 한 개인이 가문의 번영을 가져올 입신양명 이외에 새로운 모험이나 변화를 시도하는 것은 금기시 되었다. 이 때문에 아버지는 늘 변화를 거부하는 존재로 나타난다. 『집』에서 고씨 高氏 노인이 손자 각혜覺慧가 신식교육을 받는 학교에서 『신청년』이나 서양소설을 읽고 친구들과 몰려다니는 것을 늘 못마땅해 하는 태도나 『자야子夜』에서 오씨吳氏 노인이 상해의 도시문명을 증오와 분노의 시선으로 바라보았던 것, 『농촌삼부곡農村三部曲』에서 통보 通寶 영감이 "양洋자가 들어간 것은 모두 7대 원수로 생각하는"[26] 태도 등에서 동양의 아버지들은 전통과 반反서양의 상징으로 나타나고 있음을 알 수 있다.

1930년대 소설에 나타난 가족상에서 두드러진 특징 중 하나는 아버지와 아들의 관계가 매우 적대적이고 부조화의 갈등 관계로 묘사되고 있다는 점이다. 이는 1920년대 소설에서 부권과 효에 대한 비판이 제기되면서도 현실적으로는 아버지의 위상이 건재하고 있었던 것과 차이를 보인다.[27] 특히 파금巴金의 『집』에서 손자 각혜가 할아버지 고씨 노인을 바라보는 눈길에는 적의가 가득한 것을 찾아볼 수 있다.

각혜는 할아버지를 찬찬히 들여다보고 있었다. 할아버지의 수척해진 긴 육신을 주의 깊게 보고 있자니까 금방 이상한 생각이 그의 뇌리에 떠올랐다. 그의 눈앞에 가로 누워 있는 사람은 그의 할아버지가 아니고 다만 구시대의 대표라는 생각이. 할아버지와 손자라는 두 세대는 영원히 서로 이해할 수 없는 사이라는 것을 그는 알고 있었다. 다만 그 수척하고 긴 육신 속에 도대체 무엇이 숨겨져 있길래 그들이 할아버지와 손자로서가 아니라 서로 적으로서 얘기하도록 하는 것일까.[28]

각혜는 구시대로 대변되는 할아버지를 적으로 규정하면서, 할아버지의 모습을 통해 지극히 온건하면서도 행복의 허영에 가득한 신사紳士 대가족의 다른 일면을 보게 된다. 그는 모순에 빠져 있는 대가족을 파괴되어야 할 낡은 제도로 간주하며 그것에 대해 결사적인 반항의 자세를 취할 준비를 하고 있다. 하지만 곧 각혜의 눈에 할아버지는 점점 쇠약해져가는 모습으로 비치고, 작가는 이러한 묘사를 통해 가부장권의 몰락이 시작되고 있었음을 보여준다. 사세동당四世同堂에서 아버지 세대가 누렸던 권위의 영화로움은 서서히 쇠락의 길로 접어들고 가족 내 대립이 필연적으로 아들 세대의 승리로 이어질 것이라는 기대는 작품 속에서 어렵지 않게 찾아볼 수 있다.

각혜는 넷째 숙부가 금릉고우金陵高寓에 가는 것을 자기 눈으로 봤다. 더구나 그는 그런 짓이 매우 자연스러운 일이라고 생각했다. 이젠 이 공허한 대가족이 하루하루 조락凋落의 길을 걷고 있음을 알았기 때문이다. 그것은 너무나 필연적인 운명이어서 어떠한 힘도 그 쇠망을 돌이킬 수 없다고 생각했다. 할아버지의 안간힘도 소용없고 다른 누구의 노력도 쓸데없을 것이다. 게다가 할아버지 자신이 그 길을 걸어가고 있지 않은가. 그는 자기 혼자만이 그 폐허 위에 우뚝 서 있는 것 같

은 생각이 들었다. 그는 또 자신의 도덕적 역량이 곧 붕괴하려고 하는
대가족을 뛰어넘을 것이라고 뿌듯하게 생각했다.[29]

  1930년대 가족사 소설에서 1세대 가부장권의 몰락과 함께 2세대
가 '방탕자' 혹은 '타락자'의 인물형으로 묘사되는 것 역시 주목해
볼 문제이다. 앞서 언급하였듯이, 1930년대 소설에서 세대 간의 갈
등은 가족 내의 문제를 넘어 여러 가치관들의 충돌과 혼재라는 사
회적 양상이 구체화된 것으로서, 2세대의 이러한 성격은 가치관의
공황상태에 빠진 과도기적 성격을 나타내어주는 것이라 하겠다.
이미 봉건 질서가 공허한 힘으로 움직이고 있다는 것을 알면서도
그 대안을 찾지 못하고 방황하는 극정克定의 모습은, 전통적 가치
관에 대한 기대도 없으며 적절한 사회적 역할을 찾지 못하는 당시
사회의 보편적인 심리를 대변해주고 있다고 할 수 있다.[30]
  1930년대 전통 사회질서의 급격한 변화와 몰락은 바로 아버지의
'병'과 '죽음'이라는 상징으로 드러나며 이는 곧 부권의 상실에
대한 은유적 표현이 된다.[31] 『집』에서 서서히 기력을 잃으면서 병
이 들었던 고씨 노인의 죽음은 단지 물러가는 세대의 노화에 의한
죽음 이상의 의미를 암시한다. 더욱이 고씨 노인이 죽음에 직면하
여 손자 각민覺民과 풍씨馮氏 집안과의 혼사를 거두어들인 것은 자
신이 고집하고 있었던 전통적 가치관의 포기 혹은 손자 세대의 새
로운 가치관에 대한 승복을 의미한다. 『자야』에서 오씨 노인이 상
해라는 도시에 와서 변화의 충격에 의해 죽어간 운명 역시 중국 봉
건사회를 유지해왔던 신사 계층의 몰락과 전통적 가치관의 쇠퇴를
보여준다. 25년 동안 자신의 서재에 틀어박혀 『태상감응편太上感應
篇』 이외에는 어떤 신문이나 잡지도 보지 않았던 오씨 노인과 '악

마의 소굴'인 상해로 와서 '경전을 버리고 도덕에 어긋난 생활'을 하는 아들과의 충돌은 피할 수 없는 것이었다.

"Light, Heat, Power!"로 상징되는 상해의 도시문명에서 전통 정서와 가치관은 이미 존재론적 기반을 상실해가고 있었고, 이를 목격한 오씨 노인은 1930년대 최고의 속도로 질주하는 자동차에 앉아서 『태상감응편』을 받쳐들고 "온갖 악행 가운데 음란함이 첫째이고 선행에서는 효가 우선이다"라는 훈계를 외운다.[32] 미친 듯이 달리는 자동차의 속도, 괴이한 눈동자처럼 번쩍이는 수백 개의 등불, 기계들의 소음, 네온사인의 붉은 빛, 여인들의 몸에서 나는 향기 등 모든 게 오씨 노인에게는 사악한 것으로 다가왔고, 이러한 근대 도시 문명의 충격 때문에 오씨 노인은 상해에 오자마자 실신하게 된다. 오씨 노인이 지켜왔던 신념 혹은 생활방식은 상해라는 도시에 오자마자 숨이 끊어질 수밖에 없는 것이었으며, 오씨 노인의 이러한 모습은 환락의 도시 문명 속에서 전통적 가치관이 더이상 설 기반을 잃었다는 것을 보여준다. 오씨 노인의 장례식을 지켜본 지식인 계층 범박문范博文은 자신의 눈에 비친 그의 죽음을 이렇게 묘사하고 있다.

하나도 이상할 것 없어. 오씨 노인은 시골에서도 이미 늙은 시체였어. 사실상 시골은 어둠침침한 무덤과 같았고 시체는 그 무덤 속에서 썩지 않았을 뿐이야. 지금은 현대의 대도시인 상해에 왔으니 자연스럽게 바로 풍화된 거야. 가라! 늙어빠진 사회의 시체여! 가라! 나는 5천년이나 썩은 시체인 구중국이 신시대의 폭풍우 속에서 빠르게 풍화되는 것을 보고 있어![33]

1930년 상해의 정치 · 경제 · 사회 · 문화 등 각 분야의 모순과 갈등이 집약적으로 노출되던 『자야』라는 작품이 성립될 수 있는 배경, 그 이야기가 전개될 수 있는 전제 조건은 바로 구세대인 오씨 노인의 죽음이었다. 바로 제1장의 내용이 오씨 노인의 장례식으로 설정된 것, 거기에서 작자의 의도를 읽을 수 있다. 도시적 삶의 양태가 정착되어가는 과정에서 전통사회의 가치관은 폐기되어야 할 것으로 이해되었던 것이다. 전형적인 룸펜의 형상인 범박문에게 비친 오씨 노인과 같은 구세대의 죽음은 진화론에서 찾아볼 수 있는 자연 도태와 풍화 과정의 결말이다. 이러한 평가는 향토의 몰락, 전통적 관념의 폐기, 새롭고 근대적인 것에 대한 끊임없는 추구가 바로 대도시 상해를 사는 사람들의 일반적인 정서였으며, 무덤과도 흡사한 구중국은 도태되고 있다는 것을 상징적으로 보여준다고 할 수 있다.

　　새로운 시대 변화, 근대문명의 충격 앞에서 느끼는 무기력함은 『농촌삼부곡』의 통보 영감에게도 예외가 아니었다. 모순의 농촌소설 『농촌삼부곡』은 상해를 배경으로 한 『자야』와는 또 다른 측면에서 30년대의 사회 모순을 보여주는 작품이다. 여기에서 통보 영감은 매우 근면, 성실하고 전통적 방식으로 농사짓기를 고집하는 아버지상으로 묘사되고 있다. 하지만 풍성한 수확을 얻을수록 파산에 이르게 되는 기이한 현상豊收成災을 목격하면서 끝까지 변화를 거부하였던 통보 영감은 서양 고치, 화학비료, 양수기라는 현실 앞에 굴복하게 된다. 자신의 가치관에 대한 혼란과 그것으로부터 느끼는 불행함이 통보 영감을 병들게 하였고 끝내 그를 죽음으로 몰아넣는다. 그의 죽음은 전통적 가치관의 존재 기반이 상실되었다는 것을 의미하며, 그가 대변하는 근면, 성실, 검소함과 같은 농촌

의 전통적인 미덕이 더이상 새로운 시대에 통용되지 못하고 사회
적인 힘을 잃게 되었다는 것을 보여준다.[34]

## 구식 결혼에 대한 불만과 근대적 가족생활에 대한 추구

근대적 가족을 꿈꾸는 이상과 현실의 괴리 때문에 빚어지는 갈
등은 1930년대 소설에서 찾아볼 수 있는 가족의 모습 중 하나다.
이는 곧 작중 남편들이 "부모의 명령과 중매인의 말父母之命, 媒妁之
言[35]을 따라야 한다"는 전통 결혼 관습에 따라 결혼했지만 구식 아
내를 외면하고 낭만적인 사랑과 지적인 대화가 가능한 신식 아내
를 갈망하는 태도에서 나타난다. 근대적 삶을 추구하고자 하는 남
편은 신식교육을 받은 신여성과 함께 안락한 가족을 꾸리기를 바
라지만 그들에게는 무식한 구식 아내로부터 벗어날 수 없는 현실
이 '고통'처럼 남아 있다. 이러한 모순된 남성의 심리 속에서 이상
적인 가족상을 건설하는 데 가장 큰 걸림돌은 주로 구식 아내 탓으
로 돌려졌다. '무식'은 교육받지 못한 구식 아내를 설명하는 표현
이었다. 근대적 삶을 추구하고자 하였던 남편의 입장에서 구식 아
내는 신식 남편의 이혼 요구에 응해서 남편이 새로운 시작을 할 수
있도록 하거나 아니면 어떻게 해서라도 배워서 남편의 인격을 이
해하기를 바라는 대상으로 인식되었던 것이다.[36]

노사老舍의 『이혼離婚』은 평범한 북경 소시민의 가족을 묘사함으
로써 일상적인 가족생활을 통해 사회에 보편적으로 존재하는 문제
들을 제기하고 있는 작품이다. 노사는 바로 그 지극한 평범함과 안
일함 때문에 아무도 깨닫지 못하는 문제, 설령 깨닫는다고 하더라
도 묵인하고 타협하면서 살아가는 현실의 본질적인 면을 『이혼』에
서 드러내고 있다.[37] 『이혼』의 작중 인물 장대가張大哥는 사회에 적

응을 잘하여 아무런 비판의식 없이 만족하며 살아가는 인간의 전형을 보여준다. 재정부의 직원인 장대가의 임무는 직원들의 인사관리나 물건을 구입하는 것으로 이러한 설정 역시 변화를 싫어하는 그의 성격을 잘 나타내준다. 장대가에게는 대학생 아들과 철없는 여고생 딸, 남편에게 순종하는 아내가 있다. 그의 가정은 남부러울 것 없이 갖추어진 아름다운 가정이었으며, 근대적 면모를 갖춘 부엌과 정원은 그에게 하나의 '진리'이고 '생명'이었다.

> 그는 종이 포장지에 든 물건들을 들고 주방으로 들어갔다. 이것은 생명이나 진리니 하는 자극적인 문자와는 상당히 거리가 먼 것 같다. 종이 포장지에 든 물건, 할 일 없이 바쁜 것, 주방, 이러한 모든 것은 너무도 평범하게 보이며 기껏해야 화장지나 양말과 같은 의미에 지나지 않는 것이다. 하지만 그는 주방에 들어갈 기회가 있으면 서슴지 않고 들어간다. 불빛, 고기 냄새, 작은 고양이의 야옹대는 소리, 이것은 그에게 진리고 생명인 것이었다.[38]

장대가는 자신의 안락한 휴식처를 위해 관청에 출근하고 퇴근해서 가정에 달려가며 먹고 입는 것에 치중한다. 그런데 관청에 출퇴근하고 먹고 마시고 꽃을 기르고 무협소설을 읽는 것이 전부인 그가 새로운 생활을 시작한 것이 '중매쟁이'라는 직업이다. 그에게 일생 동안 신성한 사명은 중매하는 것이며 이혼에 반대하는 것이다. 그는 혁명을 부르짖으며 투쟁하는 사람들을 이해하지 못하며 사람들마다 맘에 맞는 아내를 얻으면 세계는 결코 공산당은 없을 것이라고 생각한다. 이러한 안일한 삶 속에서 아들 천진天眞이 공산당으로 체포당한 것은 커다란 충격이라 할 수 있다. 하지만 그는 이 사건을 통하여 사회의 어떤 모순을 발견하거나 비판하지 않고 그것을 문화의 조류일 뿐이라고 단정하고 아들이 풀려 나온 후 옛날보다 더욱 평온한 삶을 누리려고 노력한다. 장대가라는 인물의 성격은 겉으로는 도시적이고 근대적 삶을 지향하는 것처럼 보이지만 실제로는 생활에 무감각해져 변화를 싫어하고 기존의 생활토대를 그대로 유지하고자 하는 봉건적 사고방식이 여전히 잔존하고 있는 현실을 반영해준다고 하겠다.

이에 비해 직장 동료인 노리老李는 대학을 졸업하고 관청에서 근무하지만 기존 사회에 대해 항상 회의적인 태도를 보이는 지식인의 전형이다. 그의 눈에 비치는 사회의 모든 것은 모순과 죄악 덩어리이며 근대국가의 굴절된 이미지를 대변해주는 관청은 괴물로 묘사된다.

> 그 괴물은 돈을 먹고 공문을 토한다. 돈은 어디로 가버렸지? 그걸 아는 사람은 아무도 없다. 다만 어떤 사람들이 빌딩과 자동차와 첩을 사는 것만 볼 수 있을 뿐. 공문만이 모두가 볼 수 있는 유일한 것이다.[39]

하지만 그에게 괴물 같은 관청으로부터 가정으로 돌아가는 것도 그다지 즐거운 일이 못된다. 노리는 일찍이 부모가 정해준 여자와 결혼하였지만 자신보다 두 살이나 많고 목소리가 너무 크고 골격이 장대한 구식 아내를 결코 사랑할 수 없다. 노리에게 아내는 부모의 좋은 며느리, 아이들의 좋은 어머니는 될지언정 사랑스런 아내는 될 수 없는 존재이다. 노리는 아내와 이상이 맞지 않아 시골에 있는 부모와 함께 살게 하였지만, 못 배운 아내는 북경에 데리고 와서 도시의 세련된 문화를 가르치면 된다고 주장하는 장대가의 설득에 못 이겨 아내와 아이들을 데려온다. 노리의 아내는 남편의 동료인 장대가, 구선생邱先生, 오선생吳先生의 아내들로부터 북경의 많은 것을 배운다. 남편 다루는 법, 맵시 내는 법, 재정권을 획득하는 법들을 배워서 노리에게 적용해보려고 하지만, 노리는 아내가 어떻게 변화하든 우습고 어색하다고 생각한다.

이러한 현실 속에서 노리는 늘 '시의'가 가득 찬 여인을 동경한다. 그러다가 마침내 같은 집 동쪽 채에 살고 있는 우아한 여인 마馬 부인을 사모하게 되는데, 그가 찾아다녔던 시의詩意에 가득 찬 여인이란 "한 편의 시 같은 열정이 있고 음악과 같은 유쾌함이 있으며 천사와도 같은 정절을 지니고 있는 여인"[40]이다. 하지만 노리가 이상적인 여인으로 생각하였던 마 부인은 고등교육을 받은 신식 여성이었지만 결혼한 지 반년이 못 되어 남편이 직장 동료인 음악 선생과 도피 행각을 벌여도 친정으로 돌아가지 않는다. 급기야 도망친 남편이 3년이 지나서 첩과 함께 집에 들어오지만 이혼을 제기하지도 못하고 두 사람 모두 받아들인다. 이를 본 노리는 심한 절망감에 빠지게 된다.

직장과 가족, 자신을 둘러싸고 있는 그 어떤 환경에도 좀처럼 적응하지 못하고 고통스러워만 하는 노리에게 시의詩意란 어쩌면 이상적이고 아름다운 현실이 아니라 현실도피적인 꿈과 허무한 낭만의 다른 이름이었을 것이다. 『집』에서 각신覺新의 '재자가인才子佳人'에 대한 꿈은 노리가 찾아 헤맸던 '시의'와도 같은 것이었다. 그역시 집안에서 맺어준 혼인을 거부하지 못하고 현실과 타협하면서 살지만 자신의 삶을 결코 행복하게 생각하지 않는다. 결국 매표저梅表姐와 아내 서각瑞珏 모두를 잃고 무기력한 삶을 살아가게 되는 각신이나 현실을 내팽개치고 시골로 도주해버리는 노리는 모두 현실과 이상을 적극적으로 조화시키고자 하는 의지도 갖지 못하는 나약한 인간의 모순된 심리를 대변해주는 인물이라 하겠다.

더욱이 『이혼』에서 노리의 직장 동료들 몇몇은 관청 직원이라는 사회 지위를 이용해 재산을 축적하고 부인들의 감시에도 불구하고 첩을 얻어 살기도 한다. 지식인들의 계몽운동에 의해 '축첩 폐지'가 사회적으로 강조되고 있었음에도 불구하고 역시 지식인 계층인 남편들은 아내 몰래 첩을 들이는 생활을 누린다. 아내들은 모두 결탁하여 이혼을 제기하지만 결국 경제적으로 독립할 수 없는 처지와 이혼 후 현실의 편견을 극복할 자신이 없어 모든 것을 묵인하고 살기로 한다.[41] 현실 속에서의 이러한 무기력한 여성상은 이미 1920년대 노신의 소설 『이혼』에서도 찾아볼 수 있다. 애고愛姑는 자신을 구박하는 시댁이 망하기를 바라고 첩을 얻어 사는 남편을 저주하지만 가족이라는 울타리를 벗어나 이혼녀로 살아가는 것에 대해 매우 불안해하는 심리를 보여준다. 현모양처의 모습에 부합하지도 않고 개인의 자아와 애정을 찾아나서는 현대적인 여성도 아닌 애고가 현실에서 선택할 수 있는 길은 거의 없었을 것이다. 모든 결정은 주위의 사람들에 의해 이루어지고, 자기 인생을 개척해나갈 어떠한 의지도 없었던 그녀는 무기력하게 이혼을 당하고 만다.

사회적으로는 여성해방, 자유연애 등의 담론들이 성행하고 있었고, 신문이나 잡지 등에서는 신식 여성의 패션과 매너에 대해 앞다투어 소개하고 있었지만, 실제 여성들의 현실 속에서는 여전히 겉도는 이미지일 뿐이었다. 또한 1930년대에 새롭게 공포된 법률이 불평등한 사회 조건을 폐지할 수 있고 민족을 개량할 수 있다는 주장[42]이나 특히 혼인 문제에서도 남녀의 자유와 평등을 보장해줄 수

있을 것이라는 기사들[43]이 언론 매체를 통해 쏟아졌다. 하지만 '자아의 추구'와 '개인의 발견' 등 근대적 사고가 실제 삶 속에서 실현되기에 현실의 벽은 여전히 높았던 것 같다. 거기에는 보수적이고 전통적인 윤리관의 관성이 유지되고 있는 사회의 관념들이 있었고, 이로써 개인이 주체적이고 독립적인 삶을 영유하기 위해서는 사회 전반의 현실에서 선결되어야 할 문제점들이 잔존하고 있었음을 알 수 있다.

### 동거, 가족 해체와 이상적인 가족상에 대한 동경

앞서 풍자개가 중국 현대 가족을 대가족, 핵가족, 동거라는 세 가지 형태로 묘사했던 그림에서 볼 수 있듯이, 당시에도 동거 문제가 이미 사회적으로 매우 심각한 쟁점으로 부각되고 있었음을 알 수 있다. 개인주의를 옹호하고 혁명과 애정을 추구하는 젊은 층 사이에서 여성해방과 평등, 자유연애는 반봉건, 반전통의 가장 중요한 전략이 되었으며, 동거와 가족 해체 주장은 현대적인 성 관념과 새로운 가족의 의미를 찾으려고 노력하였던 젊은 층의 윤리 의식을 반영하고 있다고 할 수 있다. 최근 국내에서도 TV 드라마에서 동거를 소재로 삼는 것에 대해 뜨거운 논쟁이 일어난 적이 있었는데, 이러한 세태는 단지 오늘날 우리 사회에서 두드러진 현상만은 아닌 듯하다.

『논어』(제20기 1933. 7)에 실린 임어당林語堂의 그림(62쪽)에서 당시 젊은이들의 애정 행태를 엿볼 수 있다. 한 남자를 둘러싸고 두 여자가 삼각관계를 벌이다가 급기야 한 여자가 다른 여자를 권총으로 쏘아 죽이고 사랑을 쟁취하는 장면그림 (제1막), 역시 두 여자와 한 남자의 삼각관계에서 두 여자 때문에 괴로워하던 남자가 결국 파멸에 이르게 되는 상황(제2막), 자신에게 더 잘 어울리는 상대를 찾아 떠나는 여자 앞에서 눈물을 흘리다가 곧바로 다른 여자를 만나 행복해하는 남자(제3막), 두 여자를 동시에 사귀는 남자(제4막), 엇갈린 애정 관계 때문에 모두 권총으로 자살하는 남녀의 모습(제5막)에 이르기까지. 이를 통해 볼 때 자유연애에 대한 열망 혹은 이로 인한 갈등은 고금을 막론하고 젊은이들에게 매우 중요한 문제 중 하나였다고 할 수 있다.

1930년대 들어서면서 자유연애에 대한 사회적 관심은 더욱 공공연히 표출되기도 하였다. 『생활주간』에서는 1933년 3월에서 8월에 이르기까지 자유연애와 성욕, 결혼, 정절의 문제에 관하여 편집자와 독자들 사이에 격렬한 논쟁이 오갔다. 당시 상황을 보면[44] 그러한 토론의 장은 사회적으로 건강한 성생활과 의식을 공유하는 데 중요한 역할을 하였던 것으로 보인다. 하지만 동거 문제에 관하여 한편에서는 "남녀가 평등한 상태라면 결혼의 속박을 받지 않는 동거의 형태는 얼마든지 가능하나 아직 남녀평등이 진정하게 이루어지지 않은 상태에서 여자가 남자한테 버림받았을 때 그 결과는 여성에게 불리하게 작용할 수 있다"는 우려의 목소리가 제기되기도 하였다.[45] 이에 대한 논쟁들을 살펴보건대 당시 사회에서 여성은 여전히 약자이면서 언제든지 타인에 의해 조종될 수 있는 존재로 인식되고 있었음을 알 수 있다.

아마도 중국 근대문학에서 노신의 『상서傷逝』만큼 동거와 그 현실적인 문제를 잘 보여주는 작품도 없을 것이다. 작중인물인 연생涓生은 처음에 자군子君과 함께 가족의 전제와 구습 타파, 남녀평등의 문제를 논하고 입센과 타고르에 대한 지적인 대화를 나누면서 열렬한 사랑을 나눈다. 연생의 눈에 자군은 여전히 낡은 사고에서 벗어나지 못한 모습으로 비춰졌다. 하지만 그래도 자군은 결국 "나는 나 자신의 것, 그분들이라고 해서 나를 간섭할 권리는 없습니다"[46]라고 차분하게 자신의 의지를 밝히며, 자신의 애정을 실현하기 위해 집안 식구들과 절교를 선언하고 집을 뛰쳐나온다. 연생 역시 질투하는 친지들과 관계를 끊고 자군과의 동거 생활에 충실하고자 한다. 그들의 동거 형태는 기존의 가족제도로부터 빚어지는 불합리한 면이 없는, 자유롭고 평등한 가족이라는 밑그림에서 시작된 것이었다. 또한 두 사람은 언제나 진지하고 지적인 대화를 나누면서 지냈는데, 이러한 생활은 당시 젊은 지식인들이 그렸던 이상적인 가족의 모습이었을 것이다.

하지만 관청에 다니던 연생이 갑자기 실직을 하면서 상황은 변하게 된다. 전형적인 지식인의 모습이었던 연생이 생계를 위해 할 수 있는 일은 겨우 번역 정도였기에, 자군은 닭을 키워서 팔기도 하고 가재도구며 귀금속 등 돈이 되는 것은 모두 팔아서 생계를 이어나가려고 노력한다. 사랑과 열정에 가득 찼던 지적인 모습은 사라지고 자군은 점점 일상의 집다한 일에 찌들어 가사노동에만 전념하는 구식 아내의 형상으로 고정되어간다.

게다가 매일 매일의 강물처럼 쉼 없는 식사였다. 자군의 목표는 전부 식사에 집중되어 있는 듯하였다. 먹고 나면 돈을 변통하고 돈을 변통해서는 먹고 게다가 아수阿隨한테도 먹이고 닭들한테도 먹였다. 그녀는 전에 알고 있던 것들은 다 잊어버린 듯 나의 구상이 식사를 재촉하는 바람에 중단된다는 것을 알아차리지 못했다. 식탁에서 불쾌한 표정을 보여도 그녀는 끝내 고칠 생각 없이 여전히 무감각한 듯 먹기만 하였다.[47]

이 와중에도 실직한 남편인 연생은 조용한 자신만의 방이 없다는 것을 유감스럽게 생각하며 서재 하나 갖지 못하는 무능력을 스스로 탓하고 있다. 이러한 생활이 반복되면서 연생은 이제 변해버린 자군의 모습에 애정을 느끼지 못하게 된다. 이는 곧 그들의 동거 생활이 처음에 자유롭고 평등한 관계에서 시작되었지만 그 관계가 현실적으로 가족이라는 공간 속에서 실행되었을 때 불평등하게 변질되어갈 수밖에 없는 상황들을 보여주고 있다. 근대적인 핵가족에서 필수 요소로 등장하는 직장과 돈의 문제가 해결되지 못한 상황에서, 독서와 사색만으로 살아가는 지식인 남편의 실추된 권위는 남편의 보조자였던 아내가 보완하게 되고, 이로부터 아내는 가부장적 질서와 봉건 시대의 여성 윤리를 가족 생활의 원리로 수용할 수밖에 없었던 것이다.[48]

이상과 현실의 괴리를 느끼던 어느 날 연생은 노라의 결단을 찬양하면서 자군과 대화를 시도한다. 그는 결국 더이상 자군을 사랑하지 않는다고 고백하고 새로운 길을 개척하고 새로운 생활을 재건한다는 명목으로 서로의 '재출발'을 위해 헤어지자고 권유한다. 자군은 연생으로부터 더이상 사랑하지 않는다는 말을 들은 이후 자신을 찾으러 온 아버지를 따라 스스로 뛰쳐나왔던 집으로 돌아간다. 연생은 자군이 처음에 주저 없이 동거 생활을 결심했던 것처럼 단호하게 새로운 삶을 찾아나설 수 있을 것이라고 생각하고 자신의 심정을 말한 것이었다. 하지만 그는 그들의 결별 이후에 자군에게 남은 건 "아버지—자녀의 채권자—의 열화 같은 성화와 얼음보다 더 차가운 세인의 눈길뿐이라는 것"[49]을 알지 못했던 것이다. 연생의 근대적인 삶의 추구는 그야말로 관념적이고 피상적인 차원에 머무는 것이었다.

앞서『생활주간』의 동거에 관한 기사에서 살펴보았던 것처럼 동거 이후 남자에게 버림받은 여자가 사회에서 재출발하기란 현실적으로 매우 힘든 일이었을 것이다. 이 때문에 경제적으로나 정신적으로 독립할 여건이 마련되지 못한 상태에서 자군이 결정할 수 있는 것은 자신이 뛰쳐나왔던 집으로 다시 돌아가는 방법밖에 없었던 것이다. 노신이 노라가 집을 나간 이후를 걱정했던 이유는 단지 경제적인 문제에 그치는 것이 아니었다. 경제적인 자유를 얻었다고 하더라도 정신적인 자유를 얻지 못하면 그녀 혹은 그는 여전히 인형의 집에 갇혀 사는 '인형'일 뿐이다.[50] 이러한 측면에서 볼 때 노신의『상서』에서 자신의 애정을 지키기 위해 집을 뛰쳐나오는 과감한 행동을 보였지만 결국 생활의 패배자가 되어 죽음에 이를 수밖에 없었던 자군은 당시 사회에서 여성들이 처한 억압적 현실을 그대로 보여주는 중국판 노라의 전형이라 할 수 있겠다.

### 전통 가족윤리의 해체와 정절관념의 붕괴

1930년대 소설 속에서 전통적 가치관의 해체와 함께 가족윤리의 몰락은 바로 정절관념의 몰락으로 드러난다. "굶어죽는 것은 사소한 일이나 정절을 잃는 것은 큰 일이다餓死事小, 失節事大"라는 전통적 정절관념은 이제 배고픔과 가난이라는 현실의 문제 앞에서 무참하게 버려지게 된 것이다. 굶주림 때문에 아내나 딸이 윤락 행위를 하는 것을 침묵으로 지켜보거나 오히려 강요하기도 하는 장면은 여러 작품들에서 살펴볼 수 있다. 심종문沈從文의『장부丈夫』에서는 빈곤한 삶을 벗어날 길 없어 한 남자가 아내를 기루에 내어주었다가 아내가 남편을 손님으로 맞아들이는 비참한 현실이 그려진다. 노사의 『월아아月牙兒』에는 배고픔이 최대의 진리임을 아는 '나'가 몸을 팔기 시작하면서 자신의 행위를 정당화시키는 독백이 서술되기도 한다. 더욱이 노사의 문학 세계 속에서 창기의 형상은 대부분 '효도'라는 명분 아래 매춘을 강요받은 여성들로서[51] 이러한 인물의 전형은 『낙타상자駱駝祥子』의 소복자小福子에서 찾아볼 수 있다.

소복자는 사회의 그늘진 곳에서 살아가는 도시 하층민이다. 지극히 전형적인 가부장적 가족에서 태어나 가난 때문에 부모에 의해 어느 관군官軍에게 200원에 팔려가게 된다. 하지만 생활은 전혀 나아지지 않고 아버지 이강자二强子는 늘 술에 찌들어 살면서 가족의 생계는 책임지려 하지 않는다. 급기야 술에 취한 이강자는 아내를 때려죽이는데, 그 아내는 딸을 팔아 번 돈으로 맞춘 원피스를 입은 채 죽는다. 그 후 소복자는 관군에게 버림을 받고 다시 집으로 쫓겨오며 '체면'과 '아들'을 중시하는 봉건적 사고방식에 젖어 있는 이강자는 딸을 늘 부끄럽게 여긴다. 그리고 생계를 위해서는 몸이라도 팔아서 돈을 만들어오라고 딸에게 소리지른다.

술에 취한 아버지를 보고 자기 자신을 보고 또한 배가 고파 쥐새끼 같은 두 동생을 보니 소복자는 단지 눈물밖에 남는 것이 없었다. 눈물로는 아버지를 감동시킬 수 없고 눈물로는 동생들을 배불리 먹일 수가 없다. 그녀는 보다 실제적인 것을 내어놓아야 했다. 동생들을 배불리기 위하여 그녀는 자신의 살을 팔아야 했다. 작은 동생을 끌어안으니 그녀의 눈물이 동생의 머리카락 위에 떨어졌다.

"누나 배고파."

동생이 말했다. 누나! 그래, 누나는 고깃덩어리다. 동생들에게 먹여주

어야 한다.[52]

　현실적으로 자식들을 먹여 살릴 능력이 전혀 없으면서도 이강자
는 딸이 윤락 행위를 하는 것이 부끄러워 집에도 거의 들어가지 않
는다. 이러한 상황에서도 그는 소복자가 아들이 아니라 딸이라는
사실에 매우 못마땅해한다.

　　만약 소복자가 아들이었다면 이렇게 망신스럽지는 않을 것이다. 딸로
　　태어날 바에야 다른 집에서 태어날 것이지 우리 집에서 태어날 건 뭔
　　가! 넋두리를 하며 딸을 증오하기도 했고 딸이 몸을 팔아 동생 둘을
　　먹여 살리고 있다면서 가여워하기도 했지만 사랑하든 증오하든 그에
　　게는 아무런 방법이 없었다. 술에 취하고 수중에 돈이 한 푼도 없을 때
　　에는 증오도 동정도 다 잊어버리고 집으로 돌아와 딸에게 손을 벌린
　　다. 이럴 때에 그의 눈에 보이는 딸은 돈 벌 줄 아는 기계일 뿐이다. 자
　　기는 그녀의 아버지이니까 그녀에게 용돈을 요구하는 것은 도리에 어
　　긋날 것이 없는 것이다.[53]

　그녀는 상자祥子와 함께 행복한 가정을 꾸리는 꿈도 꾸어보지만
가난한 가족의 생계를 위해 다시 사창가로 팔려간다. 그러다가 끝
내 자신의 삶의 질곡에 저항하는 방법으로 '자살'을 택하면서 비
극적인 삶을 마감하게 된다. 가부장적 질서의 억압에 반항하지도
못하고 가난이라는 현실 앞에서 무기력한 모습으로 대응하는 소복
자의 형상은 당시 삶의 터전을 잃어버린 모든 도시의 빈민층 여성
들이 처한 상황을 그대로 대변하고 있다고 할 수 있다. 작자는 기
존의 삶의 기반을 상실한 농민들이 농촌을 버리고 북경이라는 도

시로 흘러 들어와 빈민층으로 편입되는 현실을 섬세하게 묘사하면서 도시의 풍속이 만들어내는 세태를 비판하고자 하였던 것이다.[54] 최소한의 인간적 생활조차도 영위할 수 없게 만드는 가난을 벗어나는 일은 가족의 윤리 혹은 정절관념보다 우위에 있었던 문제였다.

찌든 가난 때문은 아니지만 자신의 경제적인 이익을 위해 딸의 정절을 이용하는 무정한 아버지의 모습은 『자야』에서 찾아볼 수 있다. 『자야』에 등장하는 인물들의 행동들을 살펴보면 그들의 상호관계를 결정짓는 모든 힘은 '돈'에 있는 것처럼 보인다.[55] 금전과 교환가치의 기초 위에 세워진 자본주의적 인간관계에서 부자, 부부, 인척이라는 관계는 단지 표면적 관계에 지나지 않는다. 제1장 오씨 노인의 장례식 장면에서 볼 수 있듯이 부친의 죽음을 진정으로 슬퍼하는 자식은 하나도 없다. 더욱이 상류사회 출신의 조문객들은 죽은 이에 대한 애도는 안중에도 없고 오로지 시장 상황과 증권 정보만을 화제의 대상으로 삼는다. 이러한 묘사는 혈육의 정을 통해 유지되었던 가족의 유대관계가 이미 메마른 자본주의적 정서에 익숙해져가고 있음을 보여주는 예라 하겠다.

이러한 정서는 풍운경馮雲卿과 그 딸이 맺는 관계 속에서 극명하게 드러난다. 풍운경은 비록 거인擧人이 되지 못해 향신鄕紳 계급에 들어갈 수는 없었지만 고리대로 농민을 착취해서 재산을 모아서 여유 있는 생활을 누리던 자였다. 하지만 토비들이 자주 봉기하고 농민들이 폭동을 일으키자 불안함을 느끼고 가산을 정리해 온 가족과 함께 상해로 이사온다. 상해로 옮겨온 그는 정부에서 발행하는 공채 시장에 뛰어들기도 하면서 자본주의가 만들어내는 경제질서 속으로 유연하게 변신해 들어간다. 이러한 모습은 구세대인 오씨 노인이 상해에 와서 근대적인 도시의 분위기에 적응하지 못하고 그 충격으로 죽게 되는 경우와는 매우 대조적인 모습을 보여준다. 급기야 풍운경이 파산의 지경에 이르자 그의 친구인 하신암何愼庵은 풍운경의 딸 풍미경馮眉卿을 이용해 조백도趙伯韜에게서 정보를 얻어내자고 제안한다.

> "조백도는 스스로 '과인에게 병이 있으니 그것은 호색好色이다' 라고 떠벌리지. 우리가 미인계를 쓰면 분명히 그는 빠져들게 되어 있네!"
> …… "사람들이 조백도가 정통하다고 칭찬하는 덴 두 가지가 있다고 하네. 첫째는 보석, 한눈에 진위를 알아내고, 둘째는 여자, 한 번 오르기만 하면 처녀인지 아닌지를 안다는군. 그는 바로 처녀와 놀기를 좋아해. 처녀만 있다면 물불 안 가리고 받아들인다네. 그는 무슨 호텔에 방을 월세로 얻어 놓고 주로 그 짓을 한다는 거야. 그가 항상 호텔 옥상의 휴게실을 돌아보는 것도 인물을 물색하려고 하는 짓이야! 그런 그를 유인하는 거야 어렵지 않아. 단지……"
> "단지, 단지 뭐야……"
> 풍운경이 벌떡 일어나며 물었다. 아주 흥미롭게 듣고 있다는 기색이 그의 미간 사이에서 흘러나왔다.
> "총명하고 예쁘고 믿을 만한 처녀가 있다면 말이지. 자네 딸 같은 여자 말일세."[56]

하신암의 말에 풍운경은 처음에는 난색을 표하지만 돈과 재산에 집착을 가진 그로서는 이러한 제안을 거절하지 못한다. 그는 하나밖에 없는 혈육인 딸을 설득해 미인계로 조백도로부터 공채 시장에 관한 정보를 빼오도록 하는 비윤리적인 행동을 서슴지 않는다.

하지만 딸 역시 아버지의 절박한 심정에는 아랑곳하지 않고 무심하게 일을 처리하면서 결국 집안은 몰락하게 된다. 풍운경은 종법제宗法制의 지위와 봉건 지주로서의 권위를 모두 잃고 금전 추구로 가족윤리의 파탄을 보여주는 새로운 인물상이다. 그의 몰락은 신사 계층의 가족윤리가 타락하고 있음을 고발하고 있는 동시에 금전 집착에 대한 풍자이며 비인간적인 자본주의 경제 원리에 대한 비판이기도 하다.[57]

### 여전히 삶의 구심점이었던 가족

1930년대 중국의 전통과 새로운 조류의 충돌이라는 흐름이 가족 내 세대 간의 갈등으로 드러난 작품으로 모순의 『농촌삼부곡』을 들 수 있을 것이다. 『농촌삼부곡』은 1930년대 장강 유역의 농촌을 배경으로 중국 농촌 경제의 몰락과 농민들의 파산, 거기에 개입된 제국주의 열강의 경제 침탈 과정 등 당시 사회 문제들을 잘 형상화한 작품이다. 이 작품은 비슷한 시기에 쓰여진 파금의 『집』처럼 가족 내 세대 간의 대립을 극적으로 드러내고 있지는 않다. 하지만 아버지 통보 영감과 아들 다다두多多頭의 대립, 즉 전통적 가치와 탈전통적인 가치의 충돌이라는 문제의식을 잘 구현하고 있다고 할 수 있다. 물론 작품 내에서 중국적 전통의 전형으로서 통보 영감은 극복의 대상으로 묘사되고 있지만, 『농촌삼부곡』의 주제는 단순히 낡은 전통의 극복이라는 차원에서 그치지 않는다. 통보 영감은 바로 운명적으로 계승되어온 중국적 전통의 형상이며, 다다두를 비롯한 아들 세대 역시 궁극적으로 아버지 세대의 가치관에서 자유로울 수 없는 존재이기 때문이다.[58]

통보 영감은 땅과 가족에 대한 애착이 강하고 자연의 이치에 순종하면서 살아가는 선량한 농민의 전형이다. 특히 그는 화학비료보다 콩깻묵을 고집하는 등 '양洋' 자가 들어간 모든 것을 싫어한다. 이러한 모습에서 그가 농경사회의 전통적 가치관, 반외세의 정서를 대표하고 있음을 알 수 있다.

> 서양 귀신들이 어떤 방법으로 사기를 쳐서 돈을 빼앗아 갔는지 통보 영감은 잘 알지 못했다. 그러나 그는 노진老陳 나리의 말이 옳다고 믿었다. 그리고 자신이 직접 읍내에서 서양의 실과 천, 기름 등의 서양 물건이 들어오고 나서, 그리고 강에 디젤 발동선이 등장하고 난 후, 자신의 밭에서 생산된 물건의 가격은 떨어지고 읍내의 물건 값은 점점 비싸져간 것을 보았다. 이런 식으로 그의 부친이 물려준 가산은 줄어들고 결국에는 아무것도 남지 않게 된 상태에서 빚까지 지게 되었다. 이렇게 통보 영감이 서양 귀신들을 증오하는 데에는 그럴 만한 이유가 있었다.[59]

이러한 통보 영감에 대한 평가는 그간 보수성과 봉건성에 맞추어져왔다. 즉 "과거와 관련된 모든 사물은 좋은 것이라 생각하고 그 반대로 자신이 경험해보지 못한 새로운 것은 모두 나쁜 것으로 간주한다"[60]는 평가나 "모순은 통보 영감을 철저하게 해부함으로써 이런 소극적이고 보수적인 요소가 농민들을 각성시키는 데 장애 요소가 된다는 사실을 제시하고자 하였다"[61]는 해석이 제기되기도 하였다. 하지만 통보 영감을 단순히 극복되어야 할 보수성 혹은 봉건성의 전형으로 이해해서는 안 될 것이다. 그는 서양에서 수입한 모든 것을 증오했지만 현실의 절박함 속에서 결국 양종洋種의 누에고치를 기르기로 결정하기도 하고 양수기와 화학비료의 사용을 인정하게 된다. 이러한 태도에서 그가 정직한 노동을 통해 자신의 삶을 유지하고자 하는 생활력이 강한 인물임을 알 수 있다.

이에 비해 통보 영감의 아들인 다다두는 아버지 세대의 의식에 대해 회의를 품는, 변화된 농민상을 보여주고 있다. 늘 싱글벙글하고 낙관적인 그는 통보 영감이 하는 근심에는 아랑곳하지 않으며, 부지런히 일해서 검소하게 생활하면 빚을 갚고 풍족해질 수 있으리라고도 믿지 않는다. 또 한편으로 통보 영감은 며느리 사대낭四大娘과도 늘 충돌을 일으킨다. 사대낭은 "사람은 가난해도 뜻과 기백이 있어야 한다"[62]는 신조를 가진 시아버지가 쌀이 떨어진 것을 걱정하지 않고 뽕잎만 사들이려고 하자 화를 내기도 하고, 통보 영감이 수익성이 더욱 뛰어난 양종 누에를 마다하고 토종 누에를 고집하자 그와 말다툼을 벌이기도 한다. 며느리가 시아버지의 보수적인 성격과 행동을 힐책하는 태도에서 아버지 세대의 가치관이었던 근면과 검소함이 더이상 현실에서 힘을 발휘할 수 없었던 상황을 살펴볼 수 있다.

"세상이 정말로 바뀌었다"[63]는 것을 깨달은 통보 영감은 심적 충격 때문에 서서히 병이 들기 시작한다. 앞서에서 언급하였던 대로, 통보 영감의 병과 죽음은 변화를 거부하여 새로운 생활의 길을 모색하지 못하는 보수성과 그의 봉건적 사고에 묻어 있는 전통적 가치관의 몰락을 상징한다.[64] 그런데 여기서 주목할 점은 작품 내에서 통보 영감의 죽음이 기묘한 역설로 작용하고 있다는 점이다.

봄누에 농사의 참담한 경험으로 큰 병을 앓았던 통보 영감은 가을걷이의 비참한 결과로 목숨을 잃게 되었다. 그의 숨이 다할 때 혀는 벌써 굳어 말을 할 수 없었지만 눈만은 초롱초롱하게 다다두를 보면서 "네가 옳았다는 것을 정말로 생각해보지 못했다. 참 기이한 일이구나"라

고 말하는 듯했다.[65]

이제 통보 영감의 죽음은 통보 영감이라는 세대로부터 다다두라는 세대로의 전이를 의미한다. 즉 변화를 인정하는 순간 죽음을 맞을 수밖에 없는 통보 영감의 죽음은 전통적 가치관의 몰락이자 이제 새로운 세대가 만들어지는 전환점이 되어버린 것이다. 통보 영감이 구현하고 있는 전통적인 미덕과 다다두가 갖고 있는 탈전통적인 미덕 중 어느 것 하나만 중시할 수 있는 것이 아니다. 다다두의 정체성은 통보 영감에 대한 부정을 통해 이루어지는 것이었기에 다다두와 통보 영감의 대립은 낡은 가치관과 새로운 가치관의 대립이 아니라 서로가 서로를 극복하고 보완하면서 합일된 지점을 찾아나가는 과정이다.[66]

더욱이 통보 영감의 죽음 이후 늘 싱글벙글하고 낙천적이던 다다두의 모습에는 변화가 일어난다. 그는 이제 사회의 부조리한 일에 대해 분노하면서 최소한의 생존권을 확보하기 위해 전면적으로 싸우고자 하는 태도를 보인다. 통보 영감이 살아 있을 때도 부잣집을 습격하고 쌀 창고 터는 일을 주도하면서 다다두는 충돌을 일으켰다. 하지만 그러한 반항 정신의 근원은 아버지 세대와 같은 가치관과 생활방식으로는 더이상 생활을 유지할 수 없다는 절실함에 있었던 것이지 그 토대 자체를 부정한 것은 아니었다. 남의 것을 도적질하는 것은 통보 영감에게 죽어야 마땅한 일이었지만 다다두는 최소한의 생존권을 확보하기 위해 사회 부조리에 맞서 싸우고자 했던 것이다. 그의 이러한 행동은 자신만을 위한 것이 아니라 마을 사람들과 기쁨과 고통을 함께 하려는 집단 사고의 연장선에서 이루어지는 것이었다.[67]

곤궁한 생활이 극에 달하자 주저하고 있는 형과 형수에게 고향을 떠나 도회지로 나가자고 다다두는 소리치지만 그들은 여전히 자신들의 의식 세계를 지배하고 있었던 전통적인 관념에서 자유롭지 못하다. 통보 영감은 죽었지만 그들은 다시 그 아버지의 자리에 들어선다.

　　그들은 일찍부터 집을 가지고 있었을 뿐 아니라 자작농의 생활을 하였던 가족이었다. 따라서 그들은 사람이 사는 의의는 집을 유지하는 데 있다고 여겼다. 그러나 이제 이 집을 흩어서 물에 빠진 시체 마냥 생활하는 것은 조상에게 미안한 일일 뿐 아니라 자신들의 아이인 소보小寶에게도 미안한 일이었다. 집은 이미 그들에게 하나의 신앙이 되었다. 그래서 땅도 집도 없는 처지가 된 그들은 이 오래된 생존의 근본인 이 신앙을 잊을 수가 없었다.[68]

　　자작농의 생활을 유지해오다가 자신의 대에 이르러 소작을 지어야 하는 상황에 처하자 아사阿四와 사대낭은 조상들과 후대에 죄스러운 일로 여기며 식량이 바닥난 추운 겨울에도 고향을 떠나지 못한다. 그들에게 땅은 아버지, 그리고 그 아버지의 아버지로부터 이어져온 생활의 터전이었으며 가족은 일종의 신앙처럼 지난한 삶을 버틸 수 있게 하는 생존의 근원이었던 것이다. 더욱이 집과 땅이 지닌 구속력에서 벗어나 그것들이 지닌 효용성을 부정하고 있었던 다다두에게도 고향과 가족은 애증의 양면이 공존하고 있는 것이었다. 그는 뜻이 맞는 젊은이들과 함께 마을을 보호해준다는 명분으로 세금을 갈취하고 있는 삼갑연합대三甲聯合隊를 급습하여 무기를 탈취하고 삼갑연합대의 허구성을 마을 사람들에게 알린다. 즉 다다두의 이러한 반항적인 태도는 개인의 편의를 위한 것이 아니라 절박한 상황에서 농민의 집단적 힘을 발휘해 마을 공동체의 활로를 모색하고자 하는 의도에서 비롯된 것이었다. 통보 영감 세대와는 다른 농민의 모습을 보여주는 다다두의 변화는 당시 사회에서 첨예하게 갈등하고 충돌하였던 삶의 모순들, 근대에 대한 열망과 전통을 고수하고자 하는 의지 사이의 간극을 극복하려는 과정이었다고 할 수 있을 것이다.[69]

## 맺음말

중국의 근대화 과정에서 가족은 전통과 근대의 갈등과 화해를 가장 가깝게 경험할 수 있는 공간이었다. 청말 무정부주의자로부터 오사 시기 지식인들의 노력에 이르기까지 중국 사회의 개혁과정에서 가족 개혁은 중요한 주제였고, 급진적 진보의 성향을 보였던 지식인들은 철저한 가족 해체를 주장하기도 하였다. 또한 1920 · 30년대 각종 인쇄매체에서는 이상적인 가족상을 서구의 핵가족제도에 두고 이에 관한 기사들을 앞다투어 보도함으로써 행복한 가족생활의 청사진을 제시하고자 하였다.

그러나 1930년대 소설에 나타난 가족상을 살펴보면 이러한 이론적인 모색은 여전히 현실의 가족생활과 괴리되고 있었음을 알 수 있었다. 가족 갈등으로 인한 살인, 폭력, 자살이라는 현실에서부터 행복하고 풍요로운 가족생활을 바라는 욕구에 이르기까지, 혹은 가족의 생계와 효라는 명목으로 윤락가로 팔려나가는 아내와 딸들에서 구식 아내를 버리고 신식 여성과 화목한 가족을 꾸리고 싶어하는 남편들에 이르기까지 1930년대 가족은 복잡한 양상을 띠고 있었다. 부권의 상실, 전통적 가치관의 해체, 근대적 가족생활에 대한 추구 등 전통적 가치관과 가족윤리의 붕괴는 1930년대 중국 사회 전반에 드러난 문제였다.

그럼에도 불구하고 그 속에서 전통이라는 뿌리는 현실을 지탱하는 구심점으로 존재하고 있었다. 근대문명이 풍족하고 안락한 삶을 보장해준다는 믿음을 담보로 동양사회에 밀고 들어왔지만 무비판적이고 무분별한 수용이 또 다른 병폐를 낳으면서 전통적 가치관은 오히려 이를 극복할 수 있는 힘으로 인식되었다. 특히 반광단을 비롯한 몇몇 학자들이 서구의 핵가족제도를 개인적이고 이기적인 것으로 간주하고 절충주의 가족관을 제시하였던 것을 보더라도 중국인에게 전통은 포기할 수 없었던 생활의 원리였다고 할 수 있을 것이다. 1930년대의 중국, 그 가족 현실은 이에 대한 반성을 통해 사회적 모순을 해결하려고 노력하였고, 그 과정에서 전통적 삶과 가치관은 보이지 않는 중심의 축으로 움직이고 있었다. 가족과 집은 중국 사회가 부정할 수 없는 생활의 터전이자 근거였으며 동서와 고금 사이에 존재하는 거리를 극복하고 화해시켜나가는 과정의 중심에 있었던 것이다.

추근(秋瑾, 1877~1907) 호는 경웅(競雄), 자는 선경(璿卿), 별칭은 감호여협(鑑湖女俠). 근대 중국의 혁명 활동에 폭넓게 참여했다. 『중국여보』를 창간해 여권 신장을 혁명과 연결해 제시하기도 했다.

# 2 '공자'와 여성

_천성림

## 머리말

유교는 시대의 요청에 따라 자신의 이론체계를 보완해왔기 때문에 그 가르침을 정의하기란 쉽지 않다. 한 가지 분명한 것은 그것이 결코 세속을 초탈한出世的 철학이 아니라 참여적入世的 학문이라는 것이다. 비록 학문의 출발점은 인격 수양이지만 그 궁극 목표는 평천하平天下, 즉 정치의 세계이기 때문이다. "학문을 하고 여력이 있으면 관직에 나간다學而優則仕"라고 하듯 유교에서 학문과 정치는 늘 표리의 관계를 이루고 있었다. 요컨대 유학은 사회 현실을 이탈한 '학술을 위한 학술'이라고 하는 단순한 문화 현상이 아니라 우환의식憂患意識, 참여의식과 같은 강렬한 사회적 지향성을 갖고 있었다. 그러나 이런 의식은 모두 군자君子를 지향하는 남자에게 한정된 것이었다. 소인과 동격으로 포괄되는 여자는 예외는 있지만 공자 이후, 특히 한대漢代에 유교가 국교로 제정된 이후 명청대明淸代에 이르기까지 2천여 년간 "여자는 재주(識字, 능력)가 없는 것이 덕女子無才便是德"이라 하여 지식에의 접근이 차단되었으며, 따라서 권력에서도 늘 배제된, 그야 말로 '타자他者'였다. 여자가 있을 곳은 오로지 가정에 한정되었고 여성의 존재 이유는 가계의 계승, 즉 아들을 생산하는 것이었다.

지식과 학문, 권력으로부터 배제당한 여성은 따라서 정치적, 사회적 지향을 원천에서 봉쇄당한 셈이 된다. 그러나 근대 이후 여성교육이 확대되면서 교육받은 여성들 가운데는 "천하의 흥망에 여자도 책임이 있다天下興亡, 匹婦有責"라 하여 명말의 경세사상가 고염무顧炎武의 "천하의 흥망에 필부도 책임이 있다天下興亡, 匹夫有責"의 주체에 여성도 포함시키면서, 나라가 위급한 상황에 빠졌을 때는 여자도 구국에 동참해야 한다는 의식을 갖게 된다. 그것은 유교적 지식인의 우환의식, 책임의식 바로 그것이었다. 중국의 여성들이 민족, 국가에 대하여 강렬한 책임의식을 갖게 되는 것은 20세기 초, 천하적 세계관을 대신하여 서구의 근대적 국가 관념과 민족주의가 도입된 것과도 관련이 있다. 주지하듯 '민족', '민족주의'라는 개념을 최초로 중국에 소개했을 뿐 아니라 거기에 '우승열패' '적자생존'의 통속화된 사회진화론을 적용하여 중국인으로 하여금 천하적 세계관을 극복하고 '열국병립列國並立의 세勢'를 인정하도록 유도한 것은 양계초梁啓超였다. 필자가 「양계초와 『여자세계女子世界』」[1]라는 논문을 통해 분석했듯이 양계초는 여성도 교육을 받고 일(생산 노동)을 하여 가계를 보조하고 나아가 시야를 확대하여 열린 가슴으로 세상일에 관심을 갖도록 촉구하였던 것이다. 이에 자극받은 여성들은 자신들을 '여국민女國民' 나아가 '국민의 주조자鑄造者'로 인식해갔다.

이 글은 유교와 페미니즘, 민족주의라는 키워드로 논의를 진행한다. 먼저 각각의 연결고리를 찾아본 다음 그 결합의 한 사례로서, 유교를 국민 통합과 근대국가 건설의 이데올로기로 '이용'하려 했던 1930년대 남경 국민정부 하에서 유교를 재해석함으로써 민족주의운동에 동참하고 한정된 범위에서나마 여성의 입지를 넓히려고 했던 여성들의 논리를 여성주의[2]의 시각으로 살펴볼 것이다. 따라서 당시의 다양한 계층과 유형의 여성 중에서도 주로 국민당계 여성 지식인들에 초점이 맞추어질 것이다. 물론 그녀들이 당시 중국 여성 전체를 대표하지는 않지만 이 글에서 고찰하려는 주제에는 더없이 적합한 대상이다. 이를 위해 1930년대의 신문과 잡지 특히 정치, 교육, 문화계에서 활동하던 국민당계 인텔리 여성들이 발간하던 잡지『부녀공명婦女共鳴』,『여자월간女子月刊』을 주된 사료로 이용할 것이다.

## 유교 · 페미니즘 · 민족주의

### 유교와 페미니즘

인간으로서의 여성의 평등 · 해방을 추구하는 페미니즘과 성차별 · 신분차별 등 다양한 차별주의의 사회 · 정치 구조를 형성해온 유교는 접목될 가능성이 전혀 없는 모순된 관계로 인식되어왔다. 페미니즘은 유교에 대하여 적대적인 태도를 버리지 않고 있으며, 유교는 극소수를 제외하고는 페미니즘에 대하여 무관심하거나 거부감을 갖고 있다.[3]

공자는 여성의 존재와 역할에 대해 구체적인 의견을 제시하지 않았다. 공자가 여자를 직접 언급한 것은 "唯女子與小人爲難養也. 近之則不孫(遜), 遠之則怨"(『논어』「양화陽貨」)이라는 단 한마디이다. 과거에 공자를 봉건계급을 대표하는 반동적이고 기회주의적인 학자라고 억지 비판하던 중국이 최근에는 공자사상의 현대적 가치를 현창하며 그것을 국민 통합을 위한 이데올로기로 이용하고 있다. 그런데 학자들 중에는 공자의 이 말을 "여자와 소인이 함께 일을 도모共事할 경우 이는 가장 대처하기 어려운 상황"이라고 해석하거나 혹은 공자가 말한 '여자'는 여자 전체를 가리켜서 한 말이 아니고 '남자南子'와 같은 특정한(음란한) 여성을 지칭한 것이라고 하는 등 무리한 해석을 가하고 있다.[4] 『논어』 자체가 갖는 특이성 때문에 그 해석의 지평은 자유로울 수 있겠지만 필자는 이 말을 문구 그대로 "여자와 소인은 다루기 어렵다. 너무 친밀하게 대하면 방자해지고 너무 거리를 두면 적의를 품게 된다"라고 해석하겠다. 공자가 말하는 여자란 여자 전체를 아우르는 것이 아닐 수도 있다. 어쩌면 결혼하기 전의 소녀만을 가리키는지도 모르겠다. 그럼에도 불구하고 그가 여자란 결코 완전한 인간君子이 될 수 없을 뿐 아니라 별로 언급할 가치가 없는 존재로 여겼던 것은 부인하기 어려울 것이다. 1930년대 중국의 한 여성이 지적했듯이 공자 이래 "여자를 속좁고 위험한 존재로 보는"[5] 이러한 전통은 이후 사대부들을 통해 이어졌다. "2천여 년간, 공맹의 책을 읽는 남자들은 모두가 여자를 경멸했다"[6]는 말은 다소 과격하기는 하지만 그 영향이 얼마나 심각한 것인지 알 수 있게 한다. 남존여비는 공자에게서 비롯되었다고 해도 과언이 아닐 것이다.

반고班固가 "황로를 앞세우고 육경을 뒤로 했다先黃老而后六經"고 비평한 이래 『사기史記』의 사상에 대해서는 아직까지 논란이 그치지 않고 있지만[7] 『논어』 못지않게 중국의 유교 지식인의 세계를 지배한 것으로 사마천의 『사기』를 들 수 있다. 인간의 운명에 대한 그 예리한 통찰에 섬뜩해지는 사마천의 『사기열전』에는 자객 예양豫讓이 원수를 갚을 때 하였던 "선비는 자기를 알아주는 사람을 위해 목숨을 버

리며 여자는 자기를 사랑해 주는 사람을 위해 단장을 한다士爲知己者
死, 女爲悅己者容"는 말이 있다. 이에 대해 "유교는 결코 여성을 비하하
거나 천시하지 않았다"고 하여 논란을 빚어온 일본의 유학연구자 가
지 노부유키加地伸行는 "여성은 생명의 탄생을 맡고 있기 때문에 생사
문제에 대해 그리 호락호락하지 않기 때문"[8]이라고 해석한다. 하지
만 필자가 보기에 이 말은 남자의 세계는 의義, 좀 더 확대해 말하자
면 정치와 같은 공적 세계이고 여자의 세계는 오로지 남자, 나아가
가정이라고 하는 사적 세계를 상징하는 것이 아닌가 생각된다. 나아
가 여성에게 가장 중요한 것은 남자에 대한 의무 즉 정절임을 암시한
다.

『공적인 남자, 사적인 여자』[9]라는 제목에서 알 수 있듯이, 서구의
페미니스트들은 공적 영역과 사적 영역의 구분은 남성우월적 이데
올로기로, 남성을 공적 영역, 여성을 사적인 영역으로 귀속시켜, 여
성을 사적 영역 혹은 가사노동의 영역에 가두고 그 이외의 활동을 제
한하는 기능을 해왔다고 비판해왔다.[10] 서구 페미니스트들이 비판하
는 공사 영역의 이론을 중국에 적용할 경우 서구의 공적 개념에 부합
하는 단어는 바로 내외內外 개념일 것이다.

『논어』, 『맹자』, 『순자』에는 공과 사에 대한 언급이 많다. "민첩하면
보람이 있고 공정하면 기뻐한다敏則有功, 公則說"(『논어』 「요왈堯曰」),
"재물을 좋아하며 처자를 사사로이 하여 부모 봉양을 돌보지 않음이
세번째 불효다好財貨, 私妻子, 不顧父母之養, 三不孝也"(『맹자』 「이루離婁」 下
篇), "공도가 커지면 사문이 막히고 공의가 밝혀지면 사사가 사라진
다公道達而私門塞矣, 公義明而私事息矣"(『순자』 「군도君道」) 등에서 알 수 있
듯이 공과 사는 대립되는 개념으로 '공을 먼저 하고 사를 뒤로 한다
公先而後私', '공을 높이 여기고 사를 가벼이 여긴다尊公而賤私'라는 명

확한 선악의 가치판단을 내포하고 있었다.[11] 그런데 유교의 이론틀 내에서 가족생활과 여타의 사회적, 정치적 활동을 지배하는 원리는 반드시 충돌하지만은 않는다. 즉 양자를 명확한 선악의 가치판단 개념으로 볼 수는 없는 것이다. 오히려 가족관계에 적용되는 내외 같은 개념이 삶의 범위나 활동 내용을 성별에 따라 엄격하게 구분함으로써 남녀차별의 기본 전제가 되고 있으며, 이는 서구의 페미니스트들이 비판하는 공사 영역의 개념에 더욱 부합된다고 할 수 있을 것이다.[12]

그런데 중국에서 '남외여내男外女內'의 남녀 역할 분리는 음양론과 결합함으로써 남존여비를 공고한 이념의 틀로 정형화시키게 된다. 원래 『주역』에서는 음양의 조화와 인간사의 연대관계를 논하고 있을 뿐이지 양존음비陽尊陰卑의 관념은 보이지 않는다. 그러나 전국시대 음양가의 흥기를 시작으로 한대에 이르러 음양론은 더욱 완전한 체계를 이루고 사상적으로 커다란 영향을 끼치게 된다.[13]

전한의 동중서董仲舒는 선진시대 음양오행설을 추론의 기초로 삼아 인간관계를 음양에 투사시켜 인륜관계의 근거로 삼고 있는데, "천도天道는 바로 '양귀음천陽貴陰賤, 양존음비陽尊陰卑, 양선음악陽善陰惡'"이라고 한 데서 보듯 그는 음양을 선악 이분법적으로 파악하였다. 나아가 『춘추번로春秋繁露』에서는 "음이라는 것은 양의 짝이고 아내는 남편의 짝이며 아들은 아버지의 짝이고 신하는 임금의 짝으로 사물은 모두 짝이 있는데 이것들 자체에 또 음양이 있다"고 하여 아내는 독립적이고 자주적인 존재가 아님을 천명하고 있다. 이는 『예기』의 "부인이란 남을 따르는 자이다婦人, 從人者也"나 『의례儀禮』의 "부인에게는 삼종三從의 의義가 있을 뿐 전용專用의 도는 없다. 따라서 결혼 전에는 아버지를, 결혼 후에는 지아비를, 지아비가 죽으면 아들을 따라야 한다"는 논지를 음양론으로 해석한 것이다. 이처럼 동중서는 한제국이라고 하는 대일통의 중앙집권제 국가형성에 적응하여 천인합일의 유가사상체계를 완성했으며, 나아가 삼강三綱 즉 부위처강과 군위신강, 부위자강을 함께 제출하여 전통시대 강상명교綱常名敎 구축을 위한 기초를 제공하였다. 그리고 유교는 국교로서 독존의 지위를 차지하게 된다. 후한시대의 반고 또한 『백호통의白虎通義』에서, "음은 비천하여 자전自專할 수 없으며 양으로써 이루어지게 할 따름이다. 전傳에 이르기를 양창음화陽倡陰和하니, 남자는 행하고 여자는 따른다고 했다"고 하여 역시 여성을 독립적 존재가 아닌 남성에게 순종해야 하는 존재로 규정하였다.

'남여유별' '남외여내'의 남녀 성역할 분리, 그리고 음양론과 결합한 남존여비의 여성관, 즉 각각 '분업'과 '가치'를 의미하는 이 양성관계는 유가사상을 국교로 채택한 한대 이후 2천여 년간 비록 각 시대에 따라 약간의 편차는 있지만 기본적으로 중국 여성의 역할과 지위에 줄곧 영향을 미쳐왔다.

최근 들어 유교와 페미니즘의 화해가 조심스럽게 시도되고 있다. 그 대표 인물이라 할 수 있는 현대 신유가의 거장 두유명杜維明 교수는 유교가 궁극적으로 지향하는 것이 남녀평등을 포함한 인본주의이기 때문에 유교는 페미니즘과 상반된 것이 아니라고 강조한다. 아울러 모든 사상이 그렇듯 유교도 고정된 관념이 아니며 시대에 맞게 변해가는 것이라고 말한다.[14] 요 몇 년 사이의 일이기는 하지만 홍콩, 대만 아닌 중국 본토의 학자들 사이에서조차 공자를 남녀평등주의자, 여권론자로 해석하는 경우가 있다. 공자가 궁극적으로 지향한 것은 '인간에 대한 보편적 사랑泛愛衆'이며 여자도 그 대상에 포괄되기 때문이라는 것이다.[15]

추론 과정은 다소 억지스럽지만 "유교는 획일적이지 않다"는 그들의 명제는 틀리지 않다. 착안점에 따라 다양한 편차를 보인 유교에 대한 해석이 여성문제라고 해서 예외일 수는 없을 것이다. 흔히 여성은 유교문화의 최대 피해자로 지목되지만, '어떤 유교'를 말하느냐에 따라 그 반대 해석도 가능하기 때문이다. 유교와 페미니즘의 접점을 모색하는 자들은 이렇게 말한다. 유교 삼경 중 하나인 『주역』에서 여성 또는 여성으로 상징되는 땅, 음, 암컷 등은 '생성'의 중요한 전제다. 여성은 남성 또는 남성으로 상징되는 하늘, 양, 수컷 등과 짝을 이뤄 인간과 만물을 탄생시키고 길러내며, 이 탄생은 여성적 원리와 남성적 원리의 대등한 관계를 통해 이뤄진다. 남녀의 차이와 다양성, 수동과 능동, 순응과 주도가 대등한 관계에서 교차되고 교환됨으로써 합일을 거쳐 생성에 이르게 된다는 것이다. 그리고 『주역』에서 말하는 생성이 생물학적 영역뿐 아니라, 사회·정치적 영역에까지 확대 적용될 경우 남녀의 차이와 다양성이 공존하는 평등의 사회를 꿈꾸는 것도 불가능하지 않다. 특히 『주역』뿐만 아니라, 유교의 가장 중요한 경전인 『논어』에도 여성차별적인 문구는 거의 없는데, 이는 여성을 차별하는 내용이 곳곳에서 발견되는 다른 서구 종교의 경전과 크게 대비된다는 것이다. 따라서 그들은 유교체제 하의 동아시아 여성이 동시대 서구사회의 여성보다 상대적으로 높은 지위를 누렸다고 한다.[16]

여성의 지위도 일생 동안 고정적인 것은 아니었다. 예컨대 가족 공통의 직계존속인 홀어머니寡母의 지위는 여자는 항상 하위라고 생각하기 쉬운 일원적 이해에 대해 반성의 계기를 제공한다.[17] 모택동은 「호남농민운동시찰보고」(1927)에서, "남편의 권한은 예전부터 빈농들 사이에서는 비교적 약했다. 왜냐하면 경제적인 이유에서 빈농의 부인들은 유복한 계급의 부인보다도 더 많이 노동에 참가할 수밖에 없고 따라서 집안일에 대해서 가지고 있는 발언권이나 결정권도 비교적 컸기 때문이다. 성적인 면에서도 비교적 자유로워서 남녀의 삼각 내지 다각관계는 빈농계급에서 거의 보편적인 현상"이라고 했는데, 실제로 계층에 따라 지역에 따라 그리고 생산활동의 참가 여부에 따라 여성의 지위에는 상당한 편차가 있었다.

요컨대 유교와 페미니즘의 관계가 반드시 대립적이라고 볼 수는 없다. 어떤 유교인가에 따라 또 지역과 계층에 따라 그 설명방식은 달라질 수 있다. 나이가 들어 『주역』에 빠지면서 공자도 관념상으로는 남녀를 동등하게 보았다. 하지만 철학적인 문제는 차치하더라도 역사적으로 볼 때 유교는 여성의 위치를 일차적으로 가정에 두었고 인생 최대의 가치를 가계의 계승에 둔 것이 분명하다. 교육권과 참정권의 획득, 경제적 자립의 모색 등 지난 100여 년간 여성들이 추구해온 사회적 지위 즉 공적 역할의 확대에 대해 유교가 수행한 역할은 대체로 반동적이었다. 유교의 화해의 손짓에 대해 페미니스트들이 여전히 완강히 거절하고 있는 것도 이 때문이다.

### 유교와 민족주의

중국근현대사에서 통일과 독립의 실현은 많은 정치이념에 공통된 우선 목표이며 민족주의는 가장 중요한 정신적 가치였다.[18] 청일전쟁에서의 패배와 의화단운동을 거치면서 20세기 초 10년 동안, 이후 중국의 지배 담론의 하나가 되는 민족주의가 형성되었다. 혁명파든 개혁파든 초기의 민족주의자들은 중국의 전통적 세계상과 민족주의의 불연속성을 날카로이 자각하고 있었다. 나아가 이러한 중국인의 전통적 세계상을 형성한 것으로 지목된 유교도 비판의 도마에 올랐다.

예컨대 손문은, "민족주의는 국족주의"라 정의하면서 "중국에는 가족주의와 종족주의가 있을 뿐 국족주의는 없다"(「민족주의 제일강第一講」)고 개탄하였고 양계초는 "국가사상을 갖고 스스로 정치를 행하는 자를 국민이라고 한다. 국민이 없이 국가를 성립시키는 것은 불가능하다"고 하면서 "중국인은 천하가 있음을 알아도 국가가 있음은 알지 못한다"(『신민설新民說』「국가사상을 논함論國家思想」)고 탄식하였다.

현대 신유가의 선구자로 동서문화의 비교를 통해 1920년대 중국 지식계의 비상한 관심을 끌었던 양수명梁漱溟도 『중국문화요의中國文化要義』(1949)에서 "서양인이 국가와 개인을 중시하는 데 비해 중국인은 천하와 가정을 중시한다"고 했다. 송경령宋慶齡 또한 '신생활운동'이 한창이던 1930년대 중반에 쓴 「유교와 현대중국儒敎與現代中國」에서, "공자는 가정에 대한 의무를 강조했고 국가, 민족에 대한 의무는 거의 언급하지 않았다"고 하면서 중국인의 가정관념이 깊고 국가관념이 박약한 것은 공자의 학설 때문이라고 비판한 바 있다.[19]

그렇다면 과연 유교는 민족주의와 양립할 수 없는 것일까? 양계초에게서 전형적으로 드러나듯이 '국민'을 보편적 진화 과정의 일정 단계에서 발생하는 역사적(근대의) 산물로 보는 정치적 민족주의(국가주의)의 입장에서 본다면 그럴 수밖에 없을 것이다. 그러나 민족을 하나의 '역사적·문화적 공동체 의식을 지닌 단체'로 본다면 중국인이라는 하나의 공동체 혹은 귀속의식의 형성에서 유교가 수행한 역할을 결코 무시할 수 없을 것이다.

손문, 송경령 등은 이 점을 비판했지만 '인仁의 근본은 효제孝悌'라고 하듯 유학은 가정을 중시한다. 그러나 원칙상 유교는 '가국家國의 구조', 즉 가정과 국가의 결합을 이상으로 하고 있다.[20] 맹자에 의하면 "천하의 근본은 나라에 있고, 나라의 근본은 가정에 있다天下之本在國, 國之本在家"인 것이다.

또한 전국시대 인상여藺相如의 "내가 이렇게 하는 것(염파를 일부러 피하는 것)은 국가의 급한 일을 앞세우고 사사로운 원한을 뒤로 하기 때문이다吾所以爲此者, 以先國家之急而後私讎也"(『史記』「염파인상여열전廉頗藺相如列傳」)라든지, 전한시대 가의賈誼의 "나라를 위해서라면 집을 잊어야 하고 공을 위해서라면 사를 잊어야 한다國耳忘家, 公耳忘私"(『한서漢書』「가의전賈誼傳」)든가, 송대의 유학자 소식蘇軾의 "나라를 위해서는 집안을 돌보지 말아야 한다爲國者終不顧家"(『진공필전陳公弼傳』) 등에서 알 수 있듯이 가는 때로 사와 동일한 개념으로 국은 공과 동일한 개념으로 이해되었고, 가는 공 즉 국을 위해 양보하고 희생되어야 하는 존재로 인식되었다. 유가는 특히 '천하의 근심을 먼저 걱정하는先天下之憂而憂' '대장부'적 인격을 추숭하며, 긴급시에는 심지어 '살신성인'하여 진충보국해야 한다고 가르친다. 저명한 동림당인東林黨人의 "집안 일, 나라 일, 세상 일 모두에 관심을 가질 것家事, 國事, 天下事, 事事關心"은 바로 이 점을 생동적으로 보여준다. 유가의 이러한 정치적 정신은 줄곧 무수한 인인지사仁人志士들이 "국가, 천하사"를 위해 헌신하도록 고무하였다.[21]

한편에서 유교는 가족윤리가 사회윤리로 확장되어야 한다고 하는 것을 기본 윤리로 하고 있다. 주지하듯이 유교는 송대에 탄생한 정주程朱의 이학理學 이후 원대에 확대, 정통 이데올로기가 되어 명청 시기에 가장 성행하였다. 이 이학은 사서 중에서도 『대학』을 가장 중시, '격물, 치지, 성의, 수신, 제가, 치국 평천하格物, 致知, 誠意, 修身, 齊家, 治國, 平天下'라고 하는 데서 알 수 있듯 가족 구성원 상호 간의 존재 방식으로부터 개개인과 국가의 관계로 확대하는 국가론의 구도를 그리고 있다.

더욱이 유가문화는 다분히 참여적入世的이다. 근대 이후의 국가사상과는 다르지만 과거에 합격함으로써 천자의 인정을 받은 유가적 지식인은 늘 '널리 천하를 구제하는 것兼濟天下'을 자신의 임무로 삼았다. '수신제가치국평천하'의 정치 포부 자체가 현실에 대한 유가문화의 관심을 충분히 드러낸다.

근대 민주주의의 도입 이후 비판받았던 충군忠君사상은 일차적으로는 전제를 강화하는 측면을 갖지만, 한편에서 그것은 사회의 안정과 국가의 통일에 기여한 측면도 있다. 요컨대 근대 이전의 역사를 통해 볼 때 유가는 중국에서 문화적 정체성을 구축하는 데 최대의 공헌을 했다고 해도 과언이 아니다. 그것은 근대 이전 중국의 정치적 통일 그리고 애국사상의 형성과 발전에 중요한 역할을 한 것이다.

이상에서 살펴보았듯이 근대 민족주의 도입 이전 유교는 중국과 중국인의 정체성 형성에 지대한 역할을 하였다. 그러나 앞에서 말한 유교적 내외 관념 즉 전통적 성별 분업의 관점에서 볼 때, 학문과 권력의 세계에서 배제된 여성은 그러한 문화의 주체가 될 수 없었고, 따라서 문화적 공동체에 편입되지 못하였다. 여성들이 국민의 한 사람으로 편입되는 것은 역시 근대 민족주의가 형성된 이후의 일이라고 보아야 한다. 일본을 통해서이긴 하지만 '민족'과 '민족주의' 개념을 중국에 최초로 도입하였을 뿐 아니라 청일전쟁 이후 유행한 사회진화론과 결합시켜 민족적 위기를 설명하고 정치적 민족주의를 주조해낸 것은 앞서 언급했듯 양계초였다. 그는 국가란 진화의 산물이라고 보았으며 "국민 없이 국가를 형성한 예는 세계에 없다"고 하면서 근대국가의 형성을 위해서는 '국민'의 창출이 무엇보다 시급한 과제임을 역설하였다.[22]

그가 제창하는 민족주의란 국민을 주체로 하는 민족국가, 즉 국민 국가를 형성하는 것이었다. 그는 이러한 국민국가를 형성하기 위한 기본 과제로서 '신민新民', 즉 새로운 정치주체로서의 국민을 창출할 것을 제기하였다. 거기에서 인구의 절반을 차지하는 여성에 관심을 갖는 것은 당연했다. 양계초, 김천핵金天翮 등 당시 지식인들은 개혁 이든 혁명이든 정치적 입장의 차이를 넘어 지금까지 타자로서 배제 되어온 여성의 역량에 주목, 여성들도 교육을 받고 나아가 국가와 민 족에 대해 관심을 가질 것을 촉구한다. 20세기가 되면 "현재 중국의 가장 중요한 문제 중 하나는 바로 부녀문제"라고 하는 문구가 곳곳 에서 발견될 정도로 중국 여성은 법적, 교육적, 경제적으로 그 이전 과 비교할 수 없을 정도로 큰 변화를 경험하게 된다. 유럽의 주변부 국가에서와 마찬가지로 중국에서도 민족주의는 페미니즘 발생의 중 요한 추동력이었던 것이다.

## 남경 국민정부 시기 국가와 여성

지금부터는 1934년부터 1949년에 이르기까지 무려 15년에 걸쳐 추진되었던 국민당 정부의 '신생활운동'에 참여한(혹은 동원된) 여 성들의 활동과 인식을 통해 중국에서의 유교와 페미니즘, 민족주의 의 결합방식과 그 문제점을 살펴보려고 한다. 우선 국민정부 시기 여 성 정책, 여성의 법적 · 사회적 지위에 대해 간단히 살펴본다.

### 국민당과 여성: 국민당의 여성정책

1927년에 성립한 남경 국민당 정부는 삼민주의 원칙에 따라 법적으로, 교육적으로 남녀평등의 구현에 노력하였다. 법적인 면에서 보면 a. 총칙편總則編 b. 채편債編 c. 물권편物權編 d. 친속편親屬編 e. 계승편繼承編의 다섯 편으로 구성된 신민법新民法의 경우 총칙은 1929년 10월 10일에, 채편과 물권편은 1930년 5월 5일에, 그리고 친속과 계승 두 편은 1931년 5월 5일에 시행되었다. 이 중 1931년 시행된 민법 친속, 계승 두 편에서는 종조宗祧 계승의 규정을 없애고 유산권 계승을 남녀평등으로 하였으며, 아울러 부모의 주혼권主婚權과 교령권敎令權을 제한하고 "가장은 가족 간의 추거推擧에 의한다"고 하는 등 가족제도 상의 대개혁이 이루어졌다. 1935년에는 간통죄에서 남녀불평등을 없애고 경과 조치를 붙이면서 첩妾을 폐지했다. 1931년에 공포한 포양조례襃揚條例에서도 종래의 '양처현모良妻賢母', '절부열녀節婦烈女' 등 여성 특유의 도덕에 근거한 것을 폐지하고 남녀평등의 자세를 제시하였다. 새롭게 완성된 이 민법은 전통 세력과 현대화의 요구 사이에서 일종의 타협 형태를 이루고 있으며, 관습에 대한 양보에도 불구하고 여성의 법적 지위를 크게 신장시킨 것이었다.[23]

그러나 성명권姓名權에서는 여성은 결혼 후 원칙적으로 남편의 성夫姓을 쓰도록 했고, 재산권에 있어서는 특히 부부 간의 계약이 없는 한, 처의 재산의 관리·사용·수익 모두 부권夫權에 귀속시켰으며, 관리상 필요한 경우는 그 처분조차 처의 동의를 요하지 않는 등, 전체적으로 부권을 강화하였다.

교육면에서도 국민정부는 여성에게 교육의 기회를 확대하여 학교와 학생 수 등 양적인 면에서 증가 추세를 보였다. 1922년 전국 고등학교의 여학생은 887명, 중등학교는 11,827명 정도에 불과했다. 그러나 1932년 전국 대학교와 전문대학교의 여학생은 3,800명, 중학교와 사범학교와 직업학교의 여학생은 약 10만3천명, 소학 여학생은 100

여만 명에 달하게 되었다.[24] 당시 통계에 의하면 각종 수준의 교육을 받은 여성인구는 이미 200만 명 가까이 된다. 해외유학생도 늘어 불완전하나마 당시 통계에 의하면 1936년 일본 유학 여학생 수는 520명, 1937년 미국 유학 여학생 수는 352명이었다.[25] 고등교육 방면에 한정해서 볼 때 1928년 이후 1949년까지 21년간 여학생은 15배 이상 증가했으며 여자 유학생 수도 꾸준히 늘어 1912년부터 1927년까지 남자의 11%를 차지하던 것이 1928년에서 1937년 사이에는 16%, 1938년에서 1945년에는 23.9%를 차지하였다.

그러나 유교 윤리를 수호하는 국민정부는 교육상 남녀의 분리를 명확히 하였다. 남경 정부가 성립한 지 얼마 안 되어 1928년 2월에 개최된 국민당 제2기 4차 중앙전체회의에서 국민당은 여자 교육의 목표를 "자상한 성품을 확충하고 건강한 모성을 배양함으로써 구국보민의 요도要圖, 우생강종優生强種의 기초"로 삼을 것을 규정하였다. 1928년 4월26일에는 '중화민국 교육종지 및 그 실시방침中華民國教育宗旨及其實施方針'을 공포, 여성 교육의 목적이 건강한 모성의 배양에 있음을 재차 확인하였다. 1928년 국민정부는 제1차 전국교육회의를 개최하는데 여기에서 여자 교육에 대한 방침을 다음과 같이 제출하였다. 즉 "여자 중등교육은 여자 특유의 사회 직분을 배양하는 것이며, 그 특수의 수요에 적응하는 것이다. 따라서 여자 중학은 반드시 단독으로 독립시켜야 한다"[26]고 하여 여자중학을 독립화할 것을 강조했다. 이처럼 교육상 남녀는 평등하지만 여자 교육을 남자 교육과 분리시켜야 하며 여자 교육은 모성의 배양을 중심으로 해야 한다고 하는 방침은 일관되게 유지되었다.[27] 이러한 여성 교육의 이념은 1930년대가 되면 한층 공고해진다.

이상에서 살펴보았듯이 1927년에 성립한 남경 국민정부는 법과 교육에서 남녀평등의 원리에 충실하려고 했지만, 법적으로는 부권夫權을 강화하고 교육적으로는 남녀의 분리를 강화하면서 여성교육의 궁극 목표를 건전한 모성의 배양에 두는 등 여성주의 입장에서 보면 상당한 한계를 내포하고 있었다. 당시 신문과 잡지들을 읽어보면 고등교육의 수혜를 받은 인텔리 여성들이 법과 교육에서의 남녀평등보다 오히려 직업상의 남녀평등, 적극적인 사회 진출에 목말라하고 있었음을 알 수 있다.[28] 물론 고등교육을 받은 여성들 중에는 자신이 받은 고등교육을 장식으로 생각하거나 몸값을 올리기 위한, 즉 사회적 지위가 높은 배우자를 선택하기 위한 수단으로 여기기도 했다. 그들은 같은 여성들로부터도 지탄을 받았지만 여성에게 개방된 직업이 너무 적었던 현실 그리고 직장 여성을 '화병花瓶'으로 얕보는 사회적 편견이 낳은 결과라 할 수 있을 것이다.[29]

신민법이 반포된 직후 국민당 여성당원으로 당시의 대표적인 페미니스트 논객이었던 담사영談社英은 "여자가 각종 직업에 적극 참가하지 않는다면 이는 사회에 대해 의무를 다하지 않는 것이며 개인적으로는 권리를 포기하는 것"이라고 하면서 공자의 말을 끌어 와 여자들은 남을 탓하기에 앞서 그러한 자신의 잘못을 반성反救諸己해야 한다고 하였다.[30] 나아가 그녀는 양계초의 '생리분리론生利分利論'을 의식, "직업이 없으면 사회의 이익을 나누는 자分利者일 뿐"이며 여자가 자립을 도모하려 한다면 경제적으로 독립하는 것이 필수라고 거듭 호소하였다.[31] 2년 뒤에 발표한 논문에서도 그녀는 여자가 국민으로서의 지위와 권리(공민권)를 얻고 인격적으로 존중을 받으려면 반드시 직업에 종사해야 한다고 하여 여자가 국민이 되기 위해서는 법적인 평등도 중요하지만 그보다 경제적 독립을 필수조건으로 꼽았다.[32]

그러나 여성들 사이의 이러한 변화의 욕구를 뒷받침할 만한 사회 전체의 변화는 너무 느렸다. "많은 사람들이 여자가 가사를 잘 돌보지 못하는 것은 그녀가 교육을 받고 지식이 있기 때문이라고 생각한다"[33]라는 호소에서 알 수 있듯, 여전히 "여자는 재주가 없는 것이 덕"이라거나 "여자가 교육을 받으면 남편을 무시한다"고 생각하는 남자들이 많았다. 심지어 남녀평등을 규정한 법안이 통과되었을 때 한 저명한 국민당 남성 당원이 워낙 결사 반대하는 바람에 이에 분노한 신해혁명 시기의 여혁명가 당군영唐群英이 주먹을 휘두른 사건이 발생했을 정도였다고 한다.[34] 특히 여자의 직장 진출에 따른 가정의 파괴를 우려하는 남자들이 많았다. 예컨대 같은 잡지에 발표된 글의 한 남성 필자는 "여자가 경제 독립의 능력을 갖게 되면 단지 자기 하나만 위하고 가정을 돌보지 않는다. 이는 남녀평등의 입장에서 볼 때 남자에게 불평등한 것"[35]이라고 불평을 터뜨리고 있다.

앞에서 살펴보았듯이 국민정부 수립 이후 여성의 고등교육 수혜율은 꾸준히 상승하고 있었지만 그것은 도시의 중산층에 한정된 것이었다. 소설가 펄 벅의 남편이었던 존 로싱 벅이 1930년대에 중국 각지의 46,601개 농가를 대상으로 실시한 문자 해독에 관한 조사 연구에 따르면 남자의 69.3%와 여자의 98.7%가 문맹이었음을 보여준다. 더욱이 읽고 쓸 줄 아는 사람들로 분류된 자조차 대부분은 신문이나 책을 읽지 못했다.[36]

당시 고등교육을 받고 직업에 종사하려고 하는 인텔리 여성들의 호소는 전체 중국을 두고 볼 때 그야말로 '작은 목소리'일 뿐이었다. 그나마 이 작은 목소리는 곧이어 살펴보겠지만 신생활운동이라는 일종의 유교적 사상 통치가 시작되면서 한층 그 소리를 죽이지 않으면 안 되게 된다. 이러한 상황에서 여성들은 과연 어떻게 대응하였을까?

**재난인가 기회인가?: 신생활운동과 여성의 대응**

앞에서 보았듯이 1927년 남경에 수립된 국민당 정부는 여성 교육의 목표를 건강한 모성의 배양에 두고 학교에서도 남녀 분리의 방침을 고수하였다. 영미식의 근대화도 소련식의 근대화도 아닌 중국식 근대화를 추구하였던 국민당 정부는 근대화와 국민 통합의 과제를 달성하기 위해 유교를 이데올로기로서 이용하게 된다. 그것이 바로 1934년 2월에 시작된 '신생활운동'[37]이었다. 이 시기 동안 유교는 권력의 정당성과 합리화를 위해 동원된다. 신문화운동 이래 지식인들의 집중 공격을 받아온 공자가 찬란하게 부활하였음은 물론이다.

장개석과 남경 국민정부 고시원장 대계도戴季陶 등의 제의를 거쳐 국민당중앙은 결의를 통과시켜, 매년 8월27일 공자탄신일을 국정기념일로 규정하고 각 기관, 학교가 일률적으로 공자탄신기념대회를 거행하도록 1934년 7월 전국에 통령하였다. 이렇게 하여 민국 원년 (1912년) 당시 남경 임시정부 교육총장 채원배蔡元培에 의해 폐지된 "기념공자탄신전례紀念孔子誕辰典禮"가 결국 다시 남경 국민정부에 의해 회복되었다.

전국을 휩쓸었던 신생활운동은 이렇게 시작되었고, 그 특징 중의 하나는 중국적 근대화를 위해 유교가 동원된 것이다. 여성에 대해서도 전통적 역할이 강조되었다. 종래의 '부덕 부용 부언 부공婦德 婦容 婦言 婦工'의 사덕四德과 함께 여성도 남성과 마찬가지로 '충효인애신의화평忠孝仁愛信義和平'의 소위 '팔덕八德'을 몸에 지녀야 한다고 했으며 '남자대외 여자장내男子對外 女子掌內'의 전통적 성별 역할이 고취되었다. 오사신문화운동과 국민혁명을 통해 성장해온 여성들의 의식과 행동을 의식, "지금의 여성운동은 진짜가 아니고 남자의 것을 모방한 것"이라는 비판도 등장하였다.[38] 여성들의 일상생활 하나하나에 엄격한 제한과 간섭이 가해졌다. 분이나 립스틱을 바른 여성만 보면 경찰들은 그 자리에서 잡아들였고 양복을 입거나 모자를 쓴 사람의 경우 붉은색 먹물을 이용해 그들의 피부에 '기장이복奇裝異服'이라는 글자를 새겨 넣었다. 여성들은 퍼머도 할 수 없었고 수영복도 살 수 없었으며 카바레에도 출입할 수 없었다.[39] 당시 한 여성의 표현을 빌리자면 신생활운동이 시작된 1934년은 바로 "여성의 재앙災年"이었던 것이다.[40]

앞에서 언급했듯이 페미니즘의 시각에서 볼 때 중국 역사상 유교는 여성의 지위를 하락시킨 주범으로 인식되어왔다. 그렇다면 신생활운동과 함께 개시된 공자숭배 및 유교적 전통의 부활을 바라보는 이 시기 여성들의 생각은 어떠했을까? 국민당원으로 사회문제 특히 하층 여성의 노동문제에 많은 관심을 갖고 있던 이치산李峙山은 "중국 역사상 전 왕조를 통해 공자가 존경을 받을 수 있었던 이유는 그의 존군친상尊君親上 학설이 통치 계급의 이익에 부합했기 때문이다. 특히 역대 전제군주의 수요에 부합했기 때문"이라고 한다. 나아가 신문화운동과 함께 추락한 공자가 신생활운동의 개시와 함께 부활한 것에 대해 여성들은 경계를 늦추지 말 것을 당부한다. 그의 사상 학설 여부에 대한 평가를 떠나 최소한 "공자는 여성에게 죄인"이었기 때문이라는 것이다.[41]

신생활운동 이후 국민당은 여성과 여성운동에 대해서도 새롭게 규정하였다. 신생활운동의 배경에는 나날이 번져가는 공산주의의 세례로부터 중국의 전통도덕을 수호한다고 하는 측면도 있었다. 장개석, 진립부陳立夫 등은 태평천국운동을 진압한 관료 증국번曾國藩(장개석이 가장 존경하는 인물이기도 하다)이 그랬던 것처럼 '치국평천하' 할 남성의 안식처로서의 가정, 그리고 그 가정에서의 여성의 역할이 얼마나 중요한지 거듭 강조하였다. 따라서 국민당과 남경정부는 국가의 기초가 가정이라는 이데올로기를 끊임없이 주입하였다.

장개석에 의해 국민정부 하에서 교육문화 부문을 담당하게 된 CC계[42]의 거두 진립부의 경우 모성과 모교母敎를 특별히 중시했으며 "남자는 외무外務, 여자는 가정 관리"[43]라 하여 남녀의 성적 역할 분리를 불변의 원리로 보았다.

상해의 언론계와 교육계에 막강한 영향력을 갖고 있던 CC계의 반공전潘公展 역시 한 여학교에서 연설을 통해 여학생들로 하여금 '현대적 여국민'이 될 것을 호소하였다. 그는 "한 여자가 여러 자녀를 잘 길러낸다면 그것은 바로 국가 민족에 지대한 기여를 한 것"이라고 하여 앞으로 고등교육을 받고 졸업할 여학생들은 가정주부로서 자녀를 잘 길러내는 것이 국민으로서 가장 중요한 의무임을 가르치려고 하였다.[44]

이 두 사례만을 갖고 국민당이 당시 이상으로 삼은 여성상이 어떤 것인지 단정하기는 어렵지만, 여성의 존재 이유가 가계의 계승에 있다거나 무지가 미덕이라고 하는 과거의 여성상에서 진일보한 것임에는 의심의 여지가 없다. 다만 여성들도 좋은 교육을 받아 훌륭한 자녀를 길러내야 하며 가정 관리를 합리적으로 해야 한다고 하는 것에서 여성이 있을 곳은 일차적으로는 가정이라고 생각했음은 부인할 수 없다. 그것이야말로 '여국민'이 되는 조건이었다. 앞서 언급한, 직업적 자립이야말로 '여국민'의 조건이라고 본 담사영의 생각과 전혀 다르다. 국민당 남성 관료들의 생각에 대한 국민당 여성들의 반응을 좀 더 구체적으로 살펴보자.

젠더의 시점에서 볼 때 근현대 중국에서 국가와 여성의 관련 방식은 크게 다음과 같이 나눌 수 있다. 즉 유가의 국가 이념과 현처양모주의와 같이 모성성과 여성성에 의거하여 '객체'적·간접적으로 국가와 관계하는 경우, 그리고 사회의 한 구성원으로서 '주체'적으로 국가와 직접 관계하려고 하는 의식과 행동이다.[45] 이렇게 볼 때 이상에서 살펴본 진립부, 반공전 등 국민당 문화교육 담당자들의 이상적 여성상은 첫번째에 해당한다. 그러나 이러한 여성상에 여성들이 모두 반대한 것은 아니다. 오히려 크게 공감하기도 했다. 대표적인 예가 증보손曾寶蓀이다.

증보손은 증국번의 증손녀로 상해의 한 기독교 학교에 입학하여 신식교육을 받기 전까지 『시경』, 『논어』 등 유교 경전을 공부하였다. 세례를 받고 기독교 신자가 된 그녀는 영국에서 6년간 유학 생활을 한 뒤 런던 대학에서 학위를 취득하고 귀국하여 1917년 12월, 장사長沙에 기독교 학교 예방여교藝芳女校를 설립하였다.[46] 앞서 말한 신민법이 반포되었을 때 그녀는 "교육, 직업, 참정권을 위해 힘겹게 싸워야 했던 서구 여성들에 비해 중국 여성들은 매우 적은 대가를 치르고 그것들을 얻었다"고 의미를 부여하였으며[47] 전통적 성별 분업을 지지하면서 학교에서 배우는 과목부터 철저히 남녀를 분리할 것을 주장했다. 그녀는 이상적인 중국 여성을 다음과 같이 묘사한다. "기로에 선 중국 여성은 어떤 길을 선택할 것인가? 과거로 돌아갈 수는 없고 그렇다고 전통을 모두 방기할 수도 없다. 중국이 가진 좋은 점을 보존하면서 서양의 장점을 받아들이는 것이 가장 좋은 방법일 것이다. …… 전통 중국의 우수한 사상, 예를 들면 모성애라든가 아내로서의 헌신은 매우 도움이 될 수 있을 것이다. 이와 같은 기초 위에서만 예술, 과학, 철학, 기타 그녀가 희망하는 서구적 훈련을 축적할 수 있다. 그러므로 현대 중국의 여성은 자유를 자기규제로써 조절하고 자아실현을 자기희생과 결합시키며 자립을 가정적 의무에 의해 제한하는 것이 필요하다. 이것이야말로 여성의 새로운 이상상이다."[48]

요컨대 여성은 어머니와 아내로서의 역할에 충실한 것이 가장 이상적이라는 것이다. 나아가 그녀는 처가 직업을 갖지 않아도 가사, 육아노동에 의해 간접적으로 남편의 경제활동을 돕고 있으므로 남편의 수입은 두 사람의 공유로 해야 한다[49]고 하여 가사노동의 가치를 인정하고 있다. 증보손은 전통 중국의 우수한 사상으로 모성애를 들고 있는데, "여성의 모든 권리 가운데 가장 위대한 것은 어머니가 되는 것"이라는 당시 임어당林語堂 등의 유명한 모성 찬미는 남성의 전유물만은 아니었던 것이다. 그러나 실제로 증보손은 평생 독신으로 살면서 교육 사업에 헌신하였다.

모성을 찬미하면서 어머니의 교육母敎이 구국의 한 길이 될 수 있다는 의론도 만만치 않았다. 맹자의 어머니, 그리고 '진충보국盡忠報國' 네 글자를 어린 악비岳飛의 등에 새겨 넣고 그로 하여금 구국할 것을 격려했다고 하는 악비의 어머니가 '현모賢母'로 추앙되었다.[50]

이처럼 신생활운동으로 대변되는 국민당의 유교이념에 대해 일부 여성들은 적극 동조, 모성과 여성성에 기초한 현모양처 사상으로 그에 순응하였다. 그러나 두번째 결합 방식, 즉 여성 스스로 주체적으로 국가와 민족의 운명에 동참하려는 경우도 적지 않았다. 공산당이나 제3세력의 경우 국민당 지도자들의 이른바 '이상적 여성상'이란 유교이념에 파시즘이 결합된 반동적 현모양처주의로, 그것은 "여성을 압박하는 구호"이자 "가정의 노예로 가두는 열쇠", 나아가 "남성의 여성에 대한 압박을 은폐하기 위한 교활한 수단"[51]이라며 비난을 퍼부었다. 그러나 국민당의 여성들은 그 반동성을 감지하면서도 조심스럽게 대응하였다. 담사영은 신생활운동이 시작되자 「신생활운동과 절약 구국관新生活運動與節約救國觀」[52]이라는 논문을 발표하여 그것의 생활개조운동으로서의 측면을 높이 평가하면서, 이 운동을 통해 여성이 신국민新國民으로 양성될 것으로 기대하였다. 이치산과 달리 그녀는 이 운동의 이데올로기성에 대해서는 언급을 자제하고, 대신 "여자의 도덕과 인격은 남자보다 우월하다"고 하면서 그 미덕에 기초해 여성들이 이 운동에 적극 동참할 것을 호소하였다. 또 지금까지의 여성운동은 도시의 일부 지식인에 한정되었으므로 앞으로는 신생활운동을 통해 농촌 여성을 포함한 전국민 운동으로 확대시킬 것을 주장하는 자도 있었다.[53]

전국민적인 신생활운동이 시작되면서 국민당에 소속한 많은 여성들도 각 여성단체에 편입되어 활동을 전개한다. 따라서 국민당 여성당원이자 이론가겸 사회활동가로서 큰 활약을 했던 이치산은 앞서 보았듯이 이 운동의 이데올로기성에 대해서는 비판적이었지만 신생활운동이 개시된 1934년을 가리켜 "부녀운동이 고개를 든 해"라고 하였다.[54] 여성의 직업적 자립을 무엇보다 중요한 시대 과제로 보았던 이치산의 입장에서 본다면 사실 신생활운동은 '재난'이었을 것이다. 그러나 그녀를 비롯한 국민당의 많은 여성들은 그것을 재난으로 비난하고 낙담하기보다는 오히려 여권 신장 특히 여성의 공적 활동의 참여 기회로 삼아 가능한 범위 내에서 여성들의 입지를 확대해가려고 시도하였다.

우선 그녀들은 여성의 사회적 직업의 확대를 계속 주장하였다. 신생활운동을 즈음하여 사회 전반에 번진 "부녀들은 가정으로婦女回家"라고 하는 반동의 물결에 대해 유형정劉蘅靜은 "부녀 생활을 개조하는 가장 좋은 방법은 부녀로 하여금 모두 직업을 갖도록 하는 것"[55]이라고 응수했다. 신생활운동에 여성들이 적극 동참할 것을 호소하면서도 한편에서 그 역할을 '보조적'[56]인 것으로 규정했던 송미령조차 "한 두 장관의 언론이 정부를 대표할 수 없다"고 하면서 여론이 형성한 '부녀회가' 론에 여성들이 동요하지 말 것을 촉구하였다.[57] 1931년 9월의 만주사변 이후 외환이 깊어지는 가운데 여성들은 국가와 민족을 위해 여성도 국민의 한 사람으로 동참해야 한다는 생각을 강화하였다. 이때 그녀들이 논거로 삼은 것이 바로 "천하의 흥망에 여자도 책임이 있다"였다.

국민당원이자 여의사인 부암傳岩은 『부녀의 신생활婦女的新生活』이란 선전 책자를 통해 고염무가 말한, '천하의 흥망에 필부匹夫도 책임이 있다'는 여자도 국민으로 편입된 현시대에 맞지 않으므로 "천하의 흥망에 필부匹夫, 필부匹婦도 책임이 있다 天下存亡, 匹夫匹婦有責"로 바꾸어야 한다면서 여성들도 국가와 민족 구제救國救國民에 동참할 것을 호소하였다.[58]

기독교신자로 풍옥상馮玉祥의 아내이자 국민당원인 이덕전(李德全, 중일전쟁 발발 후 전시아동보육회 부이사장)은 여성은 가정을 다스리는 것이 우선이라는 주장에 대해 "국가가 망하려고 하는데 어떻게 가정이 있을 수 있는가國將要亡了, 那裏還有家呢"는 논리로 반박하였다. 그녀는 춘추시대 칠漆 지방에 살던 한 노부인이 국난을 당했을 때 "국가가 환난에 부딪쳤는데 내 어찌 근심하지 않을소냐?國家會有患難, 我怎能夠不憂愁呢?"라고 탄식했음을 상기시키면서,[59] 국가가 환란에 빠졌을 때 여자도 위기에 동참해야 하며 그러기 위해서는 여자도 사회적, 공적 지위를 갖고 있어야 한다고 강조했다. 결론적으로 그녀는 "부녀의 해방운동은 반드시 민족의 해방운동과 연결되어야 한다"고 했다. 부암, 이덕전 모두 민족주의에 동참하기 위해서는 여권의 신장이 필요하다는 것을 말하려 했고 이것이 유교의 국가관에 위배되지 않음을 증명하기 위해 페미니즘과 민족주의의 입장에서 유교를 재해석하였다.

이덕전과 함께 신생활운동촉진회부녀지도위원회 위원이자 국민 당부녀운동위원회 주임위원, 중국부녀위로총회 상무위원, 전시아동 보육회 상무위원 등을 겸임하였던 여의사 심혜련沈慧蓮 역시 구국 의 식은 남녀 모두에게 요구되며 여자도 남자와 마찬가지로 군사 훈련 을 받아 전장에 나갈 것을 주장하였다. 여전사 목란木蘭과 진양옥秦良 玉이 다시 예찬되었다.[60]

이처럼 국민당의 유교이념에 동조하면서 가정 내 어머니와 아내로 서의 역할을 강조하거나 자식을 잘 교육하는 것 자체가 애국이라고 생각하는 여성들이 있는 한편, 가정에 안주하지 말고 여성들도 사회 적 역할을 담당하는 것이 오히려 구국의 길이라고 주장하는 여성들 도 있었다. 지향점은 다르지만 가정과 일에 대해 절충적 방법을 제시 했다는 점에서 양자는 서로 통한다.

증보손처럼 남녀 교육과정의 분리를 주장하고 여성의 모성애와 아 내로서의 역할을 찬미한 경우라 해도, "시계 바늘을 거꾸로 돌려서 는 안 되며 서양의 장점을 흡수해야 한다"고 했다. 또 "천하의 흥망 에 여자도 책임이 있다"고 하면서 "부녀해방은 중국 근대화의 불가 피한 과정"이며 "여자에게 중요한 것은 자립"이라 주장하는 부암 또 한, 그렇다고 해서 독신주의나 개인주의에 의해 가정이 파괴되어서 는 절대 안 된다고 강조한다. 가정은 국가의 근본이기 때문이었다.[61]

가정에서의 역할과 사회에서의 역할 즉 가정과 일에 대해, 한쪽은 전자를 한쪽은 후자를 중시하기는 했지만, 그렇다고 그것을 양자택 일이거나 양립불가능한 것으로 보지는 않았다. 당국정唐國貞이 수신 제가치국평천하를 들어 설명했듯이 양자는 "떼려야 뗄 수 없는 한 가지 사물의 두 측면"[62]이었던 것이다. 양자 모두 국가와 민족을 위해 여성도 무엇인가 해야 한다고 생각했으며 다만 그 목적을 달성하는 길이 달랐을 뿐이다. 또한 이러한 민족주의의 목표를 달성하기 위해 나름대로 유교를 동원하였다는 것도 공통된 점이다. 가정에서의 역할을 중시하든, 사회적 책임을 중시하든 유교의 우환의식과 참여의식은 양자 모두 갖고 있었다. 양자 모두 "지식이 높은 부녀는 자신의 재지才智를 이용해 그녀들의 이웃을 지도해야 한다"[63]고 하면서 문맹타파 운동에 동참하였다. 그 결과 여러 대도시와 향진鄕鎭에 '식자반識字班'이 성립하였다.

신생활운동의 시기 구분에 대해서는 여러 설이 있지만 대체로 중일전쟁(1937년)을 분수령으로 본다. 절박한 위기 앞에서 자의든 타의든 '여국민'으로서 여성들의 참가는 본격화한다. 전쟁이 길어지면서 중국의 수많은 여성들이 항일 구국운동에 헌신했다.[64]

전쟁 발발 후 송미령은 8월 1일 남경 여지사勵志社에 중국부녀위로자위항전장사총회中國婦女慰勞自衛抗戰將士總會를 설립, 전국의 부녀들을 향해 "우리 부녀들 또한 국민의 한 사람이다. 비록 우리의 지위와 능력은 그리고 각각 헌신할 수 있는 항목은 다르지만 각각 할 수 있는 힘껏 그 역량을 발휘하여 구국을 위해 헌신해야 한다"[65]고 호소하였다. 1938년 5월, 신생활운동부녀지도위원회가 개조되어 국민당, 공산당, 부녀계구국회, 기독교 기타 여성운동이 참가하는 민족민주통일전선이 조직되었다. 지도장인 송미령, 총간사인 장애진張藹眞(나가륜羅家倫의 처, 기독교여청년회협회 상무이사, 전시아동보육회 상무이사, 1943년 삼청단三靑團 제1기 중앙간사), 부총간사 진기이陳紀彝(기독교여청년회 총간사) 모두 크리스천이며 미국 유학의 경험이 있는 인텔리 여성들이었다. 신생활운동이 시작된 당초부터 장개석과 송미령 부부는 여지사 등 기독교 관계자들을 대거 이 운동에 투입하였는데[66] 국민당 여성 간부 중에도 기독교 신자가 많았다. 송미령과 마찬가지로 장개석 또한 기독교의 핵심을 박애 정신과 희생 정신 이 두 가지에서 찾았고 그것들은 모두 유교의 인仁과 통한다고 보았다.[67] 송미령은 희생 정신과 봉사(복무) 정신이야말로 여성의 가장 큰 특징이라고 하면서[68] "이제 중국 부녀운동의 중심은 부녀의 권리나 지위의 평등을 쟁취하는 것이 아니라 국가를 위해 공헌하고 봉사하는 것"[69]이라고 하여, 여성들이 국가와 민족을 위해 개인의 자유나 권리 등을 유보해 줄 것을 호소하였다.

중일전쟁 발발 후 신생활운동의 주된 활동 내용은 전지戰地 복무, 난민 구제, 모금 · 헌금 운동 등이었다.[70] 이 시기 여성들은 주로 부상병치료[71]를 담당했지만 그 밖에도 위문, 구호품 전달, 전쟁고아 돌보기 및 교육 등 다양한 봉사활동에 종사하면서 여성의 활동 영역을 확대했다.[72] 그러나 이 시기 여성들의 참여는 그야말로 국가와 민족의 이익을 위해 '희생하는 여성'의 모델을 구현한 것이었다. 유교의 인, 특히 그 실천 방법으로서의 충은 기독교의 희생 정신과 결합하면서 그 국가주의의 성격이 더욱 강화되었다.


## 맺음말

유교는 역사상 여성의 지위를 떨어뜨린 주범으로 꼽혀왔다. 페미니스트들이 유교의 손짓을 늘 거부하는 것도 이 때문이다. 그러나 지금까지 살펴보았듯이 국난 극복이라는 민족주의의 대명제 앞에 중국의 일부 페미니스트들은 유교적 사고틀을 이용해 국민의 한 사람이 되려고 하였으며, 그렇게 함으로써 민족주의운동에 동참하려고 하였다. 민족주의가 유교와 페미니즘을 화해시킨 셈이지만, 한편 민족주의의 입장에서 유교는 재해석되기도 하였으며 유교의 입장에서 페미니즘이 재정의되기도 했다. 이렇게 함으로써 소인과 함께 묶여 군자가 될 수도 없었고, 국가와 민족에 대한 책임 즉 우환의식도 참여의식도 가질 수 없었던 여성들은 이제 비로소 시민권을 얻게 되었다.

그녀들은 전통 시대 사대부와 같은 방식으로 국가의 대사에 관여하려 했다. 그리고 이 글에서 상세히 다루지는 못했지만 식자운동識字運動, 즉 하층 여성들의 문맹 퇴치 운동에 적극 동참하면서 그들을 국민의 한 사람으로 자각시키려고 노력했는데, 거기에 보이는 "교육을 받은 우리부터"라는 엘리트 의식 또한 전통 사대부의 그것과 같은 선상의 것이었다. 이는 신해혁명 준비 시기 「신호남新湖南」(1903년)을 쓴 양독생楊篤生의 '중등사회리더론' [73]을 연상시키기도 한다. 일상 속에 남아 있는 유교의 힘일까? 그녀들은 유교라는 가부장적 질서에 반항하는 한편에서 그것을 내면화하고 있었던 것이다.

미국의 유명한 여성주의 역사학자인 거다 러너는, "여성들을 남성들이 만들어놓은 기준과 가치에 억압당하고 희생당하는 자로서만 다루는 것은 다시 한번 그들을 남성의 시각으로 규정된 개념틀 안에 위치지우는 것" [74]이라고 했다. 역사상 여성은 늘 '수동적인' 희생자였다고 보는 관점은 이제 수정되어야 한다. 여성들은 자신들의 방식으로 세계에 적극적으로 관여하였고 남성 중심의 사회가 주입시킨 것에 대항하여 그것을 재규정하기도 하였기 때문이다. [75]

1930년대 국민당 여성 지식인들은 남성들과의 충돌을 피하기 위해 비록 유교적 사고틀을 이용하기도 했지만, 한편에서 남성 지배층이 주조해낸 유교적 성별 분업의 질서, 가부장적 질서에 대해 여성들의 입장에서 재규정하면서 자신들의 방식으로 국가의 대사에 관여하려고 하였다. 필자는 이것을 가리켜 '여성적 전략'이라고 부르고 싶다. 그녀들은 양극단의 충돌을 피하고 절충적, 중용적 방법으로 살아남기 전략을 구사한 것이다.

그러나 페미니즘이 민족주의운동에 포섭되면서 '자유' '해방' '개인'보다는 '통제' '기율' '집단'이 우선시되었고, 일신의 향락을 추구하며 민족주의운동에 동참을 거부한 여성들은 모던 부녀라 하여 '사회의 기생충'으로 낙인찍히게 된다. 여성들은 지금까지의 권리나 해방에 대한 욕구를 상당 부분 포기하고 책임과 의무를 짊어져야 했다. 여국민으로 인정받는 대가는 이처럼 여성의 특수한 이익을 포기한 위에서 이루어진 것이다. 그러나 대의(남성적)를 위해 작은 이익(여성적)을 희생하는 식의 이러한 논리는 중국 공산당도 마찬가지였다. 남성들 특히 농민들의 지지를 얻기 위해 공산당은 여성들의 요구를 얼마나 많이 희생하였는가?

상해미전 학생들과 누드 모델

# 3 누드모델사건

_싱지엔룽邢建榕 (김승욱 옮김)

## 머리말

20세기 1920년대 중반, 유해율劉海栗이 교장으로 있던 상해미술전 과학교上海美術專科學校의 서양화과는 상해에서 가장 먼저 여성 누드크 로키 과정을 열고 누드화 작품을 공개 전시함으로써, 한바탕 큰 파문 을 일으켰다. 전통 유교사회의 도덕체계를 유지하는 것을 자신의 임 무로 생각하는 존공파尊孔派는, 지방 군벌과 관부의 정치적 고압 정책 을 끌어들여 유해율을 격렬히 공격했다. 흥미로운 것은, 그 공격의 초점이 누드모델 자체가 아니라 누드모델사건이 야기하는 "세상의 풍속을 날로 타락시키는" 결과에 놓여져, 그것이 중국이 수천년래 유지해온 공교孔教를 핵심으로 하는 사회질서를 파괴시키고 있다고 간주하고 누드모델을 없앰으로써 그 사회질서를 유지하고자 했다는 것이다. 이에 대해 유해율과 상해미전 그리고 사회의 의식 있는 인사들 역시 조금도 물러서지 않고 완강히 저항했지만, 결국은 상대의 강대한 압력을 극복하지 못하고 실패했다. 역사가들은 이를 '누드모델사건'이라고 부른다. 이 글에서는 우선 누드모델사건의 경과를 명확히 살펴봄으로써, 누드모델사건이 근대 상해의 미술교육사에서 신학파新學派와 존공파 간에 전개된 한차례의 첨예한 교전을 반영하고 있을 뿐만 아니라, 오사신문화운동 이후 상해의 도시 사회 생활 가운데에서 공교독존孔敎獨存의 지위가 더이상 유지되지 못하고 그 세력이 날로 쇠락해갔지만 여전히 홀시할 수 없는 영향력을 발휘하고 있었음을 보여주고 있음을 밝히려고 한다. 상해미전과 유해율이 누드모델크로키 과정을 철회했던 주요 원인은, 기왕에 강조되었던 바와 같이 군벌의 전제 강권에만 있었던 것이 아니라, 무엇보다도 전통 공교 세력의 영향력 아래에서 가해졌던 강대한 사회적 압력에도 있었던 것이다.

## 사건의 발단과 경과

1912년, 갓 17세였던 유해율은 상해에 상해도화미술원上海圖畫美術院이라고 이름 붙인 신식 미술학교를 설립했다. 그것은 서양미술을 받아들인 중국 최초의 학교 가운데 하나였다. 교명은 1915년에 상해도화미술학원上海圖畫美術學院으로, 1920년에 상해미술학교上海美術學校로, 그 이듬해 다시 상해미술전문학교上海美術專門學校로 개칭되었으며, 간략하게 미전美專으로 불렸다.

상해미전은 근대 상해의 미술교육사에서 의심의 여지 없이 중요한 지위를 점했으며, 교장인 유해율은 20세기 중국화, 서양화를 겸전한

한 시대의 대가였다. 나아가 유해율은 누드모델사건을 통해 "예술의 반역도"라는 칭호까지 얻었다. 대체로 상해미전은 중국의 근대 미술 교육에서 세 가지 선구적인 일을 했다. (1) 학교교육 체제를 개혁, 학교에 여학생도 함께 받아들여 남녀공학을 개창함으로써 재능 있는 많은 여성들에게 발전할 기회를 만들어주었다. (2) "시詩 바깥에 관심을 두고" 처음으로 대규모 스케치 여행을 시작해 대자연을 소재로 삼아 학생들이 생활 속에서 아름다움을 관찰하고 포착하는 능력을 배양토록 했다. (3) 두터운 사회적 저항을 극복하고 대담하게 인체의 아름다움을 제창하면서, 서양의 미술교육 이념을 도입해 남녀 누드 크로키 과정을 개설했다. 이상의 세 항목 가운데 당연히 세번째 항목이 가장 세상을 놀라게 하였고 그 영향도 깊고 멀리 끼쳤다. 1925년의 누드모델사건은 바로 여기서 기원한 것이었다.

상해미전이 누드모델을 교실로 끌어들이고 그것을 미술 필수과정의 하나로 자리 잡게 하기까지는, 몹시 험난한 곡절의 과정을 거쳤다.

1915년 3월 미전이 누드모델크로키 과정을 개설한 뒤 아무도 모델 초빙에 응하지 않아, 학교는 할 수 없이 화상和尚이라고 불린 15세 남자아이를 한 명 고용했다. 이것이 "중국에서 누드모델의 존재"의 시작이었다. 그러나 학생들은 어린아이만을 그릴 수 없었고, 성인 남녀 누드모델을 초빙하기 위해 학교는 계속 보수를 올리고 광고를 했지만 역시 뜻대로 되지 않았다. 아주 어렵게 두번째로 교실에 들어온 모델은 여전히 남성이었다. 동서양의 사회관념의 차이 외에, 당시 상해인은 일종의 미신적 관념을 갖고 있었다. 그래서 "남에게 사진을 찍히면 정신이 손상되고 기운이 줄어든다고 생각하고, 온종일 불안하게 앉아서 학생들이 묘사하도록 하면 그 정신과 기운이 이루 다 헤아릴 수 없을 정도로 소모된다고 여겼기 때문에 대부분 감히 시도하지 못했다"[1]고 전한다.

1920년 7월, 학교는 방법을 강구해 상해를 떠돌던 한 러시아 여성을 구해 모델로 충원했다. 이로부터 미전은 여성 누드크로키를 진행했고, 미전 교사와 학생의 누드 습작도 연달아 사회에 공개되었다.

누드모델사건은 대체로 두 단계로 나눌 수 있다. 1915년 상해미전은 남성 누드크로키를 진행했고, 같은 해 학교는 화전을 열어 학생의 누드 습작을 진열했는데, "군중이 그것을 보고 경악했으며 모 여고 교장은 그것을 비난하면서 '유해율은 실로 예술의 반역도이며, 또한 교육계의 해충이다!' 라고 했다."[2] 그렇지만 사회 여론과 예술계의 질의에서 이른바 "풍속을 해친다"고 비판을 받은 그 누드 습작은 아직 남성 누드 소묘에 머물러 있었을 뿐이었다. 유해율이 차가운 조소와 신랄한 풍자로 반격한 후, 사건은 잠시 일단락되었다.

1919년 사건은 다시 새롭게 진전되었다. 유해율과 몇몇 뜻을 함께하는 미술 교수들은 "근작을 모아 환구학생회環球學生會에서 전람회를 열고 다시 누드화를 전시했다. 신문들은 망령되고 경망스러우며 무도하다고 비난했으며, 꾸짖고 욕하는 편지들이 끊이지 않았다. 끝내 한 해관감독이 와서 보고 역시 풍속교화와 관련이 있다고 판단하고 공부국工部局에 금지하도록 청했다. 공부국은 벽안의 외국인을 파견해 보게 하였는데 그것을 책망하지 않았으며 또한 이미 그 까닭을 알고 있었다."[3] 비록 사회적으로 모델 단속을 요구하는 소리가 강렬했지만 문제는 그리 크게 부각되지 않았다. 왜냐하면 아직 군벌, 관부 그리고 존공파로부터 커다란 압력이 없었기 때문이었다.

누드모델사건의 두번째 단계는 1925~1926년 간에 발생했다. 이미 누드모델크로키 과정이 도입, 개설되었던 데다가 여성 누드모델이 교실, 학교, 그림전람회를 통해 사회에 연쇄반응을 유발하자 군벌, 관부 및 존공파가 무리지어 일어나 공격했고 마침내 누드모델사건의 대논전이 야기되었다.

사건은 유해율의 한 학생 요계거饒桂擧로부터 시작되었다. 요계거는 강서江西 사람으로, 1924년 말 강서 남창南昌에서 전시회를 열었는데 그 안에 일부 누드 습작이 전시되었고, 결국 강서성 정부에 의해 금지되어 전시회는 철수되었다. 그런데 강서성 정부의 금령은 바로 강소성江蘇省의 금령을 참조한 것이었다. 1925년 9월 유해율은 상황을 파악한 뒤 즉시 강소성교육회에 항의 편지를 쓰고 아울러 신문, 방송 등 뉴스 매체에 성명을 발표하여 그의 예술적 견해를 선전했다. 이로써 그 영향이 심원하게 끼쳤던 한차례의 논쟁이 쌍방 간에 전개되었다.

맨 먼저 비난을 시작한 것은 유해율보다도 나이가 젊은 상해 갑북閘北의 시의원인 강회소(姜懷素, 27세)였다. 그는 잇따라 신문에 글을 발표해, 사회적으로 음란하고 더러운 그림이 유행하는 것은 그 근원이 바로 상해미전이 개설한 누드모델크로키 과정에 있다고 여겼다. "근래 가로마다 널려 팔리는 누드화는 혹은 사진 찍은 것이고 혹은 모방해 그린 것으로 그 모습이 모두 진짜인 것 같다. 혈기왕성한 젊은 남녀 가운데 이러한 유혹 때문에 타락한 자들이 얼마나 많은지 모른다." 그는 집정부 총통 단기서段棋瑞와 교육부 장관 및 강소성 성장에게 편지를 써서 누드모델을 체포하고 유해율을 엄벌할 것을 요구했다. "지금 근본을 바르게 하고 근원을 맑게 하기 위해 상해의 풍속교화를 유지하려면 반드시 우선 누드 음화를 금지해야 합니다. 음화를 금지하려면 반드시 우선 대중 앞에 당당해하는 상해미전의 누드모델 과목을 금지해야 합니다. 누드모델을 금지하려면 반드시 우선

그 화를 불러들인 우두머리인 상해미전 교장 유해율을 엄벌해야 합니다."⁴⁾

1925년 10월 9일, 상해의 저명인사이자 상업계의 유명인사인 주보삼朱葆三은 유해율에게 편지를 보내 유해율은 "예술의 반역도가 아니라 명교名敎의 반역도이다", "우리 중국은 예교의 나라이며 선생 또한 중국의 제 인사 가운데 재주 빼어난 자이면서도 기필코 이적夷狄의 나쁜 습속으로 우리 중국 남녀가 지켜야 할 큰 덕목을 무너뜨리고자 하는 것은 무슨 심보인가!"라고 비난했다.⁵⁾ 갖가지 비난에 직면해, 유해율은 즉시 반박하였다. "대저 중국의 예교라고 할 때, 저 또한 일찍이 그 정신을 탐구해보았지만 그것은 결코 부화한 문장이나 헛된 의식, 의관과 읍양揖讓 같은 말단의 일에 있지 않았습니다.『대학』에서 정심성의正心誠意를 말하지만, 오늘날 거짓 군자들은 학문을 해보지 않고서 입으로는 인의를 말하지만 마음은 도척盜跖이고 말로는 오랑캐 운운하지만 행동으로는 외세에 아부합니다. 향원鄕願이란 자는 덕德의 적賊으로 공자를 다시 살려내도 필경 지팡이로 그 정강이를 칠 것인데도, 여전히 명교 명교 하면서 거울을 끌어안고 자기를 바라보면서 추함을 드러낼 뿐인 겁니다. 예학藝學에서 모델은 중국의 예교와는 전혀 다른 별개의 것으로, 우리 학교는 예교의 정신과 예학의 미묘한 뜻을 근본으로 삼아 학생들로 하여금 평소 덕을 닦고 예술을 익히며 몸을 함부로 하지 않도록 지도해왔습니다."⁶⁾

그러나 뒤에 밝혀진 바로, 주보삼의 편지는 다른 사람이 명의를 빌린 것으로 주보삼과는 무관한 것이었다. 그러나 신문에 발표된 글들 가운데는, 누드크로키 과정 개설과 누드화 작품 전시에 반대하는 사람이 옹호하는 사람보다 분명 훨씬 많았다.

1926년 5월 13일, 상해현 지사知事 위도풍危道豊은 금지령을 공포해 상해미전의 누드크로키 과정에 대해 "여러 가지 지저분한 일들을 눈 뜨고 볼 수 없다. 이미 실정을 파악해 프랑스조계 및 회심공해會審公廨에 엄히 금해줄 것을 정식으로 요청했다. 만약 재차 반항하고 위반한다면 즉시 폐쇄하고 처벌할 것이다"라고 했다."[7]

주목할 만한 것은 유해율이 각 방면에서 포위공격을 받았을 때 기본적으로 고군분투하는 국면에 처해 있었다는 사실이다. 당시 신문에는 유해율과 미전의 소수 교수들의 글을 제외하고 사회의 다른 인사들의 지지는 드물었다. 유해율은 일찍이 저명한 지질학자이자 송호독판淞滬督辦인 정문강丁文江에게 편지를 보내 원조를 구했지만, 정문강은 결코 명확한 지지를 표명하지 않았다. 미술계라 하더라도 "동업자 중에서도 비난이 많았다."[8] 저명한 신사 장건張謇, 이평서李平書, 심은부沈恩孚 등이 발기하고 조직한 강소성교육회는 또한 여러 차례 편지를 보내 누드모델크로키 과정을 철회할 것을 요구했다.

6월 3일, 상해를 실제로 통제하고 있던 오성연군총사령五省聯軍總司令 손전방孫傳芳이 나서서 미전과 유해율에 압력을 가하고 누드모델의 단속을 요구했다. "산 사람의 모형은 동서양에 본래 그 양식이 있는 것이지만, 중국에서는 본디 예교를 중하게 여겼다. 4천년래 황제黃帝가 의상을 베풀어 천하를 다스리고 벌거숭이로 있는 것을 천하고 상스럽다고 여겨왔다. 도가道家는 하늘과 땅을 집 삼아 오히려 유자儒者에게 비웃음을 샀다. 예교는 이에 기대어 존재하는 것이다. …… 이미 금지령을 내렸다. 예교를 유지하고 더이상 일이 커지기 전에 방지하기 위해서, 이런 조치는 실로 부득이한 것이다."[9]

누드모델사건이 발생한 뒤, 미전과 유해율이 손전방 등과 오랫동안 공방전을 벌일 수 있었던 것은 프랑스조계의 비호와 관계가 있다. 미전은 프랑스조계를 근거로 개설되었기 때문에, 설령 관부라 하더라도 그 힘이 미치지 못하는 측면이 있었다. 프랑스조계의 공동국公董局은 일찍이 학교를 폐쇄하라는 관부의 요구를 수차례 거절하였고, 또 유해율의 체포를 요구하는 손전방의 서신에도 아랑곳하지 않았다. 그러나 이때에 이르러서는 프랑스조계도 압력을 물리치지 못하고, 앞에 나서서 미전이 누드모델 과정을 철회하도록 요구했다. 이에 "유해율은 영사의 의도가 중국 관리들을 적당히 처리하려는 데 있으며 더이상 말로 설득할 수 없는 상황이라고 판단하고, 6월 30일부터 잠시 누드모델을 쓰지 않기로 결정해 그 면목을 세워주었다."[10]

7월 15일, 유해율은 손전방에게 편지를 보내 누드모델 과정을 취소하는 데 동의했다. "귀하가 저희 학교 서양화과에서 산 사람을 모델로 쓰는 것을 금지한다고 명한 문장을 엎드려 읽어보니, 아마도 우리 원수元帥의 정책으로서는 부득이한 조처인 듯합니다. 무릇 정술政術과 학술學術은 근원은 같지만 달리 흐르는 물과 같습니다. 우리 원수의 이번 조처는 깊고 멀리 헤아린 의도에서 나온 것입니다."[11]

승리를 확신한 손전방은 조금도 망설이는 기색 없이 유해율이 "부득이"하다고 말한 것에 깊은 반감을 품고, 답신에서 "사람의 욕망이 방자히 흘러 그 정도가 이미 극에 달했다. 이는 미술에서는 별로 중요한 일이 아닐지 모르지만 예교에서는 매우 중대한 일이다. 일이 더 커지기 전에 방지하는 것은 당연한 일이지 결코 부득이한 일이 아니다"라고 특별히 지적했다.[12] 그는 아울러 만약 다시 명령에 불복하면 유해율을 지명수배하고 학교를 해산시킬 것이라고 위협했다. 유해율의 "서신 응낙" 아래 미전은 누드모델크로키 과정을 철회하지 않을 수 없었다.

## 존공파의 포위 공격

누드모델사건을 둘러싼 논전은, 예교를 지킨다는 명의를 내세운 존공파의 승리로 돌아갔다. 누드모델사건의 발생, 나아가 그 단속은 시대의 비극이자 시대의 산물이라고 말할 수 있다. 유해율은 군벌과 관부에 패한 것이 아니라 여전히 그 위력을 발휘한 예교 전통의 영향에 패한 것이었다. 군벌과 관부가 누드모델 단속을 강행하는 것을 지지하는 사람은 매우 적었지만, 군벌과 관부가 예교를 지킨다는 명의로 누드모델을 단속하는 것을 지지하는 사람은 매우 많았다. 유해율의 '예학藝學'은 대중의 지지를 얻을 수 없었다고 할 수 있다. 문제점은 바로 여기에 있었다. 또한 바로 이 때문에 누드모델사건은 예술계의 사건이 아니라 주로 사회적인 사건으로 역사에 기록되었다. 유해율은 그로 인해 근대 중국의 미술사상에서 전통을 모반한 주동 인물이 되었고, 예술작품의 고하우열을 가리는 것은 그 다음의 일이 되었다.

공교는 줄곧 중국 전통사회의 정신적 지주였다. 오랫동안 중국 사회는 "모두 공자가 말하는 시비是非를 시비 판단의 기준으로 삼아" 왔다. 그에 대해서는 단지 신앙만이 승인될 뿐 회의는 허용되지 않았으며, 수용만이 있을 뿐 거절은 허락되지 않았다. 그렇게 하지 않으면 대역무도한 것으로 간주되었다. 중국의 각 부府, 주州, 현縣에는 고루 공묘가 있으며 또한 법으로 정한 일련의 제사전례祭祀典禮가 있다. 따라서 공자의 지위는 거의 신과 같았다. 강유위康有爲는 『공자개제고孔子改制考』에서 앞장서 공교의 개념을 제시했다.

공교의 핵심은 한 글자로 개괄할 수 있는데, 그것은 바로 '예禮'이다. '예'는 유가가 개인, 인간관계 그리고 사회를 판정하고 가늠하는 기본적인 표준으로, 유가 사상체계의 가장 중요한 부분이다. 유가가 '예'의 사상적 교화를 통해 사람들의 사상과 행위도덕을 규범 짓는 것은, 줄곧 중국 전통사회에서 질서를 유지하는 가장 중요한 방식이었다. 예교는 곧 유가의 핵심 내용이었다. 예교는 법률, 규정, 제도 등 강제 규범에 의존하는 것과는 달랐다. 말하자면 그것은 법치의 방식이 아니라 인치의 방식을 통해서 사회질서를 유지했다. 중국의 역대 봉건 통치자는 인애仁愛의 원칙을 기반으로 하고 윤리 통제를 수단으로 삼아 국가의 종법질서를 유지했다. 이것이 유가적 사회질서의 기본 구성이었다. 이러한 전통적 방식은 군벌 통치를 유지하는 데도 마찬가지로 중요한 의미가 있었는데, 무엇이라도 공교와 근본적으로 충돌하는 것이라면 군벌 및 그 옹호자의 비판과 제지를 받아야 했다. 누드모델 교육방식은 분명 '예'에 대한 배반으로, 앞으로 예교의 교화 기능을 심각하게 약화시킬 수 있었다. 그러므로 존공파가 걸핏하면 예교를 훼손한다는 명목으로 누드모델 단속을 요구한 것은, 그들 내심의 사상이 실지로 표출된 것일 뿐만 아니라 그것을 통해 사회 통치를 유지한다는 필요에 따른 것이기도 했다.

신문화운동의 중심으로서, 20세기 1920년대의 상해 사회는 다원화되는 특징을 나타냈다. 공교가 천하를 하나로 아우르던 국면은 더 이상 존재하지 않았으나, 공교를 대표로 하는 전통 도덕체계가 여전히 중요한 영향력을 발휘했다는 것은 오히려 의심할 수 없는 사실이었다. 오사운동 이전에, 일찍이 서세창徐世昌 내각의 교육총장을 역임한 탕화룽湯化龍은 공자를 존숭하고 유교 경전을 읽을 것을 독려했고, 아울러 교육부의 명의로 전국 학교에 "공자의 도를 수신의 큰 근본으로 삼는다"고 명령을 내리고, 동시에 다양한 공자 존숭, 제사 활동을 전개하여, 교육을 "공자를 존숭하고 군주에 충성하는" 이전 왕조

시기의 궤도로 밀고 갔다. 강유위를 우두머리로 하는 일군의 보수 문인들 역시 전국적으로 공교회孔敎會를 조직해, 공교로 나라를 구하자는 논의, 공학孔學을 공교孔敎로 세우자는 논의, 공교를 국교로 정하자는 논의 등을 고취하여 존공복고의 새로운 고조를 불러일으켰다.[13] 오사운동 이후에 형성된 동방문화파東方文化派는 동양의 정신문명 즉 공맹의 도를 영혼으로 하는 국가 건설 방안을 제시했는데, 오사 공자 비판批孔 운동에 대한 회답으로서 가장 두드러진 것은 학형파學衡派와 그 공교구국설孔敎救國說이었다. 1921년 1월, 남경동남대학南京東南大學의 교수 몇 명은 『학형』 잡지를 창간하여 구도덕과 구제도의 회복을 고취하고 신문화운동에 반대하였다. 그들은 현재 중국이 앓고 있는 가장 큰 병의 근원은 공교를 실행하지 않는 데 기인한다고 생각했다. 왜냐하면 공교는 "사람을 사람 되게 가르치는 것"인데 오늘날 사람들은 어떻게 사람 되는지를 알지 못하고 단지 이익을 도모하는 것만 알아서 국민의 도덕이 타락하는 데 이르렀기 때문이라는 것이었다. 따라서 그들은 공교구국론을 제창하여, 공교를 이용해 욕망을 절제하고 "사람을 바로잡고" 혼란한 중국을 구해내자고 주장했다.[14] 이에 조응해서 상해에도 정욕사正欲社 등 존공파 단체가 출현해 공교를 제창하는 데 진력했다.

신해혁명 후, 상해는 줄곧 북양군벌北洋軍閥의 통치 하에 놓여 있었다. 군벌은 공교와 밀접히 얽혀 있었는데, 그 자신이 바로 봉건세력의 대표로, 통치를 유지하기 위해 공교의 힘을 빌리는 것이 필요했다. 그러므로 미학적 차원의 누드모델은, 유해율이 보기에는 단지 하나의 예술 과목에 불과했지만, 군벌 통치와 공교로부터 이중의 검증과 관찰에 직면하지 않을 수 없었다.

회화예술의 취지와 심미적 가치관에서 중국과 서양의 차이, 또한 누드모델사건을 초래했던 원인의 하나였다. 일반적으로 서양은 객관적인 실물을 중시하며 격정을 숭상하고 인체의 아름다움에 마음을 기울인다. 그러므로 서양 회화는 사실성을 강조하고 객관적인 물체에 대해 사실적인 묘사를 진행하기를 요구한다. 이런 측면들이 서양 회화예술의 심미적 경향을 구성한다. 따라서 서양에서 특히 근대 이래에, 누드모델은 자주 예술가의 생생한 묘사 대상이 되었다.

중국 회화예술은 내면의 깨달음과 정신적 체험을 강조하며, 천인합일天人合一의 경지를 추구한다. 중국 회화예술은 사실성을 추구하는 방식이 아니라, 대상의 형체 모사를 통해 내면적 정신을 전달함으로써 예술의 경지에 도달한다. 정신을 전하고 대상에 감응하는 것은 예술가의 주요 임무다. 그러므로 중국 회화예술에서 예술적 진실의 추구는 주로 감정의 진실을 표현하는 데 있지, 실물의 진실을 표현하는 데 있지 않다. 예술에서 형形과 신神의 관계를 말하자면, 신은 영혼이자 지휘부이며 형은 신을 전달하는 기호의 매개체일 뿐이다. 물체의 형태를 묘사하는 것은 부차적인 지위를 점하며, 인문적 관심과 감정적 체득이 제일 중요한 일이다. 자고로 "문장의 품격은 사람의 품격과 같다", "그림의 품격은 사람의 품격과 같다"는 미학 이론이 있어왔다. 누드모델은 공교의 도덕규범에 부합하지 않았을 뿐만 아니라 중국 전통 회화예술의 종지와도 거리가 매우 멀었다. 심지어 1930년대 중반까지도 일반 문화인의 모델에 대한 견해는 그리 정확하지 못했다. 그들이 내린 정의는 이러했다: "예술적으로 곡선미를 연구하기 위해 많은 여성들을 특별히 고용하여 날마다 알몸으로 실오라기 하나 걸치지 않고 교실 가운데 서서 학생들로 하여금 그 자리에서 그리도록 하니, 사람들은 그들을 '모델'이라고 부른다."[15]

## 존공파 공격의 주요 논점

누드모델사건에서 유해율 등은 "예학藝學에서 모델은 중국 예교와 전혀 별개의 것"임을 거듭 강조했지만 감히 공교를 공개적으로 비판하지는 못했다. 그러나 그들의 모든 행위는 반전통, 반봉건 및 반공교의 특징을 체현하고 있었다. 그들이 개설한 누드모델크로키 과정은 공교와 완전 배치되었으며, 특히 그 핵심인 예교를 거스르는 것이었다. 따라서 필연적으로 존공파의 격렬한 포위공격에 직면했다.

존공파의 포위공격은 주로 아래의 몇 가지 측면에 집중되었다.

### 정조관貞操觀

수천년래 중국 여성의 행동은 공교, 특히 유가의 전통 부덕관婦德觀에 의해 엄중한 제약을 받았다. 유가의 전통 부덕관은 여성이 지아비를 섬기는 덕, 질투를 버리는 덕, 절개를 지키는 덕 등의 측면을 강조했다. 이러한 부덕관을 삼가 지키는 것은 여성이 수신입세修身立世하는 데 필요한 기본 요구 조건이었다. 이는 중국의 역대 봉건사회에서 그 정도의 차이는 있더라도 모두 긍정되었던 것이었다. 그러므로 여성의 명예와 절조는 사회와 가정에서 가장 중시되었다. 말하자면 "굶어죽는 것은 극히 사소한 일이나 절개를 잃는 것은 극히 중대한 일이다"는 식이었다.

기실 부덕관은 곧 정조관으로, 그것은 줄곧 여성의 정신을 속박하고 여성해방을 가로막아온 중요한 도덕 항목이었다. 오사 시기 나가륜羅家倫은 일찍이 "중국 사회는 아직 종법宗法의 잔재에서 벗어나지 못해 남성 중심의 계통에 무게가 치우쳐 있다. 따라서 정조는 오랜 기간의 배양을 거쳐 이미 중국 여성들의 종교가 되었다!"[16]고 말했다. 바로 이러한 극단적인 정조관이 수천년래 수많은 비참한 혼인과 가정의 비극을 만들어왔다. 20세기 1920년대에 이르러, 비록 여성해방운동이 날로 확산되었지만, 군벌 통치의 시대에 이러한 정조관은 여전히 뿌리 깊은 영향력을 유지하고 있었다. 상해미전과 유해율 등이 누드모델크로키 과정을 개설하자, 존공파는 곧 "돈으로 소녀를 유혹해 그 몸을 학생들의 표본으로 삼은 것"[17]이라면서 그 죄가 막대하다고 비판했다.

공격을 받은 것은 유해율 등만이 아니었다. 상해미전의 첫번째 여성 누드모델도 가정과 사회로부터 악독한 공격을 받았다. 그 행동은 부끄럼도 모르는 저질스러운 짓이라고 간주되었으며, "그렇게 부끄러움도 없이 사람들에게 춘화를 그리게 해서는 안 된다"고 그녀를 나무랐다.[18] 존공파는 아예 그녀를 남성들로 하여금 그녀의 맨 몸뚱이 앞에서 "육체를 떨게 하고 성욕을 일으키게 하는"[19] "음탕한 여우"라고 하면서, 그러한 행동은 족히 젊은 남녀로 하여금 "본성의 수치심을 상실케 하고 육욕의 충동을 일으킴"[20]으로 분명 노골적으로 대담하게 풍속을 해치는 일이라고 욕했다. 그들은 초빙에 응한 누드모델을 기녀와 마찬가지로 보았으며, 모델을 초빙한 유해율 등을 기방 손님으로 보았다. "거리에서 어린 기녀가 손님을 좇는 것도 야밤에나 있는 일인데, 선생은 돈의 힘으로 여성으로 하여금 백주에 몸을 바치도록 하고 있다. …… 이는 세상 여자들로 하여금 부끄럼도 모르는 지경의 사람이 되게 하려는 것으로 짐승만도 못한 짓이다."[21] 말하자면 기녀와 기방 손님도 사회 여론과 윤리의 견책을 두려워해서 감히 백주대낮에 구차한 일을 하지 못하는데 유해율은 예술의 이름을 빌려 공공연히 공공장소에서 노골적으로 대담하게 음란한 짓을 하니 어찌 용인할 수 있겠는가 하는 말이었다.

오사 시기의 선구자들은 일찍이 정조관에 대해 맹렬한 공격을 전개했다. 예를 들어 진독수陳獨秀는 절개의 상실을 치욕으로 보는 정조관이 중국 여성의 신체와 정신에 심각한 박해를 가했다고 하면서, 이는 "곧 공자의 예교가 내려준 것이다", 이러한 예법이 "어떻게 수천 년이 지난 오늘날의 공화 시대, 국가 시대에 행해질 수 있는가?"[22]라고 지적했다. 이대조李大釗는 공교를 전복하고 현대 여성의 해방을 도모할 것을 주장했다. 누드모델사건이 발생한 뒤, 유해율은 존공파의 공격을 직접 겨냥해서 여성을 음탕함의 원천이라고 간주하는 것은 곧 성별불평등이라고 했다. 만약에 여성이 음란을 조장하는 존재라고 했을 때 그런 논리에 따른다면 천하의 여성을 모두 죽여 없애야 비로소 사회질서를 유지할 수 있지 않겠는가. 그는 "천하의 여성이 모두 음란을 조장하는 도구이니 천하의 여성을 다 죽이면 비로소 이른바 풍속교화를 지킬 수 있는가?"[23] 라고 질문했다. 여성이 늘 음탕함과 함께 연결되었던 이유는, 여성이 남성에 예속되어 있어 삼종사덕三從四德을 삼가 지켜야 하고 부도婦道를 지켜야 한다고 할 때 정조는 결코 잃어버릴 수 없는 것이었기 때문이다. 그렇지만 남성은 설사 생활이 더 방탕하다고 해도 그것이 남성의 본성이라는 등 당당하게 그 이유를 다니, 이는 곧 전형적인 남권중심주의였다. 유해율 등 신학파新學派는 때문에 세계 각국이 남녀평등을 제창하는 현대문명의 현실 아래에서 이러한 관념은 취할 수 없다고 생각했다.

예교의 정조관은 장기적이고 반복적인 역사의 진행 과정 속에서 확립된 것이었다. 그것은 예교의 중요 항목이었으며 완고한 생명력을 갖고 있었다. 그러므로 비록 오사 이래 신학파가 그에 대해 격렬한 비판을 가했지만 짧은 기간 안에 사회적으로 광범위한 동조를 얻기는 어려웠다. 게다가 하물며 군벌 통치의 시대에 처해 있었던 상황에서야, 오히려 존공파가 그것을 빌미로 유해율 등을 포위공격하는 유력한 무기가 되었다.

### 금욕주의

중국 전통사회의 금욕주의는 맨 처음에 수신양성修身養性의 측면에서 출현했다. 금욕주의는 사람의 본성이 악하다고 보고 선을 얻기 위해서는 악한 사람의 본성을 억제해야 한다고 생각했다. 악과 선은 대립 상태에 있으므로 욕망을 억압하고 덕성을 성취해야 했다. 이러한 대립 논리와 경향은 날로 첨예화되어서, 결국 유가의 금욕주의를 형성하였다. 자아를 졸라 죽이는 이러한 금욕주의는 윤리도덕의 각 방면으로 연장되어, 성과 관련해서는 곧 점차 성금욕주의로 진화했다.

공교 가운데 금욕주의는 성욕을 정당치 못한 저급하고 천한 일로 간주하고, 마땅히 억눌러야 한다고 여겼다. 이것은 인간의 정상적인 생리 기능을 부정하였고, 인간의 자연권을 박탈했다. 따라서 남녀의 성에 대한 예교의 통제는 매우 엄하였다. 또한 부권주의父權主義 문화 하에서 여성에 대한 성적 억압은 더욱 가혹했다. 이런 금욕주의는 성윤리와 도덕 가운데 주도적 지위를 차지하여, 관방의 선전 및 학교와 사회 교육을 통해 사회구성원의 성도덕 형성을 속박하고 제한하는 역할을 했으며, 아울러 그것을 통해 가정과 사회의 안정을 유지했다.

근대 이래로 금욕주의는 점차 유식지사有識之士, 특히 서양문화 교육과 영향을 받은 인사들의 반대와 성토에 직면했다. 그들은 봉건 금욕주의를 비판하고, 인간을 예교로부터 해방시키고 자유와 개성을 퍼뜨릴 것을 주장했다. 노신魯迅은 고대 중국이 표면적으로는 예치禮治의 사회였지만 실제로는 봉건적 예교가 오히려 사람을 잡아먹었다고 여겼다. 주작인周作人은 "극단적 금욕주의는 곧 변태적인 방종이며, 전통도덕을 옹호하는 것은 곧 그 속의 부도덕을 고수하는 것이다"라고 했다.[24] 오사운동 후, 존공파와 신학파 사이에 금욕주의 문제에서 여러 차례 논쟁이 전개되었는데, 누드모델사건은 분명 쌍방 충돌의 한 축소판이었다. 신문화운동 가운데 심한 타격을 입은 존공파는 누드모델사건을 틀어쥐고서 신학파 인사들을 향해서 맹공을 개시하였다. 그들은 의식적 또는 무의식적으로 누드 회화작품을 춘화나 음화로 과장했는데, 그 목적은 사람들에게 이른바 신학파는 표면적으로는 금욕주의에 반대하고 여성을 해방하고 개성을 해방하는 운동을 제창하지만 기실은 음란을 조장하고 사회의 풍기를 무너뜨리고 사회질서를 어지럽힐 뿐이라고 말하려는 데 있었다.

존공파는 유해율 등이 학교를 기지로 삼아 공개적으로 누드모델크로키 과정을 개설하고 또 그러한 작품들을 전시한 것은 더욱 그 영향이 악질적이어서, 남녀 욕망의 제방을 허물어 앞으로 청년 남녀가 멋대로 성욕을 좇게 되어 "그 세勢가 장차 치료할 약도 없게 될 것"[25]이니 그 뒤의 결과는 상상할 수도 없다고 인식했다.

### 외설성

존공파의 눈에, 유해율 등 이른바 신학파 예술가는 예술을 간판으로 내걸고 누드모델을 내세워 혈기왕성한 젊은 남녀를 학교로 끌어들여 "야수성을 드러내며 젊은이를 유인"했으며[26] 그에 따라 수입원이 확대되어 돈을 긁어모으려는 목적을 달성했다. 그들은 당시 상해탄上海灘에 대량 출현한 외설적 그림들의 근원이 상해미전의 누드모델크로키 과정에 있다고 단정했다. "근래 나체를 그린 그림들이 널리 퍼지고 있다. …… 혈기가 불안한 자들은 특히 쉽게 타락한다. 그영향은 이루 다 말할 수 없을 정도로 크다. 그러한 화의 근원을 미루어보면 바로 상해미전이 누드화를 그리기 시작한 영향이 크다."²⁷⁾ 이 것이 사회 풍기에 끼친 악영향은 매우 큰데, 공교를 완전히 위배하고 죄악의 문을 연 것이다. 유해율 등이 서양예술을 학습한다는 핑계로 누드모델을 교실에 두는 것은 사실 음란한 행위에 다름아니다. "풍속이 무너지고 인민이 누드화를 보는 일의 폐해는 홍수나 맹수보다도 심하다." 따라서 존공파는 공교와 사회의 풍속교화를 유지하려면 반드시 먼저 나체 음화를 금지해야 하며, 나체 음화를 금지하려면 반드시 먼저 나쁜 짓을 시작한 상해미전을 금지해야 하며, 상해미전을 금하려면 반드시 먼저 그 범죄의 괴수이며 재앙의 원흉인 유해율을 체포해야 한다고 생각했다.²⁸⁾

유해율 등은 존공파가 예술적인 인체화를 음화라고 비난한 데 대해 매우 분노했다. 그들의 입장에서 그 인체화는 "이와 같이 유행하는 음화와 학리상 함께 섞어서 논할 수 없기" 때문이었다. 유해율의 눈에 누드모델크로키와 인체 회화작품은 그저 순수하게 예술에 속하는 것일 뿐, 도덕이나 윤리에 속하는 것이 아니었다. 그것은 서양 예술의 조류와 기교를 학습하고 중국 전통회화 예술을 촉진, 혁신하는 데 목적이 있을 뿐이었다. 때문에 그들은 존공파의 훼방 특히 정치적인 고압 수단을 사용해서 인체 예술을 억압하는 데 매우 분노를 느꼈지만, 그렇다고 또 어찌할 바도 없었다.

유해율 등은 예술화와 음화를 구분하는 데, 하나는 순수한 예술과 문화를 추구하는 것이고 다른 하나는 금전을 추구하는 것이라고 보았다. 전자는 정상적, 합리적인 것이며, 후자는 타락한 것으로 "무뢰배와 시정잡배들이 기녀의 나체 사진과 음화를 만들어 음란함을 교사함으로써 이익을 꾀한 것이었다."²⁹⁾ 유해율은 심지어 서양화건 중국화건 양자가 비록 표현수법은 다르지만 예술의 본질은 같으므로 공교와 충돌하지 않으며 오히려 공교의 정화를 섭취하려고 하며, 단지 음화만이 예술에 대한 모독이며 진정으로 공교를 배반하는 것이라고 여겼다. 그는 진정한 인체 예술화와 누드모델크로키는 외설이라는 등의 말과 무관하다고 하면서, 나아가 생각이 삐뚤어진 무리들이 예술의 이름으로 색정적 선전을 진행하면서 폭리를 취하는 행동에 반대했다.

그러나 이 논쟁 가운데 존공파는 시종 누드화를 음화, 춘화라고 헐뜯었으며 고의로 상해미전과 유해율 등의 명예를 폄하하고 훼손하였는데, 이는 유해율 등을 줄곧 피동적인 지위에 놓이게 했다. 의식적이든 무의식적이든, 사회에 공개 판매되는 음화는 미전이 누드모델크로키 과정을 개설한 뒤에 출현한 것이었다. 유해율은 할 말은 있어도 논박하기 어려웠다. 강소성 교육청은 상해미술전과학교에 보낸 훈령에서, 미전이 누드모델크로키 과정을 설치할 때 "반드시 신중히 일을 처리하고, 남의 입에 오르내리지 않도록"[30] 할 것을 요구했다. 때문에 유해율 등은 존공파를 반박해야 하는 논쟁에서 시종 불리한 국면에 처하였다.


## 조정과 잠재된 갈등


20세기 1920년대 이후 각종 신사조가 여기저기서 일어나고 사회운동이 바람과 구름이 일듯 거세지자, 존공파는 세상의 풍기가 날로 타락한다고 여기고 마침내 대대적으로 공교를 제창했고, 이는 상해를 통치하는 군벌과 관부의 깊은 지지를 얻었다. 그들은 공교가 중국의 사회질서, 윤리도덕 및 풍속관습의 핵심으로서, 그 지위가 흔들릴 수 없다고 여겼다. 그것을 흔들면 사회가 어지러워질 것이며, 갖가지 죄악도 잇따를 것이었다. 상해미전이 누드모델을 당당하게 교실로 끌어들였던 것은, 필연적으로 그와 같은 존공파의 집단 공격을 이끌었다.

존공파는 학교는 사회 교육의 중추 기구로 학생들에게 정확한 윤리도덕을 전수할 책임이 있으며 예교 교육은 윤리도덕 교육의 근본임으로, 공교에 부합하지 않는 학생들의 행위를 변화시키고 바로잡는 것이야말로 학교와 교육의 근본 임무라고 생각했다. 하물며 "나체는, 비록 유럽 풍속에서는 수치로 여기지 않을지 몰라도 우리 중국은 바로 예교의 나라"였다. 따라서 사회의 풍속교화를 유지하고 보호하기 위해서는 마땅히 누드모델크로키 과정을 중지하도록 명령하고 유해율을 체포해 "일벌백계"해야 했다.[31] 강소성교육회 같은 학술단체조차도 유해율에게 편지를 보내 누드모델크로키 과정을 철회하라고 요구했다.

"미술에서는 작은 일이지만 예교에서는 큰 일이다." 존공파는 손전장의 지지를 얻었지만 당시는 오사신문화운동 이후였고 손전방도 일찍이 해외에 유학하여 시야를 넓힌 적이 있었기 때문에 처음에 그의 태도는 그래도 온화한 편이었다. 그는 유해율에게 편지를 보내어 누드모델크로키 과정을 중단할 것을 애써 권하면서 "예교를 유지하고 더이상 일이 커지기 전에 방지하는 조처는 실로 부득이한 것이다"라고 말했다.[32] 손전방의 논리에 따르면 누드모델은 중국 예교와 전혀 부합하지 않으며 중국의 국가 상황에 저촉되는 것으로, "모든 일은 마땅히 국가 상황에 맞게 처리하는 것이 원칙이며 남을 좇아 자기를 버리고 그저 모방만 할 필요는 없었다."[33] 하물며 중국의 미술은 자기의 특색을 가지고 있으며 다양한 유파가 병존할 수도 있는 것이니, 자기의 예술을 버리고 맹목적으로 외국의 것에 미혹될 필요는 없었다. "아름다움도 다양한 방식이 있는 것"이다. 결론을 맺으면서 손전방은 어조를 높여 만약 유해율 등이 "기필코 여전히 강변한다면" 그 뒤의 결과는 매우 우려된다고 했다. 실제 내용에 있어서, 손전방이 말한 "국가 상황"에 적응한다는 것은 기실 공교에 적응하는 것을 의미했다.

기세등등한 존공파의 비난과 군벌의 위협에 직면하여, 유해율 등은 양난의 곤경에 빠졌다. 그는 공교가 근대 중국 사회를 낙후한 상태로 만든 주요 원인으로, 존공파가 진력으로 지키려고 하는 예교의 나라라는 것은 곧 서양의 현대문명 국가를 오랑캐라고 폄하하고 문을 닫아걸고 들어앉아 자신의 우매함과 낙후함을 꾸며 가리려는 것이라고 여겼다. "오늘날 중국을 예교의 나라로 받들고 구미를 오랑캐로 천시하면서 문을 닫아걸고 제 멋에 취해 우물 안 개구리처럼 행동한다면 비록 삼척동자라도 부끄러워할 것이다."[34] 전통 중국 사회에서 학술전통과 도덕전통은 합쳐 하나였다. 공교는 도덕전통이기도 학술전통이기도 했다. 유해율이 볼 때, 진정한 예술은 자유, 평등, 해방, 개성 등을 숭상하기 때문에 예술과 예교의 강령은 결코 서로 용납하기 어려운 것으로, "허위적이고 완고한 습속은 일체의 신사상을 파괴하며 의미 없는 전통주의는 진리를 파묻어버리고 우리의 순결한 활동을 속박"[35]했다. 따라서 그는 예술을 창조하는 가운데 예술적 창조력을 표현해내고 예술적 개성과 자유를 펼치려면 반드시 자아해방이 필요하며 "모든 물질적 속박, 전통적 속박, 세력적 속박, 기계의 속박을 타파하고 어둠침침한 세계로부터 순수한 자아를 해방시키고 자아의 생명을 표현해야 한다"[36]고 하면서, 공교를 포함한 갖가지 속박을 타도하고 누드모델크로키 과정을 끝까지 진행하겠다고 맹세했다.

　유해율의 모든 행위는 분명 역사의 조류에 부합하는 것이며 그의 예술적 견해 역시 완전히 정확했지만, 그가 직면한 것은 오히려 한 번에 뛰어넘을 수 없는 하나의 '심연'이었다. 유해율은 서양의 미술교육 방식을 들여오고 서양미술을 거울 삼아 배우더라도 중국 사회의 전통 도덕관을 도외시할 수 없다는 것을 알았다. 그것은 아마도 비교적 긴 적응 과정이 필요할 터였다. 설령 상해 같은 신흥 도시라 하더라도 공교의 사회적 영향력은 경시할 수 없는 것이었다. 하물며 누드모델은 중국에서 완전히 새로운 것으로 당시 사람들의 인식 수준과 예술 감상 능력은 아직 그것을 가볍게 받아들일 정도에 이르지 못했다. 따라서 유해율은 비록 자신을 신학파나 서학파에 귀속시키고 언행도 자못 전위적이었지만, 결코 사람들이 그를 공교를 완전히 배반한 '이단'으로 보는 것을 바라지 않았다.

　상해미전과 유해율은 임기응변의 대응 조치를 취했다. 우선 유해율은 상해미전이 전통을 내버릴 리 없으며 더욱이 공교를 포기할 리 없다고 공개 선언했다. 자신은 공자를 부정하지 않을 뿐 아니라 공교의 도덕교육 기능을 긍정하며 공교가 학생의 사상도덕 수양을 강화할 수 있다고 여기기 때문에, 상해미전은 "학생들이 평소에 덕을 닦고 기예를 익히며 몸을 삼가 행동하도록 지도하는 것"을 매우 중시한다고 했다. 유해율은 또 하나의 비유를 들어, 만약 누드모델을 끌어들인 것이 중국의 전통도덕을 파괴한다면 누드모델 교육이 성행하는 서양 각국은 어찌 모두 다 도덕이 붕괴되고 문화가 낙후한 국가가 되지 않는가 하고 질문했다. "구미의 미술학교가 모델을 두는 것이 풍속을 해치는 일이라고 한다면 어찌 그 나라들에서는 그 사리를 잘 헤아리는 사람이 없겠는가?"[37] 따라서 누드모델을 두는 것을 도덕의 파괴와 같다고 보는 것은 잘못이며, 더욱이 공교를 위반한 것으로 연결시킬 수는 없다고 주장했다.

둘째 유해율은 누드모델크로키 과정을 개설한 것은 결코 중국 전통예술 특히 예교의 영향 아래 있는 예술 심미관을 완전히 포기하는 전반서화全般西化는 아니라고 재삼 강조했다.

셋째, 유해율은 또 공교에 대한 이해와 존중은 시대의 변화와 함께 해야 하며 그렇지 않으면 공교의 정수를 진정으로 지켜낼 수 없다고 공언했다. 그는 무지한 일부 존공파가 외래문화에 대해서 그 시비선악을 가리지 않고 모두 홍수나 맹수처럼 보는 것은 사실 공교의 실질을 위배하고 파괴하는 것이라고 했다. 시대가 달라지면 공교에 대한 학습과 이해 방식도 예전과는 달리 새롭게 바뀌어야 했다. 그의 공교에 대한 이해는 결코 상대방보다 못하지 않았으며 새로운 형세에 처한 공교를 더 잘 이해했다. 존공파는 공교를 가지고 남을 억압해서는 안 되는 것이었다. 그에 따르면 "어리석은 유자들은 옛 사람들이 흘려놓은 찌꺼기를 주워서 존왕양이尊王攘夷하면서 자신을 속이고 남도 속이지"[38]만 공맹의 도는 서양문명을 껴안을 수 있는 것이었다. 실제로 유해율은 신학新學과 공교의 충돌을 처리하는 데 온건한 태도를 취하여, 신학을 제창하고 동시에 표면적으로 공교의 중용지도中庸之道를 옹호하면서 서학 전파에 대한 저항을 감소시킬 수 있기를 기대했다.

그러나 유해율의 이런 조정 또는 임시변통의 방법은 실천으로 관철되기 어려웠다. 단순한 문화적 시각에서 볼 때, 인류의 문명은 본질에서 많은 공통점을 갖기 때문에 중국과 서양의 문화, 예술도 교류 융합하고 서로 장점을 취하고 단점을 보완할 수 있다고 할 수 있다. 그러나 중국의 전통사회에서 문화는 우선 이데올로기에 복종했다.

중국의 유가학설은 일찌감치 순수한 문화 형태를 벗어나 일종의 이데올로기가 되었고 나아가 일종의 종교, 곧 공교가 되었다. 그것은 사람들이 회의하거나 변통하는 것을 용인하지 않았다. 유해율 등이 비록 표면적으로나마 공교를 존숭했지만 그것은 그렇게 하지 않으면 생존할 수 없었기 때문이다. 그러나 공교를 존숭하면 또 신학을 전파할 수 없었다. 따라서 자각했든 자각하지 못했든 실제로는 공교를 부정했으며, 이로 인해 실제 실천 과정에서 공교와 충돌이 불가피했다.

### 맺음말

누드모델사건은 오사운동 이후 발생했다. 오사신문화운동 전후에 신학파는 공교를 대표로 하는 중국의 전통 도덕체계에 대해 맹렬한 비판의 태도를 취했다. 누드모델사건 가운데 유해율 등은 공교가 생기발랄한 서양문명 앞에서 이미 견딜 수 없을 만큼 진부해져서 그것을 철저하게 버리지 않으면 중국을 구할 수 없다고 여겼다. 그는 또 존공파가 문을 닫아걸고 중국의 전통문화가 얼마나 우수하며 문명적인가를 목에 힘주어 논하면서 서양문화를 오랑캐의 문화로 보는 것은 마치 우물 안 개구리가 우물에 앉아서 하늘을 보는 것과 같이 그 폐해가 몹시 크다고 했다. 존공파의 맹목적인 배외排外에 대한 이와 같은 비판은 분명 정확하다고 할 만한 일면이 있으며 당시 가장 진보적인 인식을 반영하고 있다. 유해율 본인도 대담한 전위로 잘 알려져 있었다. 그러니 그가 미술교육 영역에서 앞장서서 누드모델크로키 과정을 추진한 것은 필연에 속한다고 할 수 있을 것이다. 그러나 문화 형태의 전환은 필연적으로 신구문화, 중서문화의 충돌을 가져왔으며, 누드모델사건은 바로 그러한 문화 충돌의 축소판이었다. 공교와 외래 서양문화는 본질적인 차이가 존재하고 있다. 존공파는 자신과 너무나 다른 서양문화 특히 누드모델크로키와 같이 사람을 놀래키는 행위를 배척하고 공격함으로써 장기간 유지해온 정통의 지위를 공고히 하려고 했다. 자연 이러한 상황에서 쌍방 간의 충돌은 피할 수 없었다.

오사신문화운동은 유가문화가 중국에서 수천년간 차지해왔던 독존적 지위를 마감했다. 그러나 누드모델사건에서 미전과 유해율 등에 대해 가해진 존공파의 포위공격은, 한편으로 중국 사회가 심각한 문화 재건과 문화 형태 전환에 직면해서 신구 간의 모순이 매우 격렬했음을 말해주며, 다른 한편으로 전통적인 공교 세력이 여전히 매우 강대하여 상해와 같은 대도시에서조차도 경시할 수 없었다는 사실을 설명해준다. 1925년 전후 상해의 도시 경제와 문화 발전은 이미 상당히 높은 수준에 도달했으나 사람들의 사상과 인식은 종종 사회 발전의 수준보다 뒤져 있었다. 소수의 엘리트로 이루어진 신학파들은, 비록 그들의 모든 행위가 사람들의 눈과 귀를 트이게 하는 의의가 있었지만, 필경 사회의 맨 끝에 처해서 그 역량이 크지 않았고 영향도 제한적이었다. 위에서 서술한 바와 같이, 누드모델크로키를 공격한 것은 무슨 늙어빠진 도학선생이 아니라 그들과 마찬가지로 젊은 정객 강회소로, 그 역시 고등교육(법률과 정치학)을 받았다. 또한 지질학자 정문강과 군벌 손전방도 모두 일찍이 해외에 유학한 적이 있어 모델이 무엇인지 모를 리 없었으나, 전자는 회피하는 태도를 취했고 후자는 공공연히 정치적 고압 수단을 취했다. 미술계 동인, 강소성교육회 등 학술단체의 태도는 더욱 유해율의 마음을 아프게 했다. 비록 상해의 다섯 개 미술단체가 신문에 그들을 성원하는 글을 실었지만, 그 원사료들을 분석해보면 더 많은 것은 유해율 자신의 허장성세인 듯하다.[39] 물론 모델의 성격에 대해 잘 모르면서 누드모델 크로키 과정에 극력 반대한 지사 위도풍과 같은 유의 사람도 있었다. 이렇게 볼 때 20세기 1920년대 중엽 전통 공교 세력은 결코 위태위태한 지경에 놓여 있었던 것이 아니라 반대로 여전히 매우 강대했음을 알 수 있다.

유해율 등은 누드모델사건에서 공교와 그 옹호자들의 공격에 대해 격렬한 반박을 펼쳤으며, 그 과정에서 봉건 전통에 두려움 없이 반대하는 담력과 식견을 드러냄으로써 "예술의 반역도", "명교의 반역도"라는 칭호를 얻었다. 상해미전과 유해율 등이 누드모델크로키 과정을 대담하게 도입한 것은 상해와 근대 중국의 미술교육에 새로운 길을 여는, 중요한 개척자의 역할을 했다. 그것은 또한 미술 선구자로서 유해율의 역사적 지위를 다져주었다. 그러나 당시 정세 하에서 그는 결코 감히 근본적으로 공교와 그 문화 전통을 부정하지 못했고, 여전히 공교의 깃발을 걸고 옛 사람들이 흘려놓은 찌꺼기나 줍는 "어리석은 유가"를 비판했다. 때문에 그의 논변은 설득력이 부족해 보였으며 전투력도 강하지 못했다. 책략 면에서 유해율은 또 존공파만큼의 당당한 외양을 갖추지 못했다. 외래문화 또는 신문화를 물론 흡수할 수 있지만 전통문화도 좋은 점이 없는 것은 아니었다. 존공파는 바로 이 점을 이용했다. 손전방의 위선적인 말처럼 누드모델 교육은 비록 취할 수 있지만 중국의 현실 상황에는 적합하지 않으며, 중국의 전통미술은 그 원류가 유장하니 마땅히 본래의 기초 위에서 더욱 확대 발전시켜야지 하필 자신의 정화를 버리고 맹목적으로 서양 예술을 좇느냐는 투가 그것이다. 이런 사이비 언사는 사회 대중의 인심을 미혹하는 작용을 했고 때문에 더 쉽게 일반인의 지지를 얻었다. 누드모델크로키 과정을 철회했던 것은, 우선 사회 각 방면의 강대한 압력 때문이었지 기왕에 강조되었던 군벌 전제정권 때문이 아니었다. 당연히 누드모델사건에서 존공파는 이 두 방면으로 일을 추진했다. 우선 사회의 여론이 유해율을 압박한 뒤에 다시 정치적인 고압 수단을 이용해 미전과 유해율에 대해 공격을 전개해 유해율에 대한 비밀 체포령을 내리고, 그에 따라 유해율 등으로 하여금 잠시 포기하지 않을 수 없도록 만들었다. 누드모델사건은 정치가 예술에 간섭한 나쁜 예였다고 할 수 있다.

2부

기획된 '공자'

상해 문묘는 1990년대 후반까지만 해도 매우 초라하게 방치되었으나, 이후 대대적인 개
수를 거쳐 위와 같은 모습이 되었다. 문묘에서는 매주 일요일 헌 책 시장이 열린다.

# 1 근대 상해 문묘의 기능 변화

_정문상

## 머리말

19세기 중엽 이후 중국은 서구 자본주의 열강과의 잇따른 전쟁
과 각종 불평등조약을 통해 세계자본주의체제에 편입되어갔다. 이
과정에서 중국인들은 2000여 년간 지속되어온 중화제국 질서가 동
요되고 마침내 해체되어 가는 모습을 목도해야 했다. 그리고 서구
부강의 요체로 국민국가에 주목하고 국민국가의 수립을 통해 강한
중국의 건설을 열망했다. 국민국가 건설 과정에서 '공자'로 상징되
는 유교적 질서나 그 가치는 때로는 극복, 배제의 대상으로 때로는
포용, 활용의 대상으로 끊임없이 쟁점이 되어왔다.

변법운동기 강유위康有爲의 공교孔敎 제창, 중화민국 초기 공교 국
교화 논쟁, 원세개袁世凱의 제제帝制운동, 신문화운동기의 '반전통
운동', 남경 국민정부의 존공 정책 등의 중심에는 예외 없이 공자
가 자리하고 있었다. 공자가 쟁점의 대상이 된 것은 비단 청말과 중

화민국 시기에 한정된 것은 아니었다. 중화인민공화국에 들어서도 공자는 '비림비공운동批林批孔運動', '문화열 논쟁', '사회주의 정신문명 건설' 등에서 어김없이 비판의 대상이자 활용의 대상으로 주목된 바 있다.

근대 이후 오늘날에 이르기까지 공자를 둘러싸고 진행되어온 이상과 같은 일련의 시도는 근대국가를 어떤 방식으로 그리고 어떻게 건설할 것인지 하는 문제와 밀접히 연관된 것이었다. 제국적 질서가 붕괴되면서 근대국가의 수립이 시대적, 역사적 과제로 부상된 상황에서 새로운 국민 통합의 도구나 문화적 정체성을 확보할 수 있는 구심점으로 공자에 주목하거나 혹은 서구적 근대성에 입각하여 그것을 비판, 배제하려는 입장이 경쟁적으로 표출된 것이었다.

공자를 둘러싼 일견 상호 모순되고 대립된 듯 보이는 이러한 시도는 어떠한 배경과 과정을 통해 진행되었을까. 그 결과 공자는 근대의 기획과 맞물리면서 어떻게 자리매김되었을까. 이러한 물음은 '중국적 근대' 혹은 '중국적 국민국가'의 성격 규명과 관련된 핵심 사안이라 할 수 있는 '전통과 근대의 상호 관련성'을 탐색하는 의의를 갖는다. 이 글은 '공자'로 상징되는 유교적 전통이 국가권력의 근대국가 건설과 관련하여 비판과 활용이라는 반복된 기획을 통해 근대와 어떻게 결합되어갔는지, 그리고 그 결과 공자는 어떻게 위치 지워졌는지 하는 문제를 탐색할 목적으로 준비되었다. 이러한 목적을 달성하기 위해 이 글에서는 기존 연구에서 거의 다루어진 바 없는 상해 지역 문묘의 기능 변화에 주목한다.

널리 알려져 있듯이 문묘는 석전釋奠이라 부르는 공자에 대한 국가 제사와 유교 강학講學이라는 교육 기능이 결합된, 전통 시기 공자 존숭을 체현하고 상징하는 제도였다. 전통 시기 황제 권력은 중앙과 지방의 문묘를 통해 통치 이념인 유학의 '도통道統'을 제도화하고 그럼으로써 '치통治統'의 근거까지 확보하려 했다. 요컨대 문묘는 전통 시기 황제 지배 체제를 특징짓는 '정교일체政敎一體' 내지는 '치교합일治敎合一'을 상징하는 제도였으며, 그 중심에는 공자가 자리하고 있었던 것이다.[1] 따라서 문묘가 근대 시기에 들어서 어떤 기능상의 변화를 보였는지 추적해보면, 공자로 대변되는 유교적 전통이 근대국가의 건설 모색과 관련하여 어떻게 변모되어갔으며 그 결과 공자가 갖는 정치사회적 위상은 어떻게 자리매김되었는지 해명할 수 있는 단서를 찾을 수 있을 것으로 생각한다.

이 글에서는 먼저 상해 문묘의 설치 추이를 간략히 정리한 다음 중화민국을 전후한 시기와 남경 국민정부 시기에 초점을 맞추어 문묘의 기능 변화 양상을 살펴보고자 한다. 중화인민공화국 시기에 들어서도 여전히 공자는 비판과 포용의 대상으로 주목되고 있었던 점에 비추어 볼 때 이 시기까지도 분석의 범위에 넣어야 하겠지만, 지면의 제한도 있으려니와 문묘의 기능상의 변화뿐만 아니라 공자가 갖는 정치사회적 의미도 중화민국 시기에 일단락된 것으로 보이기 때문에 이에 대한 논의는 차후의 과제로 남기고자 한다.

## 문묘의 설치 : 추이와 기능

상해에 문묘가 공식적으로 세워진 것은 원대에 현이 설치되고 난 뒤였다. 그러나 그 기틀은 이미 송말에 마련되었다.[2] 송말 당시宋唐

時措라는 인물이 동생과 함께 한韓씨 성을 가진 이의 가옥을 구입하여 이를 재동사梓潼祠로 개축하고 그 뒤편에 당육영堂六楹을 마련하여 지방 유생들의 학업 장소로 삼았다. 그 뒤 시박사市舶司 제거提擧 동해董楷로부터 고수당古修堂이란 편액을 받아 진학鎭學으로 삼았던 것이다.

원 세조 지원 29년(1292년)에 상해현이 설치되면서 현서縣署 동편에 정전과 강당, 그리고 재사 등이 차례로 신축되었다. 원 대덕 6년(1302년)에 이르러 대성지성선사 문선왕大成至聖先師 文宣王 공자를 향사하고 그 제자와 성현들을 종사하는 제사 기능과 아울러 지방 유생들의 강학 장소라는 기능을 겸비한 문묘가 탄생했다. 당시 송강부松江府는 춘추정제에 활용하고 학업이 우수한 유생들을 지원하라는 명목으로 학전 500무를 할당, 지원하기도 했다.

이후 문묘는 관학 진흥에 관련한 각 왕조 권력, 지방관과 재지 유생들의 의지에 힘입어 지속적으로 확충, 발전되었다. 공자 제사와 강학에 관련된 각종 건축물이 수리되고 확충되는 한편, 학전의 규모도 늘어났으며, 또 안정되고 고아한 현학의 분위기를 조성하기 위한 각종 시설물들이 확충되어갔다. 이 과정에서 문묘는 몇 차례 옮기기도 했는데 대개는 애초의 자리인 현서 주변이었다. 현서 주변으로부터 문묘가 오늘날의 자리로 옮긴 것은 청 함풍 연간(1850~1861)에 이르러서였다. 당시 비밀결사인 소도회小刀會가 반청복명反淸復明을 내걸고 봉기하여 현성과 문묘를 점거하면서 문묘 내의 각종 시설물들을 파괴한 것이 계기였다. 파괴된 문묘를 보수하는 대신 아예 새로운 자리를 물색하여 문묘를 신축하기로 결정했던 것인데, 그 결정에 따라 현성 서문 안쪽 일대, 즉 명대에 해방도서海防道署가 자리한 적 있는 일대에 새로운 문묘를 신축하기 시작했다.

1여 년에 걸친 공사를 거쳐 완성된 이 문묘는 태평천국군의 상해 압박에 대응하는 과정에서 잠시 외국 군대의 주둔지로 활용되었다가 정국이 안정되면서 다시금 보수되어 오늘날에 이르고 있다.

문묘는 기능으로 볼 때 공자를 향사하는 제사 기능과 아울러 지방의 관학 기능을 겸하고 있었다. 이러한 기능은 문묘를 구성하는 주요 건축물의 배치에도 그대로 반영되었다. 영성문欞星門, 대성문大成門, 동서무東西廡을 비롯하여 대성전大成殿, 숭성사崇聖祠 등은 공자 제사 공간에 배치된 시설물이었고, 학문學門, 의문儀門을 비롯하여 명륜당明倫堂과 존경각尊經閣은 학궁에 배치된 주요 건축물들이었다.

공자 제사와 강학이라는 두 기능이 결합된 문묘는 관방 기구였다. 문묘에서 이루어진 공자 제사는 어디까지나 국가 제사의 일환이었으며, 문묘에서 부속된 학교는 지방 관학의 하나인 현학이었던 것이다. 공자 제사가 지닌 관방적 성격은 문묘의 제도화 과정에서 어렵지 않게 확인할 수 있다.[3] 문묘의 제도화를 주도한 것은 역대 왕조 권력이었다. 공자 사후 애초 그를 기린 묘는 가묘나 사당과 유사한 것으로 개인 사당에 가까웠다. 한대에 이르러 학교를 세우고 공자 제사를 치르면서 점차 관방화되었다. 그것은 공자 후손들로 이루어진 봉사자奉祀者가 조정의 세습 작칭을 받았던 데서 기인한 것이었다. 한대에 마련된 공자 존숭 정책은 이후에도 줄곧 유지되었다. 위진남북조 시기에 이르러 묘학제廟學制의 추형이 마련되는 한편 공자묘의 전국화 현상도 보이기 시작했다. 이러한 변화를 제도화시킨 것은 당대에 들어서였다. 즉 정관 4년(630년) 모든 주현학에 공자묘를 설치하도록 명령했던 것인데 이로써 문묘는 전국적으로 설치되었던 것이다.

당대에는 공자 제사 의식, 즉 석전을 삼사례三祀禮 가운데 중사中祀로 규정하고, 주현학에서 거행되는 석전도 정식으로 지방 제사에 편입시켰다. 지방 제사는 국가 제사에서 소사小祀에 해당되는데, 석전은 사직 제사와 함께 지방차원의 국가 제사의 중핵을 형성했다. 이러한 제도화를 바탕으로 석전은 국가 제사의 일환으로 중앙뿐만 아니라 지방 차원에서 거행될 수 있었다.

문묘의 관방적 성격은 석전 주제자의 면모에서도 찾아볼 수 있다. 위로는 황제, 공가의 후예, 아래로는 조정의 관리, 지방 장관 등에 이르는 주제자들은 모두 관방 계통의 신분을 가진 자들이었다. 관학의 유생들이라 하더라도 그저 전례의 배제자로 참여했을 뿐이다. 일반 민중들이 여기서 배제되었던 것은 물론이다. 전통적으로 문묘는 일반 민중들과는 거리가 먼 관방적 제도였고 근대에 들어서도 공자는 민중들에겐 여전히 낯선 존재였다. 이와 같은 사정과 관련하여 노신은 1930년대에 아래와 같이 지적한 바 있다.

나는 공부자孔夫子가 사망한 뒤 운이 매우 좋았다고 생각한다. 그가 군소리를 한 것도 아닌데, 여러 권세가들이 다양한 분을 덧칠해 놀랄 만한 지위에 이르도록 했기 때문이다. 그러나 뒤에 들어온 석가모니에 비하면 실제로 매우 가련하기 짝이 없다. 각 현마다 모두 성묘聖廟 즉 문묘가 있지만 적막하고 쓸쓸하기 이를 데 없다. 일반 서민들은 찾아가서 결코 참배하지 않는다. 그들이 가는 곳은 불사나 혹은 신묘다. …… 요컨대 중국에서 공부자는 권세가들이 받들어 올린 것으로 그들 권세가나 혹은 권세가가 되고자 하는 자들의 성인이었던 것이다. 일반 민중들과는 아무런 관련도 없다.[4]

1930년대 문묘는 공원과 민중교육관으로 개장되어 일반인에게 개방되었지만, 그럼에도 문묘의 공자 제사는 일반 민중들의 일상생활 특히 신앙과는 거리가 먼, 어디까지나 관방 측의 활동이었을 뿐이었다는 지적인 것이다.

  한편 현에 설치된 문묘는 현학을 겸하고 있었다. 널리 알려져 있듯이 현학은 최하위 지방 행정구역인 현에 설치된 관학이었다. 지방에는 단지 관학만이 유일한 교육기관은 아니었다. 서원도 중요한 교육기관이었다. 당말에서 맹아가 보였던 서원이 교육기관의 하나로 자리를 잡은 것은 송대였다.[5] 그 뒤 각 왕조마다 부침은 있었지만 관학을 보조하면서 때로는 그것과 경쟁하면서 지역의 중요한 교육기관으로 성장해갔다. 각 왕조에서 서원을 관학화하기 위해 줄곧 시도하고 노력했다는 사실은 각 지역에서 서원이 갖는 위상을 충분히 짐작케 한다.

  상해 현학은 명대 이후 순수하게 학문을 연마하고 탐구하는 교육기관이라기보다는 과거 응시 자격을 획득하기 위한 교육기관으로서의 의미가 컸다. 지방 관학의 주된 구성원은 이른바 생원이었는데, 이들은 동시童試를 거쳐 지방 관학에 입학했고 입학 후 정기 시험 때에만 등교하여 응시하는 것이 일반적이었다. 이들은 학교에서 시행하는 월고月考를 비롯하여 세시歲試와 과시科試 등을 치렀다. 세시의 성적에 따라 등급화되었으며 높은 등급을 획득한 생원만이 과거에 응시할 수 있었다. 지방 관학은 말하자면 과거응시 자격을 얻기 위한 교육기관으로서의 성격이 강했고 생원의 생활은 시험의 연속이었다.[6]

  그렇다고 지방 관학만이 과거에 종속되어 운영되었던 것만은 아니었다. 청대 서원 가운데 과거를 대비하는 목적으로 창립된 서원이 가장 보편적이었다는 지적[7]만 보아도 대부분의 서원들도 관학과 성격상 큰 차이를 보이지 않았던 것으로 보인다.


## 문묘에서 공자묘로

### 과거제도의 폐지와 공자

문묘의 양대 기능 중 현학이 수행했던 기능은 청말 신정기(1901~1911)에 이르러 큰 변화를 맞이했다. 과거제도가 폐지되고 그 대신 근대 학제에 입각한 학교 제도가 전면 실시되면서, 과거제도에 의존하여 운영되던 현학은 그 존립 근거를 상실했기 때문이었다. 현학이 지닌 관학으로서의 기능은 이때 제도 차원에서 소멸되었다고 할 수 있지만, 상해 사회에서 현학이 갖는 위상은 이미 이전부터 점차 위축되고 있었던 것으로 보인다. 그것은 상해 사회가 가진 지역적 특성, 즉 도시화의 진척에 따른 결과였다.

여느 현학과 마찬가지로 상해 현학도 지역 지식인들의 주요 등용문이었기 때문에 많은 생원들이 적을 두고 과거를 준비하고 있었다. 한 통계에 따르면 명말에 이르러 현학에 적을 둔 생원, 그리고 공자 제사와 관련된 인원은 모두 650여 명을 헤아렸다고 한다. 이들 가운데서 진사 학위자가 다수 배출되었지만, 청대에 들면서 그 수가 반으로 격감하는 양상을 보였다.[8] 청대에 진사 학위자가 줄어든 데에는 청 초기의 조세체납을 빌미로 강남 향신을 탄압한 주소안奏銷案의 영향이나 시험을 둘러싼 치열한 경쟁 등도 원인으로 작용했겠지만, 상해의 사회경제적 변화 또한 무시할 수 없는 배경으로 작용했다.

명 중엽 이후 면화 생산을 중심으로 한 상품 생산이 시작되면서 본격화한 도시화는 면방직 상품 생산과 그 유통이 확대되면서 더욱 촉진되었다. 면방직 상품 생산과 유통의 확대를 뒷받침한 것은, 옹정 7년(1729년) 해금 방침이 완전히 폐지되면서 발달한 사선업沙船業을 중심으로 한 항운업이었다. 상품 생산의 확대와 항운업의 발달로 상해는 가경 연간에 '물류의 중심이자 동남東南의 도시'로 불릴 정도로 크게 성장할 수 있었다.[9]

경제 성장에 따른 도시화의 진척은 전통적인 현성의 면모를 바꾸어놓기에 충분했다. 주변 인구를 대량으로 흡인하고 상인들을 집결시키는 한편 다양한 상업 활동을 자극했다. 각종 상업 활동을 매개로 다양한 동향, 동업단체들도 속속 조직되었다. 이러한 상해 사회의 변화는 개항을 맞이하면서 한층 두드러졌고, 남경조약의 체결로 조계가 설치되면서 국제적인 무역 도시이자 경제, 금융의 중심 도시로서 성장할 기회를 맞이했다. 이러한 도시화에 적극 대처하면서 투자와 다양한 상업 활동을 통해 (매판)상인으로 거듭나면서 경제 영역 쪽으로 관심을 선회하는 지식인들이 적지 않게 출현했다.[10]

도시화와 더불어 근대적인 학교들도 속속 출현했다. 청조가 과거 제도를 폐지하고 근대학제를 본격 시행하기 이전부터 상해에는 개항을 전후하여 중국인과 외국인이 경영하는 다양한 근대 학교가 출현했다. 상해에 세워진 최초의 근대 학교는 경사동문관의 분관 성격을 지닌 광방언관廣方言館이었지만 그 뒤 '서관', '야학', '서숙', '학관' 등의 명칭을 사용한 외국어 교습 학교들이 우후죽순격으로 설립되어 1875년까지 24개소가 성행했다. 개항 도시에서 외국어 학교가 활성화되고 외국어 학습이 크게 유행하면서 지식인들의 관심은 점차 전통 학문으로부터 서양의 교육과 가치 쪽으로 옮아가고 있었다. 그들에게 과거시험은 말할 나위 없고 전통적인 학문이 갖는 중요도도 눈에 띄게 약화되었다. 남양공학南洋公學의 총교습을 담당했던 장환윤張煥綸은 한 번 과거에 실패한 후 다시는 과거에 응하지 않았으며, 1858년 상해를 여행했던, 약관의 나이에 시문에 능했던 문인 심몽용沈夢龍이 조계에서 서양문명을 접하고는 과거에 더이상 연연하지 않는 일이 벌어지기도 했다.[11]

도시화에 따른 경제적 관심의 확산과 서양 학문에 대한 관심의 증대는 결국 기존 과거제도에 대한 지식인의 관심을 약화시켰을 것이며 이러한 사정은 지식인 사회에서 현학이 갖는 의미와 위상을 위축시키는 데 적지 않은 영향을 미쳤을 것으로 보인다.

과거제도의 폐지로 문묘의 기능이 위축되고 그에 따라 문묘로 상징되는 공자의 위상이 동요되자 청조는 각급 학당에서 전통 교육을 시행함으로써 '공자'를 근대 학제에 담아내고자 했다. 청일전쟁 이후 청조의 근대 교육 시행을 위한 노력을 총결산한 의의를 갖는 계묘학제의 내용이 주목되는 것은 바로 이 점에 있다.[12] 이 학제의 가장 큰 특징은 각급 학당에서 경전 읽기와 암송을 강조하고 나아가서는 존공 의례의 거행을 명시한 점이었다. 예컨대 소학당에서는 경전 읽기와 암송을 주당 12시간, 중학당에서는 주당 9시간으로 배정했으며, 고등학당에는 강경과講經課, 대학당과 통유원에서는 경학전과經學專科를 두어 선택하도록 했던 것이다. 그 외에도 각급 학당에서는 존공의례를 거행해야 했다. 학당 강당에 공자 위패를 설치하고 매일 예를 갖추는 이외에도, 매월 삭망에는 교장과 교직원 일동이 학생들을 이끌고 예를 행하고, 춘추 2회의 정제와 음력 8월 27일 공자탄신일에는 삼궤구고례를 행해야 했다.[13]

이러한 교육 방침은 1906년 '충군忠君, 존공尊孔, 상공尙公, 상무尙武, 상실尙實'이라는 5개조로 이루어진 교육 취지에도 그대로 반영되어 반포되기도 했다.[14] 그리고 동년 12월 학부의 주청에 의해 기존 '중사'에 해당했던 공자 제사를 '대사'로 승격하는 조치가 취해지기도 했다. 청조의 이러한 존공 조치로 공자 제사는 천지제사, 종묘 제사와 동일한 격을 가진 국가 제사가 되었다.

요컨대 과거제도의 폐지와 근대 학제의 추진으로 문묘는 이제 공자 제사 기능을 수행하는 장소로 그 기능이 위축되었지만, 청조는 각급 학당에서 경전 학습과 공자 제사 의식을 확대 실시하고 동시에 문묘에서 거행된 공자 제사를 중사에서 대사로 승격시킴으로써 공자의 위상을 강화하는 한편 자신의 지배체제를 다시 확립하고자 했다.

### 중화민국의 수립과 '공자묘'

청말 문묘에서 거행되어 오던 춘추정제뿐만 아니라 각급 학당에서 실시되고 있었던 각종 존공 활동은 남경임시정부가 수립되면서 위협받았다. 근 2,000여 년 동안 지속되어온 황제 지배 질서를 전복하고 수립된 남경임시정부에서는 기존 질서를 뒷받침해온 유교적 이데올로기와 그에 기초한 다양한 제도, 의례 등을 폐지하는 쪽으로 정책 방향을 모색하고 있었기 때문이었다. 이와 같은 지향은 초대 교육총장에 취임한 채원배蔡元培의 행보에서 잘 드러났다.

그는 1912년 2월 11일, 기존 청조의 충군, 존공, 상공, 상무, 상실이라는 교육 취지를 대신하여 민국의 새로운 교육은 '군국민교육軍國民敎育, 실리주의교육實利主義敎育, 공민도덕교육公民道德敎育, 세계관교육世界觀敎育, 미감교육美感敎育'이 되어야 한다는 견해를 밝힌 바 있다.[15] 군국민교육, 실리주의교육, 공민도덕교육이라는 항목은 사실 청조의 교육 취지 가운데 상무, 상실, 상공이라는 항목과 유사한 측면이 있었지만, 청조의 교육 취지에서 가장 중시된 충군과 존공을 세계관교육과 미감교육으로 대체한 부분에서 큰 차이가 있었다. 충군은 공화정체에 부합하지 못하고 존공은 신앙의 자유와 상충되었기 때문이었다.[16] 그에게 충군과 존공은 군주 시대 교육의 상징으로 민국 시대 교육에서는 마땅히 부정되어야 할 항목이었다. 그의 이러한 입장은 7월 10일부터 한 달 동안 개최되었던 첫번째 중앙교육회의인 임시교육회의에서 더욱 분명하게 드러났다.[17]

임시교육회의에서 그는, 공자는 종교가가 아니며 교육과 종교는 하나로 혼동할 수 없고, 신앙의 자유는 헌법상의 원칙으로 공자만을 일존―尊으로 고정할 수 없다며 학내에서의 존공 활동을 금지하자는 내용의 안건을 제안했다. 당시 회의 참석자들은 이 안이 알려지면 사회적으로 동요가 일어날 소지가 있다며 심의 대상에서 제외하되, 그 대신 '학교관리규칙'에서 공자 제사 조항을 삭제하자는 쪽으로 의견을 모았다. 비록 채원배의 제안이 당시 정식 심의 대상으로 오르지는 않았지만, 결과적으로 보면 이를 계기로 공자 제사를 비롯한 학내 존공 활동은 큰 타격을 받았던 것으로 보인다.

그리고 이 회의에서는 학내 행사 가운데 공자탄신일을 포함하느냐 하는 문제를 둘러싸고 격론이 벌어지기도 했다. 처음에는 원단과 민국기념일을 제외한 모든 기념일을 삭제하기로 했다가 학교 창립일과 공자탄신일을 포함시켜야 한다는 소수 의견이 제기되면서 논쟁이 벌어진 것이었다. 결국 민국기념일은 규정에 따라 기념식을 거행하지만 나머지는 각 학교의 재량에 맡기기로 했으며, 각 학교 재량에 따르는 '나머지 기념일'이라는 조항에 '공자탄신일과 같은' 이라는 구절을 삽입하자는 쪽으로 논의가 모아졌다.

이와 같은 임시교육회의의 결정 사항을 통해 볼 때, 남경임시정부 초기 교육 당국이 구상했던 학내 공자 정책은, 제사 활동은 금지하며 공자탄신일 행사는 학교의 재량에 맡기는 방향에서 모색되고 있었음을 알 수 있다. 요컨대 공식적으로는 제사를 금지하되, 공자탄신일 행사는 자율에 맡기고자 한 것인데, 이는 후술하듯이 이후 원세개에 의해 번복되기 전까지 남경임시정부의 공식 방침이었다.

남경임시정부의 이와 같은 입장은 단지 각급 학교에만 한정되지 않았고, 중앙과 지방의 문묘에 대한 정책에도 그대로 반영되었다. 상해 문묘에서 거행된 춘추정제의 상황에서 이는 그다지 어렵지 않게 확인할 수 있다. 남경임시정부가 출범한 다음해 상해 문묘에서 거행된 춘정제는 정부와는 무관하게 준비되고 치러졌다. 즉 현지사를 포함한 상해의 정관계 인사들이 아닌, 상해공교회上海孔敎會가 그 준비뿐만 아니라 당일 행사를 주도하는 가운데 서성학교西城學校, 양정학교養正學校, 경업학교敬業學校 등 각 학교 교직원과 학생들만이 참여했던 것이다.[18]

정부 측의 이러한 공자 정책은 사회적으로 즉각 반발을 불러일으켰다. 임시교육회의에서 불거진 학내 공자 제사 폐지 방침에 대해 각 지역의 보수적인 지식인들이 비판하고 나선 것이었다. 상해의 경우, 교통대학交通大學의 전신인 상해고등실업학당上海高等實業學堂의 당문치唐文治 교장은 공자 제례를 폐지하는 것은 수천 년 동안 내려온 의례를 파괴하는 것이라며 교육부에 항의성 전문을 보내는 한편 정제를 춘추로 거행할 것을 대총통에게 간청했다. 상해국민공회上海國民公會라는 단체와 문묘 쇄소국洒掃局도 학당 내 경전 읽기와 공자 제사를 폐지한 조치에 강력히 항의하기는 마찬가지였다.[19]

1912년 10월 상해에서 창립된 공교회孔敎會는 이와 같은 보수 지식인들의 동향을 대변한 대표적인 단체였다. 강유위의 제자인 진환장陳煥章을 비롯하여 심증식沈曾植, 양정분梁鼎芬, 요문동姚文棟 등은 공자탄신일인 10월 7일, 즉 대성절에 산동회관에서 "공교를 제창하여 사회를 구제한다"라는 취지를 내걸고 공교회를 발족했다.[20] 공교회는 남경임시정부의 공자 정책을 정면으로 비판하면서 공교의 국교화를 주장했다. 공교회는 발족된 지 1년 만에 약 70여 개의 지부를 거느린 전국적인 조직으로 성장했고, 이를 발판으로 1913년 9월 그 총회를 상해에서 북경으로 이전하고 강유위를 총회장으로, 진환장을 주임간사로 추대했다.

공교회가 공교 국교화 운동에 본격적으로 나선 것은 1914년 8월 중순에 들어서였다. 1913년 4월에 개최된 국회에서 헌법기초위원회가 조직되었고 이 위원회가 7월부터 '천단헌법天壇憲法' 초안으로 알려진 중화민국 헌법 초안을 기초하기 시작하자, 공교회는 공교 국교화를 청원하기 시작했다. 이를 계기로 사회적으로는 공교 국교화 문제를 둘러싼 찬반 양론이 전개되었으며 이러한 움직임은 기초위원회 의원들 내부에도 투영되었다. 결국은 국교의 헌법 규정 문제는 '공자의 도를 국민 교육 면에서 도덕적 지침으로 한다'는 절충안이 마련됨으로써 일단락되었다. 그러나 절충안은 원세개의 국회 해산, 그의 사후 여원홍黎元洪에 의한 국회 회복, 그리고 다시 국회 해산 등 급격한 정국의 변화 때문에 정식으로 심의되지 못한 채 표류했다. 1922년에 들어 결국 '존공의 자유'를 헌법에 삽입하는 정도에서 이 문제는 매듭지어졌다.[21]

공교회를 중심으로 한 보수 지식인들의 이와 같은 여론을 예의 주시하고 있었던 이는 원세개였다. 1912년 3월 북경에서 임시총통에 취임한 그는, 국민당을 중심으로 구축된 강력한 의회 권력을 견제하면서 줄곧 총통권 강화를 꾀했다. 송교인宋教仁 암살, 국민당 해산과 국회 해산 등은 그러한 과정에서 발생한 사건이었으며, 결국 총통권을 중심으로 한 과도한 중앙집권화는 제제운동帝制運動으로 귀결되기도 했다. 이 과정에서 그는 공교회를 중심으로 전개된 존공 활동을 적극 활용했다. 공교회의 교단 활동보다 앞선 시기에 유교 윤리를 강조하여 민국 초기에 조성된 사회적 위기를 극복하려는 발상을 가지고 있던 그였다. 즉 중화민국 수립으로 새로운 질서가 구축되는 과정에서 발생한 다양한 사회적, 도덕적 위기를 극복할 방안으로 그는 예의염치 등 '사유'와 효제충신예의염치 등 '팔덕'을 제창하며 이러한 유교적 가치와 덕목을 적극 활용해야 한다는 입장을 개진한 바 있었다.

그가 비록 유교적 가치의 활용을 강조하면서 존공 태도를 내비치고 있었지만 그렇다고 해서 그가 공교회의 청원에 적극 호응한 것은 아니었다. 앞서 본대로 공교회가 1913년 8월 중순부터 공교의 국교화 청원을 시작했을 때 그는 '신앙의 자유라는 대원칙은 세계 각국의 관례에서 그리고 5대 민족으로 구성된 중화민국의 현실에서 볼 때, 견지되어야 할 사항'이라며 공교 국교화 청원을 완곡하게 거부하는 태도를 보였던 것이다. 말하자면 원세개는 '존공'과 '공교의 국교화'를 구별했던 것인데, 이러한 그의 태도는 국교화에 반대함으로써 공화의 '법통'을 준수하는 한편 공자를 존숭함으로 유가의 '도통'까지 아우르려는 일석이조의 효과를 노린 것이었다.[22] 이를 통해 강력한 중앙집권화된 권력을 창출하고자 했던 것은 두말할 나위 없다.

원세개의 존공 태도는 문묘의 공자 제사 활동에 대한 적극적인 지원과 참여 그리고 그를 위한 제도 정비 등으로 구체화되었다. 그가 춘추정제 거행에 긍정적인 입장을 보이기 시작한 것은 1913년 4월 정식 국회가 열린 이후였다. 같은 해 6월 사천도독 윤창형尹昌衡이 '기강이 완전히 무너져 내렸다'며 전국 각 학교에서 석전의 예를 거행하도록 명령 내릴 것을 요청해온 데 대해, 그는 그러한 요청은 '지극히 온당한 것'이라며 '옛 도에 근거하여 사리에 맞게 절충하고 제공전례를 상세히 규정하여 존숭의 뜻을 표하라'는 입장을 내비쳤던 것이다.[23]

이러한 입장은 그가 1913년 10월 정식으로 대총통에 취임하면서 더욱 분명하게 드러났다. 이를 예고하는 조치가 이미 1913년 9월에 교육부에 의해 마련되기도 했다. 교육부는 음력 8월 27일을 공자탄신일로 삼고 이날을 '성절'로 결정한다며 각급 학교에서는 하루를 쉬고 예를 행할 것을 지시했다.[24] 학교 자율에 맡겨졌던 공자탄신일 기념행사가 교육부에 의해 공식적으로 전국 각급 학교에서 일률적으로 시행되어야 할 행사로 규정되었던 것이다.

대총통에 취임한 원세개는 1913년 11월 26일 '존공령'을 발표하여 공자 존숭의 필요성과 아울러 그 전례에 관한 사항을 관련 부처가 신속히 마련하여 실행하도록 명령했다.[25] 같은 날 '연성공衍聖公' 공령이孔令貽를 접견하고 일등가화장을 수여하기도 했다.[26] 1914년 2월 7일에는 음력 춘추 정일을 공자 제사일로 삼아 대사의 예에 따라 의식을 거행할 것을 명령했다.[27] 중앙 문묘의 경우에는 대총통이, 지방의 경우에는 지방장관이 주제로서 공자 제사에 참여해야 했다.

문묘에서의 공자 제사 거행 명령은 연성공의 신분 보장과 그에 대한 대우, 그리고 제사를 주관할 봉사관의 설치와 그에 대한 대우

규정 등을 담은 「숭성전례崇聖典例」의 제정으로 이어졌고, 각 지방 문묘에 대한 정비와 제도화로 이어졌다. 지방 문묘의 정비와 제도화는 「공자묘봉사관규칙孔子廟奉祀官規則」으로 구체화되었다. 이 규칙에서 주목되는 것은 기존 문묘를 일률적으로 '공자묘'로 개명한 점과 문묘를 관리하면서 공자 제사에 관련한 모든 업무를 주관할 봉사관을 설치한 점이었다. 그리고 문묘가 없는 행정구역에는 새로이 공자묘를 신축할 것을 규정한 점이었다. 이로써 중앙뿐만 아니라 지방 문묘의 공자 제사 의식이 일률적으로 정비될 수 있었다.[28] 이제 봉사관의 주도 아래 중앙의 경우에는 대총통이, 지방의 경우에는 해당 지방장관이 주제로 참여하는 형태로, 즉 전통 왕조 시대의 국가 제사인 석전이 회복될 제도적 기반이 마련된 것이었다.

이 제도화에서 눈길을 끄는 것은 기존 문묘를 일률적으로 '공자묘'로 개명한 점이다. 이는 기존 문묘가 단순히 공자 제사를 거행하는 장소였던 데 그치지 않고, 비록 명대 이후 과거응시 자격을 획득하는 장소로서의 의미를 지니긴 했지만, 지방 관학을 통해 교육 기능까지 겸하고 있었던 사정을 염두에 두고 보면, 그저 단순한 개명이라고만 보아 넘길 수 없다고 판단되기 때문이다. 앞에서 언급하였듯이 청말 교육 근대화 과정에서 과거제도와 밀접한 관계를 가진 지방 관학의 기능은 상실되었다. 지방 관학의 기능 상실은 기존 문묘의 기능이 위축되었음을 의미하는 것이었다. 말하자면 전통 시대 문묘의 양대 기능인 공자 제사와 강학 가운데 강학 기능을 상실함에 따라 문묘는 공자 제사만을 거행하는 장소로 변화되었던 것이었다.

이러한 기능상의 변화를 감안할 때, 다시금 문묘가 지닌 공자 제사 기능을 회복한 조치와 기존 문묘를 공자묘로 개명한 조치 사이에는 모종의 연관성이 있는 것은 아닐까 생각한다. 요컨대 공자묘는 강학 기능이 배제된 공자 제사 거행 장소라는 의미의 문묘를 새로이 정의하기 위해 붙인 명칭은 아니었을까 추측되는 것이다.

존공에 대한 각종 전례와 규칙이 제정되면서 지방의 각 공자묘는 본격적으로 복구되고 정비되기 시작했다. 정부 차원에서 공식적으로 공자 제사 의식을 거행하기로 한 이상, 공자묘에 대한 대대적인 정비와 보수는 마땅히 뒤따라야 할 조치였다. 당시 전국 각지의 공자묘는 신해혁명을 거치면서 심하게 훼손되었던 모양이다. 호남의 경우 문묘는 군인들의 주둔지로 또는 학생들의 기숙처로 혹은 신극단의 공연 장소로 활용되기도 했다.[29] 이와 같은 사정은 상해도 마찬가지였다. 이미 함풍 연간에 소도회가 문묘를 점령하여 서문 쪽으로 옮겨야만 했는데, 민국 건립 후에도 여러 차례 군인들의 주둔지로 활용되어야 했던 것이다. 이 과정에서 공자묘는 심하게 훼손되었다.[30] 정치회의 의장인 이경의李經義가 공자묘를 공자 제사 장소로 기능할 수 있도록 제반 사항을 적극 복구해줄 것을 강력히 요청한 것은 이러한 사정에 따른 것이었다.[31]

상해의 공자묘가 1915년 춘정제를 준비하면서 대대적인 복구와 정비를 계획했던 것은 이러한 배경 아래서 이루어진 것으로 보인다. 1915년 춘정제를 준비했던 공관공산경리처公款公産經理處는 신위의 새로운 제작 여부, 석전에 활용할 제복 추가 구입 여부, 제기 추가 구입 여부, 월대月臺 확장 여부, 명륜당 보수 여부 등을 신중히 논의하면서 시간을 갖고 지속적으로 구입하고 보수하기로 결정했다.[32] 이러한 결정은 이전에 보기 드문 사례로서 원세개의 강력한 존공 방침 표명에 따른 후속 조치였을 것으로 판단된다. 이후 상해의 공자묘는 크게 보수되고 정비되었다. 순차적으로 숭성사, 존경각, 명륜당 등이 일신되었고 대성전 앞 월대가 확장되었으며 제기, 악무기, 제복 등이 구비되었던 것이다.[33]

민국에 들어 처음으로 지방장관의 주도 아래 석전이 거행된 것은 춘정제가 치러진 1914년 3월 2일이었다. 여기에는 현지사를 비롯하여 관찰사, 심판청장, 감찰청장, 남시 경찰분청장, 현시학, 시학무위원 등 정관계 인사뿐만 아니라 양정학교, 현립 제일고등소학, 숭정소학崇正小學, 동명학교東明學校, 서성소학西城小學 등 각 학교 교직원과 학생, 그리고 공교회, 공충연설회公忠演說會, 공맹정학회孔孟正學會 등 단체의 대표들이 참여했다. 약 1,000여 명을 헤아린 참석자로 공자 제사는 성황리에 치러졌다. 관찰사가 주제로, 현지사와 양 청장이 배제로 제사를 이끌었다.[34]

원세개가 추진한 제제운동이 실패하고 그 또한 사망하고 말았지만, 그에 의해 대사로 격상되어 회복된 석전은 공자묘에서 줄곧 거행되었다. 1914년 이후 참석 지방관에 약간의 변동은 있었지만 위에서 본 방식에 따른 춘추정제는 변동 없이 유지되었던 것이다. 즉 상해 지역의 각 정관계 인사들이 주도하고 학계와 관련 단체들의 대표들이 참여하는, 예컨대 관계·학계에 의한 제공 의식은 매년 춘추정제에서 반복되었던 것이다.

공자묘에서는 춘추정제 이외에 공자탄신일 경축행사도 치러졌다. 이는 1913년 9월 교육부에서 음력 8월 27일 공자탄신일을 '성절'로 규정한 데 따른 것이었다. 성절에 각급 학교는 자체적으로 경축행사를 가졌지만, 공자묘 대성전에서 치러진 제사에 참석하기도 했다. 물론 정관계 인사들도 참여했다.[35]

# 공자묘에서 민중교육관으로

## 상해시립민중교육관

남경 국민정부가 수립되면서 1914년 이래 공자 제사 장소로서 활용되어온 공자묘는 다시 한번 큰 변화를 겪게 된다. 대학원에서 전국적으로 공자 제사를 폐지하라는 요지의 훈령을 내렸기 때문이었다. 역대 전제 제왕들은 공자의 '존왕 충군' 사상 때문에 공자를 사표로 받들고 제사를 행해왔다며, 춘추 제사는 현대 사상의 자유 원칙뿐만 아니라 국민당이 내건 주의와도 크게 상충된다는 것이 그 이유였다.[36] 이로써 전국적으로 거행되어왔던 춘추정제는 폐지되었다. 상해의 경우도 예외는 아니었다. 그러나 이것은 어디까지나 정부 차원의 행사에 해당하는 일이었다. 말하자면 관이 주도하는 춘추정제의 폐지를 의미했지, 민간 차원의 제사 활동이 소멸되었던 것은 아니었다. 하지만 관이 더이상 주도하지 않은 채 치러졌기 때문에 그 이전에 비하면 제품은 말할 것 없고 의식 자체가 매우 간소해졌으며,[37] 사회적인 관심 또한 희박해져갔다.

그러나 남경국민정부에서는 공자탄신일까지 폐지하지는 않았다. 내정부는 각성 정부 및 남경, 상해, 천진, 북평 특별시정부에 전문을 보내 공자탄신일을 공자기념일로 삼고 전국적으로 기념행사를 거행할 것을 결정했음을 알린 바 있었다.[38] 그러나 이러한 결정이 얼마나 실행되었는지는 의문이다. 호남 장사의 경우 내정부의 이러한 결정에 따라 비교적 성대하게 공자기념일을 거행한 것으로 보이지만,[39] 상해의 경우에는 문묘에서 그와 같은 행사가 거행된 사례를 찾아보기 힘들기 때문이다. 1931년 공자탄신기념일 소식을 전한 『신보申報』 내용에 따를 때 상해의 각급 학교에서 8월 27일 공자탄신일을 맞이하여 하루를 쉬고 자체적으로 기념식을 거행했다는 기사나, 공교청년회孔敎靑年會에서 공자묘가 아닌 월교상업연합회粵僑商業聯合會 대강당에서 경축행사를 가졌다는 기사 정도를 확인할 수 있다.[40] 이러한 기사 내용으로 볼 때 내정부의 결정 사항이 전국적으로 관철된 것이라기보다는 각 지역에 따라서 신축성 있게 시행되었던 것은 아닌가 추측된다. 나중에 보겠지만, 이러한 상황은 1934년 8월 27일, 이른바 '선사공자탄신기념일先師孔子誕辰紀念日'에 공자묘에서 성대한 기념행사를 치른 것과는 대조적인 모습이었다.

1930년대 『신보』 기사를 검토해볼 때, 북경군벌정부 시기와 달리 공자묘에서 거행된 공자 제사 기사나 공자탄신 기념행사 소식은 매우 소략하거나 아예 보도되지 않고 있음을 확인할 수 있다. 이는 그러한 행사가 거행되지 않았다기보다는 기사화할 가치를 상실한 정도로 사회의 주목을 받지 못했다는 것으로 이해해야 마땅할 것이다. 앞서도 보았듯이 남경 국민정부의 공자 제사 폐지 방침에도 불구하고 보수 지식인과 일부 학계를 중심으로 여전히 춘추정제가 치러지고 있었기 때문이었다.

그렇다면 1930년대 초반 공자묘는 어떤 기능을 하고 있었을까. 1930년에 들어서 공자묘는 시립민중교육관(이하 민중교육관)으로 새롭게 탄생하여 활용되고 있었다는 점에 주목하고 싶다. 1930년대 초반 공자묘와 관련된 『신보』 기사는 거의 대부분 민중교육관과 관련된 소식이라는 점에서 그러하다.

공자묘에 민중교육관이 문을 열고 정식으로 운영되었던 것은 1931년 12월이었다. 시교육국으로부터 준비위원으로 위촉된 이대초李大超, 양패문楊佩文, 진단지陳端志, 진우陳瑀, 왕숙영王淑英 등 5명이

1931년 7월 30일 첫번째 준비회의를 개최한 지 5개월 만이었다.[41] 민중교육관은 크게 두 기능으로 양분되어 있었다. 강락원康樂園이라 불리는 정원 부분과 각종 사회교육을 실시하는 교육 부분이 그 것이었다. 말하자면 정원과 교육 시설을 결합한 배치 구조를 가지고 있었던 사회교육기관이었다.

애초 공자묘 자리에 공원을 만들기로 한 것은 상해시 정부가 수립된 직후였다. 적극적인 시정 건설을 추진하는 과정에서, 상해 역사가 상당히 오래되었음에도 조계 지역과는 달리 중국인들이 밀집된 남시에는 시민들이 쉴 만한 마땅한 공간이 없다는 시당국의 판단에 따른 것이었다. 상해 남부의 중심지라는 위치나 그 내부 배치를 고려할 때 공자묘는 공원 조성에 유리한 여건을 갖추고 있었으므로 시정부는 이곳을 공원화할 계획을 세웠다. 1927년 12월에 약 15,000원 정도의 비용이 마련되어 공원 조성 공사가 시작되었으나, 그 뒤 공사 비용이 지속적으로 충당되지 않아 계획은 중단되었다.[42] 그러다가 이 계획은 민중교육관 건설 사업으로 승계되었다. 시교육국은 기존 오송吳淞, 포송蒲淞, 법화法華, 당교塘橋 등지에 있었던 간이민중교육관簡易民衆敎育館을 통폐합하여 기존 공자묘 자리에 새로운 민중교육관 시설을 갖추면서 그 내부에 공원을 조성했던 것이다.

민중교육관이 개관된 것은 1931년 12월이었지만, 제대로 운영되기 시작한 것은 1932년 상반기를 지나면서부터였다. 1932년 1월에 발발한 이른바 '1·28사변' 때문이었다. 중국과 일본 간의 전투가 그치고 사회가 안정을 되찾으면서 민중교육관은 비로소 본격적인 업무를 시작할 수 있었다. 공원에 해당하는 정원부는 1932년 6월 1일 개방되었고, 1·28전적 열람실은 같은 해 7월, 규성각奎星閣 아래

층에 위치한 열람실과 대성문 동쪽 편에 위치한 아동열람실, 대성전에 위치한 제기진열소祀孔彝器陳列所는 같은 해 8월, 건강교육전람실, 민중오락실 등은 같은 해 9월, 그리고 공민교육전람실, 명륜당에 자리한 민중학교 등은 같은 해 10월에 각기 개방되거나 운영을 시작했다.[43] 존경각을 개조한 도서관 또한 같은 해 6월에 업무를 시작했고 1933년에 전면 개방되었다.[44]

민중교육관에서 이루어진 사회교육은 매우 다양했다. 앞서 본 각 열람실의 명칭에서도 볼 수 있듯이 민중들의 애국사상을 고취하거나 위생상식, 공민도덕을 교육하고, 또 예악 제기 등을 진열하여 관람케 했다. 그리고 각종 열람실을 비롯하여 도서관을 설치하여 개방함으로써 누구나 손쉽게 책을 접할 수 있도록 했다. 그 밖에도 강연청에서는 각종 연설회가 개최되기도 했는데, 통속 강연과 학술 강연이 매주 한 차례씩 실시되었다. 때때로 순회 강연도 이루어졌다.

단지 이상과 같은 사회교육의 장소로서만 활용되었던 것은 아니었다. 각종 기념대회의 개최 장소로서 활용되기도 했다. 가령, '국부(총리)탄신기념대회', '국경기념대회', '청년절기념대회', '아동절기념대회' 등을 비롯하여 다음 절에서 자세히 다룰 '공자탄신기념대회'도 모두 여기서 개최되었다. 게다가 1930년대 중반부터는 '민족부흥절확대기념회', '신생활운동선전주', '당의도서전람' 등의 행사들이 기획, 개최되기도 했다.[45] 말하자면 민중교육관은 단순히 시민들의 상식과 지식을 증진시키기 위한 교육 장소에서 그치지 않고 국민당의 이념과 정책 방향, 그리고 그 내용을 시민들에게 다양한 방식으로 전달하고 교육하는 기관이기도 했던 것이다.

이러한 교육 효과를 높이는 한편 시민들의 자연스러운 참여를 유도하기 위해 민중교육관은 앞서 본대로 공원의 기능을 겸하고 있었으며 또 각종 오락 활동도 병행하고 있었다. 다양한 시설을 갖춘 오락실을 운영했으며, 각종 운동기구를 설치하고 운동 모임을 지원하기도 했다. 영화관 시설도 갖추었다. 민중교육관 앞에 동물원을 신축하여 배치한 것도 시민들의 민중교육관 이용을 한결 자연스럽게 유도하기 위한 조치였던 것으로 이해된다.

민중교육관이 건립됨으로써, 공자묘는 사회교육과 오락, 그리고 공원의 기능을 겸비한, 게다가 동물 관람까지 가능한, 남시의 대표적인 종합문화센터로 재탄생했던 것이다. 여기서는 과거 국가 제사의 일환으로 공자 제사가 성대하게 치러지던 '성지'로서의 면모는 더이상 찾아볼 수 없었다. 제사에 활용된 제기들은 한데 모아져 대성전에 위치한 제기진열소에 진열됨으로써 이곳을 찾는 시민들의 관람 대상일 뿐이었다.

### 공자탄신기념대회

민중교육관의 설치로 공자묘는 더이상 공식적인 존공 행사 장소로서 기능을 수행하지 못했다. 남경 국민정부의 '폐공廢孔' 방침과 그에 뒤이은 민중교육관의 설치로 춘추정제나 '성절' 행사를 위한 정관계 인사의 발길은 끊어졌다. 또한 존공 관련 단체나 교육기관의 대표자들이 소속 회원들과 학생들을 이끌고 대성전에 모여 성대하게 존공 행사를 치르는 모습도 찾아보기 힘들었다. 민중교육관과 공원 개방에 따라 공자는 '존숭의 대상'에서 '관람의 대상'으로 변모되어 갔던 것이다.

민중교육관에 존공 행사를 위해 정관계 인사들이 모습을 드러내고 학생들이 줄지어 찾아든 것은 1934년 8월에 들어서였다. 1934

년 6월 국민당 중앙집행위원회에서 8월 27일을 '선사공자탄신기념일'로 삼고 국정기념일로 제정하고는 전국에 걸쳐 기념행사를 치르도록 독려한 결과였다.[46]

상해 소재 각급 학교는 자체적으로 기념행사를 가졌고 시당부와 시정부는 각 사회단체 대표들의 참여를 독려하면서 민중교육관 내 대성전에서 기념대회를 준비, 개최했다. 시정부의 주도 아래 1934년 8월 27일 대성전에서 개최된 기념대회는 아래와 같이 진행되었다.[47]

기념대회를 이끌었던 주석단은 모두 7명이었는데, 그들은 시당부, 시정부, 시보안처, 시교육회, 시상회, 시총공회, 시농회 등을 대표했다. 시당부와 시정부가 주도하는 가운데 각 사회단체들의 대표들로 구성되었음을 알 수 있다. 초대 규찰은 시정부와 시당부 직원들이 담당했으며 시공안국 직원들은 질서를 잡았다. 대성전 중앙에 총리 초상과 당국기가 걸렸으며 그 아래에는 시정부에서 마련한 공자 초상이 내걸렸다. 그 양측에는 각종 악기들이 배열되었으며 대성전 밖에는 내빈용 의자가 마련되었다. 기념식은 전체 기립, 공안국 군악대의 주악, 당가 제창, 당국기 · 총리 초상 · 공자 초상에 대한 삼국궁례, 주석의 총리 유촉 낭독, 주석의 공자 기념 의의 보고, 강연, 공자기념가 제창, 주악, 폐회 등의 순서로 진행되었다.

전체 기립으로부터 시작하여 총 10개 순서로 진행된 기념식은 남경 국민정부 이전 공자묘에서 정부 차원으로 거행된 춘추정제 전례와는 완전히 달랐다. 춘추정제의 경우, 규의관의 인도 아래 정헌관, 분헌관, 배례관 등이 공자 위패로 나아가 궤배 4배를 올리면서 시작되었다. 예는 초헌례, 아헌례, 종헌례로 진행되었으며 여기에는 초헌악, 아헌악, 종헌악과 아울러 궤배 4배가 동반되었다. 동시에 봉축, 봉백, 청작, 청찬 등이 격식에 따라 차례로 진행되었다. 대성전 밖에서는 진고를 울리는 것을 시작으로 악무생들에 의한 연주와 간척무가 진행되었고, 대성종고가 울리면서 총 6장으로 구성된 합주가 울려 퍼졌다. 일정한 격식에 따른 축문이 작성되고 읽혔으며, 32개 종류로 구성된 제물이 9개 종류의 제기에 담겨 대성전에 진설되었다.[48]

그러나 기념식 행사는 공자 초상에 '궤배 4배'가 아닌 '삼국궁례'의 예를 갖추고, 공자기념가를 제창하고 공자에 관련된 보고와 연설을 하는 정도로 간소하게 진행되었던 것이다. 사실 이러한 절차는 남경 국민정부 시절 다양한 기념행사에서 이루어진 절차와 동일했다. 예컨대 '총리탄신기념대회'나 학교 강당에서 매주 거행된 '주례회'의 절차와 동일했던 것이다. 다른 것은 기념 내용에 공자가 포함되어 있다는 정도였다.

공자탄신기념대회가 주목되는 것은 단지 기념식 절차에만 국한되지 않는다. 이 행사는 비록 공자의 탄신을 기념하는 것이었지만, 실은 그 중심에는 손문과 국민당이 자리하고 있었다. 대성전 중앙에 총리 초상과 당국기가 내걸리고 공자 초상은 그 아래에 배치한 점, 삼국궁례의 대상에 공자 초상뿐만 아니라 당국기와 손문 초상이 포함된 점, 그리고 손문의 유촉이 낭독되었던 점에서 그러하다. 공자는 공자 자체로서 기념되고 존숭된 것이라기보다는, 손문과 국민당이라는 틀 속에서 기념되고 존숭되었던 것이다.

이러한 사정을, 남경 국민정부가 공자탄신기념대회를 국정기념일로 규정하면서 이 대회에서 적극 선전할 내용으로 공자의 생애와 그 학설뿐만 아니라 '공자와 국부 손중산 혁명사상과의 관계'를 명시한 대목과 연관지어 보면, 남경 국민정부가 공자탄신기념일을 제정하고 그것을 기념하려 했던 의도를 어렵지 않게 파악할 수 있다. 그것은 어디까지나 손문과 그의 혁명사상인 삼민주의의 정당성을 공자로 대변되는 전통에서 찾고자 하는 기획이었던 것이다. 1934년 8월 27일 국민당 중앙당부에서 거행된 공자탄신기념회에서 왕정위汪精衛가 '삼민주의의 기반은 사실상 대동학설에 있다'고 한 언급이나, 대전현戴傳賢이 '중국문화를 완성한 이는 공자이며 이러한 중국문화를 다시 부흥시킨 이는 바로 손문'이라고 한 언급은 [49] 그러한 남경 국민정부의 공자 기념이 갖는 의미를 잘 드러내준다 하겠다.

남경 국민정부 시기 존숭의 대상으로 다시 부상된 공자는, 문묘나 공자묘의 중심에 위치한 대성전에서 석전에 따라 제사되는 공자가 아니었다. 그것은 남시의 종합문화센터로 자리 잡은 민중교육관에 부속된 대성전(정확히는 제기진열소)에서 손문과 삼민주의에 전통 계승이라는 정당성을 부여하는 존재로서 기념되는 공자였다.


## 맺음말

이 글에서 필자는, 공자로 상징된 유교적 전통이 민국 시기 국가권력의 국가 건설 시도와 관련하여 어떤 변화를 보였는지 하는 문제를 해명하고자 했다. 이를 위해서 상해 문묘의 기능변화에 주목해보았다.

문묘는 현성 시대 상해의 최고 학부이자 석전을 통해 유교의 '도통'을 체현하고 유지했던 '성역'이었다. 공자 제사와 강학이라는 양대 기능이 결합된 문묘를 통해 전통 왕조는 도통의 계승자로서 자기 정당성을 확보하고 통치 권력을 유지하고자 했다. 이러한 문묘가 기능상의 변화를 보인 것은 청 중기 이후였던 것으로 보인다. 그것은 상해의 도시화 진척에 따라 지식인들 가운데 점차 경제 영역으로 관심을 선회하는 이들이 많아졌고, 특히 개항 이후 근대적인 학교가 출현함에 따라 외국어를 비롯한 서양 학문에 대한 관심이 점차 늘어난 때문이었다. 이러한 상황에서 청조에 의해 추진된 신정으로 과거제도가 폐지되면서 문묘에 부속된 강학 기능은 존립 기반을 상실하게 되었다. 이제 문묘는 공자 제사 기능만을 가진 장소로 변모되었다.

현상적으로 볼 때 청말의 교육 근대화는 문묘에 부속된 교육 기능을 소멸시킨 계기였지만, 다른 한편으로 보면 기존 문묘가 수행해왔던 양대 기능의 외연을 확대시키는 계기이기도 했다. 각급 학당에서 경전 읽기와 암송이 강조되었고 춘추정제로 상징되는 존공 의식 또한 시행되었기 때문이었다. 게다가 문묘에서 거행될 석전은 기존 중사에서 대사로 승격되기도 했다. 이로써 청조는 국내외적으로 추락한 자신의 위상을 강화하고 그럼으로써 지배 체제를 재확립하고자 했다.

남경임시정부의 수립으로 그간 문묘에서 거행되어오던 석전과 각급 학당에서 실시해오던 각종 존공 활동은 위기를 맞았다. 청말의 교육 취지 가운데 가장 중요한 항목이었던 충군과 존공은 공화 정체와도 그리고 신앙의 자유와도 부합하지 못했기 때문이었다. 그리하여 각급 학교에서 공자탄신일 행사는 자율적으로 거행하되, 제공 활동만은 금지되었다. 중앙과 지방의 문묘에서 거행되어오던 석전이 폐지되었음은 물론이다. 비록 공교의 국교화를 집요하게 청원했던 공교회의 주도로 석전이 거행되긴 했지만 그것은 어디까지나 민간 차원의 행사였을 뿐이다. 정부 측에서는 석전을 주도하지도 그것에 개입하지도 않았던 것이다. 이는 공자 배제를 통한 중화민국의 건설을 모색한 지향을 반영한 것이었다.

민국에 들어 공자 제사가 회복된 것은 원세개에 의해서였다. 국민당을 중심으로 구축된 강력한 의회 권력을 견제하고자 했던 그가 공자 존숭을 통해 총통권을 강화하고 나아가서는 제제운동을 꾀했기 때문이었다. 공교의 국교화와 구별된 원세개의 이러한 지향은 문묘의 공자 제사 기능 회복과 그 제도화로 구체화되었다. 제도화에서 특히 주목되는 것은 기존 문묘를 '공자묘'로 일괄 개명한 점이었다. 이는 현실적으로 공자 제사 기능만을 수행하는 문묘를 새로이 정의하기 위해 취해진 조치가 아니었을까 이해된다. 공자묘로 개명된 문묘는 원세개의 공자 존숭 정책에 힘입어 석전 장소로서 대대적으로 수리되었고 정비되었다. 공자묘에서 거행된 춘추 정제는 관찰사, 도윤, 현지사 등 지방장관과 관리들에 의해 주도되었고 여기에 공교회 등 관련 사회단체와 교육계가 동참했다. 민국시대 들어 청말에 대사로 승격된 석전이 회복된 것이었다.

공자 제사 활동의 거점으로 기능했던 공자묘는 남경 국민정부가 수립되면서 또 다시 변모를 겪게 된다. 공자 제사는 전제 왕조의 유산으로 현대사상의 자유 원칙에 위배될 뿐만 아니라 국민당의 이념, 즉 삼민주의와도 배치된다는 이유 때문이었다. 국민당의 권력 장악으로 남경임시정부 시기 공자 배제를 통한 국가 건설 전략이 다시금 수면 위로 부상한 것이었다. 이에 따라 공식적으로 전국에 걸쳐 거행되어오던 석전은 폐지되고 민간 차원으로 되돌려졌다.

그러나 공자묘의 기능 변모와 관련하여 볼 때, 남경 국민정부 시기가 주목되는 것은 단순히 석전을 공식적으로 폐지했다는 점에 있지 않다. 오히려 남경 국민정부는 공자묘를 적극 활용하고자 했다. 공자묘에 시립민중교육관을 세움으로써 시민의 사회교육장으로 활용했던 것이다. 공자묘의 핵심인 대성전의 경우에는 제기진열소로 바뀌어 전람 장소로 변질되었다. 존경각은 도서관으로 활용되었으며, 기타 건물들도 사회교육을 위한 각종 사무실과 전시실 그리고 시설물로 탈바꿈되었다. 또 공원이 조성되어 시민들에게 개방되었으며 민중교육관 건너편에는 동물원까지 조성되었다. 요컨대 공자묘는 사회교육과 오락 그리고 공원의 기능을 겸비한, 게다가 동물 관람까지 가능한, 남시의 대표적인 종합문화센터로 재탄생되었던 것이다. 과거 국가 제사의 일환으로 석전이 성대하게 치러진 성지로서의 면모는 더이상 찾아볼 수 없었다.

남경 국민정부는 바로 이곳에서 1934년 8월부터 '선사공자탄신기념일' 행사를 주최했다. 기념대회는 제기진열소로 바뀐 대성전에 시당부, 시정부 요인들이 모여 제기들을 다른 곳으로 옮겨놓고, '총리탄신기념회'나 학교에서 거행된 일상적인 '주례회' 등 여느 기념회와 동일한 절차로 진행되었다. 공자 초상을 내걸고 공자에 삼국궁례를 행하고 공자기념가를 부르고 공자와 관련된 보고나 강연을 하는 정도의 차이가 있었을 뿐이다. 과거 석전의 모습은 어디에서도 찾아볼 수 없었다. 뿐만 아니라 기념대회의 중심에는 공자가 자리하지도 못했다. 총리와 국민당이 중심이었고 공자는 거기에 부속되어 기념되는 존재였다. 공자와 그의 사상은 손문과 삼민주의와의 관련성 속에서만 의미를 가졌다. 요컨대 민중교육관에 부속된 제기진열소에서 '기념' 된 공자와 그의 사상은 손문과 삼민

주의에 전통 계승이라는 정당성을 부여하는 존재였던 것이다. 삼
민주의를 통치 이념으로 삼아 국민당 주도의 국민국가를 수립하려
는 지향에 공자는 다시금 활용되고 있었던 것이다.

상해 문묘(文廟)의 제공의식

# 2 공자탄신기념과 문화민족주의

## 머리말

20세기 중국의 격변은 '강한 중국으로의 복귀'를 위한 몸부림이었다. 그것은 근대성을 쟁취하고자 하는 움직임이었으며, 부강하고 독립된 '국민국가'를 건설하기 위한 움직임으로 구체화되었다. 이 과정에서 공자는 극복의 대상으로, 때로는 내포의 대상으로 끊임없이 쟁점이 되었다. 특히 강한 중국을 건설하려는 국가권력의 다양한 시도에서 공자는 중국인의 정체성 확보나 국민 통합을 위한 기재로 활용되곤 하였다. 이는 공자에 대한 이해가 단순히 전통의 극복 혹은 지속이라는 측면뿐 아니라, 근대 이후 지금까지 국가 건설과 결코 분리될 수 없음을 의미한다. '전통'을 대표하는 공자는 근대 중국을 만들어가는 과정에서 필연적으로 동반되는 '장기 지속적 토대'였다.

20세기 내내 교차되면서 나타났던 '공자 존숭尊孔'과 '공자 비판

批孔'의 흐름은 위와 같은 현상을 구체적으로 확인시켜준다. 예컨 대 신해혁명, 오사신문화운동, 문화대혁명('비림비공') 등은 '비 공'의 흐름을 대표적으로 보여준다. 반면, 원세개의 제제운동, 장 개석의 신생활운동, 근자의 개혁개방 정책은 '존공'의 흐름을 수반 하고 있다. 이해를 돕기 위해 이 글의 앞부분에서는 20세기 전반에 걸쳐 지속적으로 나타난 존공과 비공의 흐름을 개략적으로 정리한 다. 이러한 개괄을 시도하는 이유는 이 글에서 자세히 다루려는 국 가권력(남경 국민정부)의 존공 활동 역시 그 가운데에 포함되어 있 기 때문이기도 하다.

아무튼 20세기 내내 공자는 누구도 무시하거나 내버려둘 수 없 는 하나의 장기지속적 토대로서 작용하였다. 때로는 정치 권력의 강화나 국민 통합에 적합하다고 여겨져 존숭되었고, 때로는 변혁 의 당위성을 강조하기 위해 공격하였다. 죽이든 살리든 공자 자체 에 대한 관심과 존경은 점차 사라지고 일정한 목적의식 아래 끊임 없이 활용의 대상이 되었다. 그런데 존공과 비공의 교차가, 또는 활 용된 공자의 의미나 모습이 20세기 내내 같은 형식과 내용으로 반 복되었던 것은 아니다. 공자 활용의 형식과 내용은 각 시기마다 당 시의 주관적, 객관적 조건이 반영되면서 계속해서 변화되었고, 이 에 따라 역사적 맥락도 변하였다. 이 글은 기본적으로 공자 활용의 제반 양상이 어떻게 나타나는지 그 단면을 밝혀보려는 의도에서 출발하였다.

이를 위해 이 글은 20세기 전반 중화민국시기 국가권력에 의한 '공자 활용'의 사례를 고찰한다. 공자 활용의 주체를 민국시기의 국가권력으로 한정해 보면 다음 두 가지를 대표적인 사례로 꼽아 볼 수 있다. 하나는 원세개의 '제제' 시도에 이은 '사공전례'(1914

~1915)의 부활이고, 또 하나는 1934~1936년간 국민당정부가 거행한 '공자탄신기념' 행사이다. 전자는 원세개가 제제 부활에 유리한 여론을 조성하기 위하여 거행하였던 것으로서 대개 '복고적 역류'로 평가되고 있다. (신해혁명으로 중단되었던) 공자 숭배 활동을 부활시킨 논리적 근거는 전통시기 황제지배체제를 지탱하던 지배이념으로서의 공자를 복원해야 한다는 것이었고, 자연스럽게 그 형식도 전통적인 방식을 그대로 따랐다.[1] 그렇다면 후자의 경우에는 어떠했을까? 정치권력에 의한 존공 활동(흐름)이라는 공통점을 갖는 전자와 비교해볼 때, 그 형식과 내용에 어떠한 차이가 있을까? 이에 답하는 것이 이 글의 주된 과제이다.

이에 이 글에서는 1934~36년 걸쳐 거행된 남경 국민정부의 '공자탄신기념' 행사를 상세히 살펴볼 것인데, 특히 이전의 전통적 방식이나 원세개의 '사공전례'와 비교해 그 역사적 차별성(의미)에 주목할 것이다. 이는 결국 20세기 국가권력에 의한 '공자 활용'의 한 가지 사례로서 1930년대 국민당 정부에 의해 '기획된' 공자를 '근대적' 국민국가의 건설(국민 통합), 또는 민족주의라는 역사적 맥락에서 드러내고자 하는 것이다. 또한 일반적으로 인정되는 국민당 지배체제의 문화적 보수성을 좀더 분명하게 한정하여 보다 깊이 있게 평가함으로써 남경 국민정부의 역사적 성격에 대한 이해를 다소 확대할 수 있는 기회가 될 것이다.

구체적으로는 우선 기념행사의 외적인 형식에 대해 고찰한다. 기념행사가 거행된 날짜와 장소, 개최의 주체와 행사의 진행순서 등을 구체적으로 고찰한다. 특히 전통시기의 '석전례'나 당시의 여타 기념행사의 형식과 비교하여 그 특징을 추려낼 것이다. 그런 다음에 공자를 기념하는 내적인 논리를 살펴본다. 당시 공자기념의 의

의를 강조하는 강연이나 논설 등을 분석하여 공자기념 논리의 의
도 내지 성격, 여기서 드러나는 공자의 이미지 등을 규명해 볼 것이
다.


## 20세기 중국의 공자 활용 : '존공'과 '비공'의 교차


19세기 중반 아편전쟁을 계기로 서구제국주의 열강의 침입이 시
작되었고 중국에는 존망의 갈림길에서 위기의식이 고조되었다. 이
에 중국의 민족주의 세력은 근대의 문제를 해결하고자 분투하였는
데, 20세기 중국의 격변은 '강한 중국으로의 복귀'를 위한 몸부림
이었다. 이 과정에서 '전통문화를 어떻게 처리할 것인가'가 문제되
지 않을 수 없었고, 비공과 존공의 흐름이 같은 시간과 공간 안에
공존하면서 교차되었다.

비공과 존공의 흐름에서 볼 때, 20세기는 비공의 흐름으로 시작
되었다. 20세기 초반 청조를 멸망시키고 전통적인 황제 지배체제
를 종식시킨 신해혁명(1911년)은 공자에게도 심대한 충격을 가했
다. 이는 정권의 숨통이 끊어지는 순간까지 공자를 움켜쥐고 있었
던 청조의 마지막 몸부림에 대한 반작용이기도 했다. 청조 광서제
光緖帝는 헌법대강憲法大綱을 기초하던 헌법편사관憲法編査館에 "열방
列邦의 법규를 채용하되 본국의 예교를 반드시 지켜야 한다"[2]라고
지시하였다. 새로운 헌법을 기초함에 있어서도 중국의 예교 즉 공
자를, '열방' 즉 서구의 법규가 좋은지 나쁜지, 채용할지 하지 않을
지를 판단하는 기준으로 삼게 했던 것이다. 이처럼 전통적인 지배
체제가 종식되는 마지막 순간까지 공자를 자신의 지배체제를 옹호

하는 이데올로기로 삼으려 했으니, 근대 중국의 정치 변혁이 진행되는 과정에서 공자 자체가 타격의 대상이 되지 않을 수 없었던 것이다.

이윽고 1911년 10월 10일 무창봉기武昌蜂起가 일어나고 1912년 원단 손문을 임시대총통으로 중화민국 임시정부가 남경에 수립되었다. 3월 11일에는 참의원에서 중화민국임시약법中華民國臨時約法을 공포하였다. 이미 북경의 원세개에게 대총통 자리를 내어주기로 되어 있었으므로 원세개의 독주를 견제하기 위한 의도도 있었지만, 아무튼 임시약법은 서구식 자유민주주의의 이념을 충실하게 담았다. 즉 다음 조항에서 보듯이 민주, 평등, 자유의 이념을 분명히 천명하였던 것이다.

제2조 중화민국의 주권은 국민 전체에 속한다.
제5조 중화민국의 인민은 종족, 계급, 종교의 구별에 관계없이 일률적으로 평등하다.
제6조 인민은 다음 항목의 자유권을 향유할 수 있다: 신체, 거주, 재산권, 언론, 집회결사, 사생활 비밀, 이전, 신앙.

물론 헌법을 통해 자유민주주의 원칙을 천명했다고 해서 당장 중국 사회가 그렇게 되는 것은 아니었다. 더욱이 신해혁명의 과실은 구세력을 대표하는 원세개의 손아귀에 떨어졌고 사회구조에는 아무런 변화가 없었다. 그러나 2천 년 이상 공자와 유교 이념이 차지하고 있던 '독존獨尊'의 지위에 충격을 가하기에는 충분했다. 공자와 유교를 대신할 수 있는 대안이 제시됨에 따라 공자 및 유교의 지위가 상대화되기에 이르렀던 것이다.

신해혁명이 공자에 가한 타격은 교육 분야에서 더욱 분명히 나타난다. 교육은 전통시기 공자와 유교 이념이 지배 이념으로서의 지위를 유지하는 데에 기본 바탕이 되어왔다. 전통적인 학교 교육에서 가르치는 것은 유교 경전이었으며 이를 학습한 자들이 과거시험을 통해 정부 관료가 되었고 지배층을 구성하였다. 학교 교육과 관리 등용이 결합된 메커니즘을 통해 유교 이념이 지배이데올로기로서의 지위를 굳건히 유지하였다. 그런데 변화는 19세기 중반 이후 근대 학교 교육의 발전과 함께 이미 시작되었다. 서양인 선교사와 청조의 신정新政으로 다수의 신식 학교가 설립되었는데, 여기서 배우는 과목은 새로운 자연과학과 전문 기술이 중요 부분을 차지하게 되었고 유교 경전은 여러 과목 중에 하나로 전락하였다. 따라서 학교 교육에서도 유교 이념은 상대적인 것이 되었던 것이다.

신해혁명으로 청조가 멸망하고 새로이 임시정부가 수립되자 교육 분야에서의 변화는 한 단계 업그레이드되었다. 1912년 2월 교육총장 채원배蔡元培는 새로운 교육 법령을 논의하는 과정에서 「신교육에 대한 의견」이라는 글을 통해 충군과 존공의 교육 목표를 버리고 임시약법의 취지에 부합하는 새로운 '공민교육'의 필요성을 역설하였다. 1912년 7~8월 사이에 열린 전국임시교육회의에서는 채원배의 의견을 수용하여 민국교육종지民國敎育宗旨를 전국에 공포하였다. 동시에 채원배는 "학교에서 공자를 숭배해서는 안 된다"는 의견을 냈고 격렬한 토론 끝에 학교 관리 규정에서 공자 숭배와 관련된 조항을 삭제하기로 결정하였다. 10월에는 대학령大學令을 공포하여 대학 학과를 개편하면서 유교 경전을 다루는 경과經科를 문과에 편입시켜 독경과목을 축소시켰다. 이런 결정의 영향으로 당시 수많은 문묘(공자 사당)가 학교(대개가 성립 또는 현립 중학교)로 개조되었고, 주로 제전祭田이었던 문묘 운영을 위한 재산廟産도 학교 경비로 전용되었다. 이처럼 공자와 유학은 2천 년 넘게 학교 교육에서 차지하고 있던 독점적이고 특수한 지위를 상실하기 시작하였다.

이상에서 단적으로 보듯이, 신해혁명에 이은 임시약법의 공포와 교육 분야에서 취해진 개혁 조치는 전통시기 공자가 가지고 있던 지위에 충격을 가하는 것이었고, 이제 공자는 '독존'의 자리에서 내려와 진한 이전 제자백가가 자웅을 겨루던 시기와 마찬가지로 자신의 능력에 의지하여 새롭게 자기를 알아주는 사람을 찾아내야 하는 고행 길로 들어서게 되었다.

그러나 신해혁명 직후의 중국인에게 민주, 자유, 평등의 이념은 매우 낯선 것이었고 이를 실현시킬 만한 사회 · 경제적 기반도 거의 축적되지 못한 상황이었다. 이런 상황에서 1912년 3월 임시대총통에 취임한 원세개는 의회를 해산하는 등 대총통의 권한을 강화하더니, 1915년 황제제도帝制를 회복하기로 결정하고 1916년을 홍헌洪憲 원년으로 선포하였다. 하지만 신해혁명과 공화제를 대표하는 임시약법을 지킨다는 뜻의 호법운동護法運動이 전국 각지에서 불같이 일어나자 원세개는 어쩔 수 없이 1916년 3월 황제제도를 취소하였고, 곧이어 6월에 사망하였다. 워낙에 문화적으로 보수적이었던 원세개가 신해혁명을 뒤엎는 황제제도를 추진했으니 그에 유리한 여론을 조성하기 위해서라도 신해혁명의 비공 흐름을 거스르는 일련의 존공 활동을 전개했던 것은 자연스런 일이었다. 1913년 6월에 학교의 공자 제사를 복구하라는 명령을 내렸고, 1914년 9월에는 제공령祭孔令을 반포하고 9월 28일 중추 상정일仲秋 上丁日에는 원세개가 몸소 예스러운 제복을 입고 문무백관을 이끌고 북경의 공묘

(국자감)에 나아가 '삼배구고三拜九叩'의 대례를 행하였다. 1916년 1월에는 교육부가 각종 법령을 통해 소학과 중학, 사범학교에 독경 과정을 증설하는 조치를 취하기도 하였다. 신해혁명의 비공 흐름에 역행하여 원세개에 의한 존공 흐름이 분명히 나타났다.

원세개 등에 의한 존공 복고의 흐름은 곧 바로 반발에 직면하게 되었는데, 그 선두에는 이른바 오사신문화운동을 주도한 신지식인들이 있었다. 진독수陳獨秀, 이대조李大釗, 호적胡適, 노신 등을 비롯한 신문화운동의 주역들은 공자로 대표되는 전통적 예교문화를, 중국을 위기로 몰아넣은 악의 근원으로 여기고 구문화에 대해 전면 비판을 가하면서 중국이 살아남기 위해서는 서구의 민주와 과학에 바탕을 둔 신문화를 건설해야 한다고 주장하였다. 이는 중국 역사상 최초의 전통문화에 대한 전면 부정이었다는 점에서 큰 의미를 갖는다. 이러한 신문화운동은 공화정체를 뒤엎고 황제제도를 회복復辟하려는 움직임을 강력하게 비판하면서 시작되었고, 자연스럽게 '복벽復辟'에 연계된 존공 활동에 반대하는 비공의 흐름으로 이어졌다. 신문화운동의 본거지였던 『신청년新青年』과 『매주평론每週評論』에 실린 많은 글들이 이를 말해준다.[3]

하지만 당시 근대 교육을 받은 모든 지식인들이 전통문화에 대한 전면 부정에 동조한 것은 아니었다. 1915~1923년에 걸친 이른바 동서문화논쟁의 와중에서 두아천杜亞泉, 장행엄章行嚴, 진가이陳嘉異, 양수명梁漱溟, 양계초梁啓超 등은 물질문명은 서구가 우수하지만 정신문명은 동방 즉 중국이 최고라는 견지에서 공자와 유학으로 대표되는 '고유 문명으로 중국을 구제하고 나아가 유럽을 초월하여 세계를 구제하자'고 주장하였다. 신문화운동의 거센 비공의 흐름 중에도 존공의 흐름이 공존하였던 것이다.

존공과 비공의 공존과 관련, '자견남자안子見南子案'이라 불리는 곡부 지방에서 발생한 작은 소동이 비공과 존공의 대립 양상을 단적으로 잘 보여주고 있어 흥미롭다. 사건의 개요는 다음과 같다.

1928년 곡부제이사범학교의 학생들이 10월 10일 국경절을 맞이해 '자견남자子見南子'라는 연극을 공연한다. 그런데, 이 연극은 공자를 조롱하는 내용을 담고 있었다.[4] 공씨 가문 사람들이 이에 분개하여 당시 교육 행정을 담당하던 대학원大學院에 제이사범의 교장을 파면할 것을 요구한다. 하지만 대학원장 채원배는 이를 차일피일 미룬다. 이런 상황에서 1929년 봄 국민당 중앙집행위원 장계張繼가 공묘 참배 차 곡부에 오자, 공부(孔府, 곡부의 공자묘를 관리하는 기관)의 책임자가 장계에게 이 일을 하소연하였고 장계는 남경으로 돌아가 채원배에게 이 일의 조속한 처리를 강력히 요구하였다. 그 결과 제이사범의 교장이 교체된다. 교장이 교체되자 전임 교장이 진보적이었다고 생각하는 제이사범의 학생들이 교장의 교체에 반대하며 교장실을 점거하였다. 점거 사태가 진정될 즈음, 다시 국경절이 다가왔고 학생들은 '자견남자' 공연을 다시 준비하였다. 이런 소문이 퍼지자, 이번에는 곡부 인근의 농민 수천 명이 칼과 창을 들고 학생들을 죽이겠다고 성내로 떼를 지어 진격하는 사태가 벌어졌다. 이에 질겁한 학생들은 모두 피신하고, 현장과 공안국장이 공부孔府의 책임자로 하여금 농민들을 설득하게 하여 사태가 겨우 진정되었다.[5]

위의 개요에서 보듯이, 곡부 제이사범의 학생과 공씨 가문 및 인근 농민, 채원배와 장계 사이에 정치적 성향에 따라 비공과 존공을 둘러싼 대립이 극명하게 드러난다. 개혁적 비공과 보수적 존공의 대립이라는 상황은 비단 위의 사안에만 해당되었던 것은 아니고 당시 중국 사회의 전반적인 분위기였던 것으로 보인다.

국가권력의 차원에서 보면 원세개 사후의 북경정부시기에는 비록 정치적으로는 보수적이었음에도 공자나 전통문화를 선양하는 구체적인 활동을 펼칠 여유가 없었다. 1927년 남경에 국민정부가 수립되고 1928년 북벌이 완성된 직후 공자나 전통문화에 대한 국민당정부의 입장은 애매하고 유보적인 것이었다.[6] 그런데 1934년 이후에는 정부 정책에 문화적 보수성이 명확해진다. 1934년 2월 '예의염치禮義廉恥'를 슬로건으로 유교도덕을 고취하는 신생활운동이 장개석 주도로 본격화되었고 이어 존공의 구호도 고조되었는데, 8월 27일을 기해 거행되었던 일련의 '공자탄신기념' 행사가 대표적이다. 이런 행사는 1937년 중일전쟁의 발발로 어쩔 수 없이 중단될 때까지 계속되었다. 당시는 전체적으로 존공이 국민당정부의 주된 흐름이었다고 볼 수 있겠다. 이에 대해서는 뒤에서 상세히 다룰 것이다.

중일전쟁과 국공내전에 이어 1949년 10월 1일 중국공산당을 중심으로 중화인민공화국이 수립되었다. 하지만 중국은 건국 후 1989년 제2차 천안문사건에 이르기까지 정치적 격동을 거듭했다. 1960년대 중반부터 1976년에 이르기까지 약 10년에 걸쳐 일어난 문화대혁명(문혁)은 정치적 격동의 첫번째 매듭이었다. 문혁은 봉건주의와 자본주의에 반대하고 사회주의를 완성한다는 기치를 내세웠기 때문에 봉건주의를 대표하는 전통문화나 공자는 자연스럽게 파괴와 비판의 대상이 되었다. 특히 문혁을 주도했던 사인방이 1971년부터 이른바 '비림비공운동'[7]을 일으키면서 공자에 대한 격렬한 비판이 전개되었다. 이는 국가권력에 의한 최초의 전면적 전통 및 공자 부정의 사례로서 의미가 크다. 아무튼 문혁은 당시 비공의 흐름을 극명하게 보여준다.

1976년 9월 모택동이 사망하고 10월 사인방이 체포되면서 문혁은 실질적으로 끝이 났다. 우여곡절을 거쳐 1978년 12월 중국공산당 제11기 3중전회를 기점으로 등소평의 '개혁개방시대'가 시작되었다. 개혁개방은 일정 정도 문혁에 대한 반작용이라는 성격을 포함하였고, 문혁 이후 자연스럽게 여러 해에 걸쳐 공자 재평가와 관련된 연구와 토론이 진행되었다. '공자 재평가'의 문제에서 국내외 다수 학자들이 대체로 일치된 하나의 인식에 도달했는데, 말하자면 역사인물로서의 공자는 비록 이런 저런 결점과 한계를 가지고 있음에도 한 사람의 위대한 사상가, 교육가, 정치가, 철학가, 역사가로서 손색이 없다는 것이었다. 크게 보아 '공자에게 본래의 모습을 돌려주자還孔子本來面目'는 맥락이라고 할 수 있다.

이 밖에도 여러 방면에서 문혁 당시 '공자 죽이기' 열풍에 의해 매장되었던 공자가 다시 살아나고 있는 현상이 나타났다. 예컨대, 중국 광동성 광주에 있는 오일五一초등학교 5학년 1반 어문語文 교사 진민陳敏이 "공자가 말씀하시기를 배우고 때로 익히면 또한 즐겁지 아니한가子曰 學而時習之 不亦說乎"를 선창하자 학생들이 일제히 큰소리로 따라 읽는다. 극히 일부이기는 하지만 독경 수업이 부활되었다. 또한 공자의 동상이 2001년 9월 (주로 공무원을 양성하던) 북경의 명문대학인 인민대학에 우뚝 섰다. 중국 주석 강택민江澤民은 중국은 넓고 인구도 많아 '덕으로써 나라를 다스려야 한다以德治國'며 덕치를 표방하였고, 2001년 8월 산동성 제남에서는 '전통문화와 이덕치국 국제학술토론회'가 대대적으로 개최되기도 했다. 곡부의 공묘가 복원되었고 민간 차원이기는 하지만 공자탄신을 기념하여 '제공대전祭孔大典'이 거행되기도 하였다. 물론 국가 차원에서 본격적으로 공자 숭배를 복원하려는 것은 아니지만 문혁 때의 상황과 비교해본다면 분명 존공의 흐름으로 전환되었다고 할 수 있다.

이상에서 20세기 내내 '존공'과 '비공'의 흐름이 교차되어 나타나고 있음을 살펴보았다. 서두에서도 밝혔듯이 이는 민족적 또는 국가적 위기에 처한 중국이 새로운 근대적 국민국가의 건설을 통해 강한 중국으로 회복하고자 노력하는 과정에서 나타난 현상이었다. 그 과정에서 공자 자체는 이제 더이상 마음에서 우러나는 존경의 대상도 관심의 대상도 아니었고, 또한 전통시기와 같은 정치·사회적 독존(독점적 지배 이념)의 지위도 잃었다. 공자는 이제 각기 다른 목적을 위한 활용의 대상이었다. 그러나 공자는 20세기 내내 누구도 무시하고 내버려둘 수는 없는 하나의 장기지속적 토대로서 작용하였다. 때로는 정치·사회의 안정이나 국민 통합에 적합하다고 여겨져 존숭되었고 때로는 변혁의 당위성을 강조하기 위한 공격의 대상이 되었다. 죽이든 살리든 공자는 끊임없이 활용되었고 누구도 그렇게 하지 않을 수 없었다. 이는 아무래도 공자가 중국 사람들에게 가장 익숙한 존재로서 중국인 및 중국 사회와 여전히 불가분의 관계에 있었기 때문인지도 모른다.

하지만 20세기 동안 활용된 공자의 의미나 모습이 같은 내용으로 반복되었던 것은 아니다. '이리저리 치이면서' 그 활용의 형식과 내용이 계속해서 변화되었고 그에 따른 공자의 이미지도 변질되었다. 공자 활용의 역사적 의미도 변하였다. 아래에서는 남경 국민정부 시기의 존공 활동을 통해 그 변화의 한 단면을 밝혀보고자 한다.

# 공자탄신기념 행사의 형식: '사공전례祀孔典禮'에서 '기념대회'로

아래에서는 1934~36년에 걸쳐 거행된 '공자탄신기념' 행사를 전통 시기의 사공전례祀孔典禮와 비교하면서 그 형식상의 특징을 고찰해 보고자 한다.

## 공자탄신기념의 날짜, 장소 및 주체

우선 공자기념행사를 '며칠'에 거행했는지, 즉 기념 날짜의 문제를 살펴보자. 전통적인 석전례釋奠禮[8]는 매년 두 차례, 즉 '중춘추 상정일仲春秋 上丁日'에 열렸다. 중춘仲春은 음력으로 봄의 중간 달, 즉 음력 2월을 의미한다. 중추仲秋는 음력으로 가을의 중간 달, 즉 음력 8월을 뜻한다. '상정上丁'은 매일을 육십갑자로 따질 때 정미 丁未처럼 십간의 '정'이 들어가는 첫째 날이다. 따라서 석전례는 음력 2월과 8월 상순 '정'이 들어가는 첫째 날에 열렸던 것이다. 석전의례를 정일에 하는 것은 『서경書經』에 주공이 주나라의 새 수도를 낙읍으로 정하고 정사일丁巳日에 교제사郊祭祀를 올렸던 것처럼 정일이 하늘을 섬기기에 적당한 날이라는 설에 따라 고대로부터 전해져온 전통이다.[9] 원세개가 사공전례祀孔典禮를 거행했던 1915년의 3월 17일과 9월 13일을 음력으로 따지면 각각 2월 2일과 8월 5일이다. 이를 육십갑자로 따지면 모두 정미일丁未日에 해당된다. 따라서 원세개는 전통적인 석전례처럼 음력 2월과 8월 상정일에 공자에 제사 지냈던 것이다. 이는 역대의 옛 전례에 따라 사공祀孔을 치른다는 방침에 부합하는 것이었다.

그런데 국민당은 전통적인 '춘추정제'를 외면하고 양력 8월 27

일을 공자탄신기념일로 채택했다. 8월 27일이라는 날짜는 『춘추곡량전春秋穀梁傳』의 관련 기록에서 연유한다.[10] 그러나, 이는 말할 것도 없이 음력 8월 27일이었다. 그럼에도 국민당 중앙집행위원회 상무회의는 양력 8월 27일을 기념일로 결의하였다. 당시 중국은 이미 양력을 공식 채용하고 있었고, 국민당은 이른바 '폐력(廢曆, 음력)'의 사용을 불허하고 '국력(國曆, 양력 )'의 사용을 법적으로 강제하려는 입장을 취하고 있던 터였다. 매년 양력을 음력으로 환산해야 하는 번거로움을 피해 편리한 습관을 취한다는 입장과 굳이 구례舊例를 따를 필요 없이 '8월 27일'이 갖고 있는 최소한의 상징성만 취하면 된다는 실용적 관점을 엿볼 수 있다. 양력 사용이라는 근대적 변화에 부응하는 형식상의 변화로 볼 수도 있다. 공자를 존숭 또는 기념하는 날짜와 관련해 명백한 단절성이 보인다.

두번째는 '어디'에서 행사가 거행되었는가의 문제이다. 노나라 애공이 공묘를 세운 이후 한대 영평 2년(59년)까지는 모든 사공祀孔이 곡부의 공묘에서 거행되었다. 이후에는 태학太學 및 군현학郡縣學에서도 주공周公과 공자에게 제사를 지내기 시작했는데, 이로부터 공자 제사는 전국적인 중요 활동이 되었고 중앙정부 소재지 및 각 지방의 주요 공묘 또는 문묘에서 사공전례가 거행되었다.

남경정부 시기의 '공탄孔誕' 행사도 상당수가 공묘나 문묘에서 거행되었다는 점에서 일정한 연속성을 갖지만, 지방정부나 지방당부의 강당에서 개최되는 경우도 많았는데 이는 전에 없던 새로운 현상이다. 1934년 당시 행사가 거행된 장소를 신문 자료를 통해 검색해본 결과, 당정 기관의 대강당에서 개최한 경우가 문묘에서 개최한 경우보다 많았다. 중앙 차원의 행사는 공자의 고향인 곡부와 수도인 남경에서 개최되었는데, 곡부에서는 전통적인 공묘에서 열렸고, 남경에서는 새롭게 중앙당부의 대강당에서 열렸다. 지방을 살펴보면 문묘에서 기념대회가 열린 경우가 7곳이었고, 대강당에서 개최된 경우가 10곳이었다.

게다가 문묘도 전통시기와 같은 성격의 것으로 볼 수는 없다. 예컨대 상해의 문묘는 이미 그 명칭부터 민중교육관으로 바뀌었고 핵심 건물인 대성전은 제기진열소祀孔彝器陳列所로 바뀌어 전람 장소로 변모되었다. 존경각은 도서관으로 활용되었으며, 기타 건물들도 사회교육을 위한 각종 사무실과 전시실 등으로 탈바꿈되었다. 또 공원이 조성되어 시민들에게 개방되었고, 심지어 민중교육관 건너편에는 동물원이 조성되었다. 문묘는 사회교육과 오락, 그리고 공원의 기능을 겸비하고 심지어 동물 구경까지 가능한 종합문화센터로 재활용되었던 것이다. 과거 엄숙하기 그지없던 석전례가 성대하게 치러지던 '성지'로서의 면모는 더이상 찾아볼 수 없다.

문묘 자체의 성격이 크게 변모한 것도 그렇거니와, 더 많은 수의 기념행사가 문묘가 아닌 당부의 강당에서 열린 것은 일정한 변화를 암시한다. 문묘는 성현의 위패를 모셔두는 사당임과 동시에 교육기관으로서의 역할도 수행하였고 이런 교육은 과거제도와 결합되어 지배층을 충원하는 원천이었다. 그 과정에서 교육된 유교 이념은 통치 이념으로서 절대적 권위를 가졌고 문묘에서의 사공전례는 공자가 가진 '독존'의 지위를 확인하는 의례였다. 그런데 상당수의 존공 행사가 문묘에서 강당으로 옮겨졌다. 강당에서는 총리 탄신기념일, 중화민국성립기념일, 국경기념일 등과 같은 각종 기념일을 경축하는 행사도 열렸다. 말하자면 '근대적' 국경일 경축행사의 취지가 대개 국민적 일체감의 고취에 있듯이, '공탄' 기념행사도 한 역사인물에 대한 기념 활동을 통해 공동체 내부의 통합력을 확보하려는 차원으로 전화되었음을 가정해볼 수 있는 것이다.

다음은 '누가' 주관하였는가의 문제이다. 전통적인 사공전례의 경우, 황제나 황태자가 직접 석전을 주제할 때도 있었으나, 대개는 고위 관료를 파견하여 집사하게 하였다. 한대 건무 5년(서기 29년)에 대사공 송굉朱宏을 곡부 궐리闕里에 파견하여 공자에 제사하게 한 것이 그 시초였다. 파견된 관원의 지위는 시대마다 차이를 보이지만, 명대만 보아도 승상과 한림학사, 국자제주國子祭酒가 전례를 주제하였다. 각지 주현의 학교에서는 그 지방의 수령이 주제를 맡았다. 국가 중대사로서 당연히 고위 관료들이 소임을 맡았던 것이다. 남경정부 시기의 '공탄' 행사도 예외 없이 당정의 고위 인사들이 기념행사의 주석을 맡고 있다. 1934~36년간 신문 자료를 통해 그 개최 상황을 알 수 있는 44건의 행사 중에 중앙과 지방의 당정 고위 인사가 행사의 주석을 맡지 않은 경우는 한 건도 없었다.

다만 행사 주체의 문제와 관련해서는 일반 대중에게 행사가 적극 개방되었다는 점이 주목된다. 곡부에서의 행사만 보아도 거리마다 온갖 깃발과 현수막이 나부끼고, 십수 년 만의 행사에 집집마다 사람들이 모두 몰려나와 공묘 주변이 수만의 구경꾼으로 성황을 이루었다고 한다. 뿐만 아니라 행사장인 대성전 앞뜰의 좌측에는 전국에서 내방한 각계 인사 및 공씨 일가붙이, 곡부 지역의 학생과 일반인 등 5천 명 이상이 자리를 함께 했다. 이로 인한 번잡함 때문인지 1935년에는 제전에 직접 참여하지 않는 인원은 공묘 안으로 들어오지 못하게 하는 조치를 취하기도 했는데, 그럼에도 제례가 끝난 후에는 참관을 개방하였다. 이런 사정은 지역 행사의 경우에도 마찬가지였다. 1936년 부자묘(夫子廟, 문묘)에서 열린 남경시 당국 주관의 기념행사에서는 시장 마초준馬超俊이 일반인에게 기념행사를 자유롭게 참관하도록 하고 부자묘도 자유롭게 둘러볼 수 있게 하라는 지시를 내리고 있다. 북평시의 경우에도 당정 기관, 각계 대표, 학교의 교사와 학생 등 2천 명이 넘게 참석하였고, 상해에서도 최소 1천 명이 참석해 성황을 이루었다. 변방인 귀화歸化라는 곳에서조차 행사장에만 9백 명이 넘게 참석했다고 한다.

이처럼 일반에 행사를 개방하였던 것은 기념행사의 목적이 일반 대중에게 공자를 적극 선전해 국민적 정체성을 확보하고 국민 통합을 제고하려는 데에 있었다는 점에서 당연한 일이었다. 그렇기 때문에 공자탄신일을 공휴일로 지정하고 깃발을 내걸어 경축하게 하고 당정군경 각 기관, 각 학교, 각 단체에 각기 기념 집회를 갖도록 하는 조치를 취했던 것이다. 실제로 주요 지역에서 업무와 학업을 하루 쉬었으며, 거리는 온통 당국 및 상인들이 내건 깃발과 현수막, 등롱燈籠들로 축제 분위기를 자아냈다고 한다. 또 그렇기 때문에 모든 행사에서 공자의 일생과 학설, 손문 사상과의 관계 등을 역설하는 치사와 강연이 이어졌다. 아무튼 지배계층인 사대부들만의 행사로서 일반 백성 또는 잡인의 접근이 엄금되었던 전통시기 '신성한' 석전례와는 사정이 완전히 달랐다.

### '공자탄신기념' 행사의 진행순서

'공탄' 행사의 날짜, 장소, 참여 범위보다 더 두드러지고 의미 있는 형식상의 변화는 행사의 진행 절차에서 일어났다. 석전례의 경우는 그 절차가 때와 장소에 따라 끊임없이 변화해왔기 때문에 하나로 일반화하기가 어렵지만, 비교 대상으로서 절차상의 특성만을 간추려본다는 취지에서 간략하게 스케치해보면 다음과 같다.

석전의 절차는 제계齋戒 즉 산제散齋와 치제致齋로부터 시작된다.

대개 행사를 갖기 3~5일 전부터 황제와 제관 모두 몸과 마음을 정결히 해야 했다. 이는 말할 것도 없이 '부정을 타지 않게' 하려는 뜻을 내포하고 있다. 제사 직전에는 습의習儀와 진설陳設의 절차를 행하였다. 습의는 석전 봉행의 예행연습이고, 진설은 습의를 마친 후 제기와 제수 등으로 제단을 꾸미는 일이다. 진설 또한 엄격한 절차에 따라 행해졌음은 물론이다. 제물로 사용된 희생은 그 종류와 수량이 시대마다 다른데 대개 소, 양, 돼지, 사슴, 토끼 등이 사용되었다.

석전례는 우선 악무생樂舞生, 집사관執事官, 배제관陪祭官, 분헌관分獻官 등이 자리를 잡고就立 나서, 대략 영신迎神, 전백奠帛, 초헌初獻, 독축讀祝, 아헌亞獻, 종헌終獻, 철찬徹饌, 송신送神 등의 의례를 행하였다. 영신은 말 그대로 신명神明을 맞이하는 절차로서 신위 앞에 절을 올린 뒤 향을 피우고 제자리로 돌아온다. 폐백幣帛을 올리는 전백의 예를 갖춘 뒤에 초헌이라 하여 신위에 첫 잔을 올리고 축문을 낭독하였다(독축). 이어 아헌, 종헌이라 하여 두 차례 더 잔을 올린다. 이런 절차를 마친 뒤에는 음복을 하고 제물을 거두고(수조受胙) 제기를 수습하는 철찬의 절차를 행하였다. 마지막으로 축문과 폐백을 불사르는 송신의 절차를 마치면 석전례는 끝난다. 각 절차 사이에 악장樂章, 일무佾舞라 하여 음악과 춤이 곁들여졌고, 절차마다 제관은 관세위盥洗位로 나아가 손과 잔을 씻었으며, 엎드려 크게 절하는 궤배례跪拜禮를 행하였다. 이상과 같이 석전례는 전통적인 제사 의식이 으레 그렇듯이 신비적인 요소들로 가득하다. 예컨대 재계나 희생 제물, 영신이나 송신과 같은 절차 등에서 그런 점을 엿볼 수 있다.

하지만 1934년 8월 27일에 거행된 '공탄' 행사는 그 행사 진행의 절차에서 사뭇 다른 모습을 보여준다. 곡부의 공묘 대성전에서 거행된 전례는 아침 7시 주악에 맞추어 주제 및 배제 인원이 일률적으로 자주색 마고자를 입고 입장하면서 시작되었다. 각계 인사 및 학생 5천여 명이 지켜보고 있는 가운데, 국민정부 대표를 비롯한 내외빈이 여섯 줄로 늘어서 자리를 잡았다. 이어 국가가 제창되고, 주제관인 정부 대표 섭초창葉楚傖이 헌화하고, 중앙전례국의 과장인 시조음柴祖蔭이 축문을 읽고, 허리를 굽혀 3번 인사하는 삼국궁례를 행하고, 고악古樂을 연주하면서 또 다시 한 차례의 국궁례를 행함으로써 모든 순서를 마쳤다. 기념 촬영을 포함해 단지 20분 만에 모든 순서가 끝났다.

남경에서는 같은 날 아침 8시 국민당 중앙당부와 국민정부가 합동으로 중앙당부 대강당에서 기념대회를 개최하였다. ① 전체 기립, ② 주악, ③ 당가 제창, ④ 총리 유상遺像 및 공자 유상에 대한 삼국궁례, ⑤ 3분간 묵념, ⑥ 주석 왕정위의 공자 기념 의의에 대한 보고, ⑦ 대계도戴季陶의 강연, ⑧ 주악, ⑨ 폐회 등의 순서로 기념대회가 진행되었다. 신문 자료를 통해 기념행사의 상세한 사정을 파악할 수 있는 남경, 상해, 북평 등의 지역 단위 기념행사를 보아도 같은 순서에 따라 대회가 진행되었음을 확인할 수 있다.

이런 진행 순서는 사실 1934년 6월 국민당 중앙이 마련한 '선사공자탄신기념판법先師孔子誕辰紀念辦法'을 따른 것이다. 여기에 규정되어 있는 진행 순서는 ① 전체 기립, ② 주악, ③ 당가 제창, ④ 당기, 국기, 총리 유상, 공자 유상에 대한 삼국궁례, ⑤ 주석의 총리 유촉遺囑 낭독, ⑥ 주석의 공자기념 의의에 대한 보고, ⑦ 강연, ⑧ 공자기념가 제창, ⑨ 주악, ⑩ 폐회禮成로 구성되어 있다. 위의 기념판법과 실제 진행된 순서를 비교해보면, 총리 유촉 낭독과 공자기념

가 제창이 빠지고 '3분간 묵념'이 추가되었음을 알 수 있다. 공자
기념가가 빠진 이유는 간단하다. 미처 기념가를 만들지 못해 일단
기념가 없이 기념행사를 치르기로 했던 것이다. 공자기념가는
1934년 10월 18일에야 반포되었고, 1935년 행사부터는 순서에 포
함되었다. 그런데 규정에 없는 묵념 순서가 실제 행사에 삽입된 경
위는 '공탄' 행사가 형식적인 측면에서 어떤 맥락을 갖는가를 단적
으로 보여준다. 같은 해 11월 12일에는 당정 합동으로 '손문의 탄
신을 기념하는 집회'가 같은 장소인 중앙당부 대강당에서 거행되
었다. 그 진행 순서를 보면 ① 전체 기립, ② 주악, ③ 당가 제창, ④
당기, 국기 및 총리 유상에 삼국궁례, ⑤ 총리 유촉 낭독, ⑥ 3분간
묵념, ⑦ 보고, ⑧ 주악, ⑨ 폐회가 이어졌다. 심지어 대학을 포함한
각급 학교에서 '당치교육黨治敎育'의 일환으로 매주 한 차례씩 열렸
던 주례회週禮會도 당가 제창, 국기와 당기 및 손문 유상에 대한 삼
국궁례, 총리 유촉 낭독, 묵념 등의 순서에 따라 진행되었다. 당시
거의 모든 기념행사나 집회가 위와 같은 거의 일정한 순서에 따라
진행되었던 것이다. '공탄' 행사도 마찬가지였다. 규정에도 없는
묵념이 삽입된 것은 바로 수많은 기념행사나 집회에서 일반적으로
해왔던 순서이기에 관성적으로 그렇게 되었던 것이다.

  말하자면 공자이기 때문에 복고적으로 어떤 특별한 형식을 따로
취한 것이 아니라, 국민당이 매년 치르던 수많은 각종 기념행사의
연장선에서 일상적인 순서에 따라 진행하였던 것이다. 국민당은
당시 해마다 18~19차례나 되는 각종 기념행사들을 개최했는데,
형식적인 측면에서 볼 때 '공자탄신기념'은 단지 여기에 하나의 기
념행사를 추가한 것일 뿐이다. 이런 과정에서 자연스럽게 기념대
회의 구체적인 진행도 일반적인 순서를 따르게 되었다. 다시 말해

서, 공자가 전통적으로 존숭되었던 인물이기 때문에 또는 국민당 정부의 문화적 보수성이 반영되어서 그에 따라 특별히 '복고적'인 형식으로 행사를 치른다는 생각은 애초부터 전혀 없었고, 기존의 여러 기념행사와 같은 맥락에서 '현대 서구식'의 기념행사와 같은 형식을 취하게 되었던 것이다.

이 밖에도 신비적인 요소를 다분히 내포하고 있는 전통적인 석전례와는 여러 측면에서 확연히 구분되는 형식을 취하였다. 첫째, 소, 양, 돼지 등의 희생 제물을 사용하고 잔을 올리는 대신에 헌화하는 형식으로 바뀌었다. 이 밖에 제단은 정중앙에 총리 유상을 걸고 좌우에 당기와 국기를 게양하고 총리 유상 앞쪽에 공자 유상을 배치하였다. 또한 입구에서부터 단상 주위에 이르기까지 행사와 행사의 의미를 알리는 현수막들이 걸렸다. 각종 제기와 제수 음식으로 제단이 채워졌던 전통적인 석전례와 완전히 다른 분위기였다. 둘째, 절하는 것도 석전례에서는 엎드려 4번 절하는 사궤배가 순서마다 반복되었던 것에서 허리를 굽혀 3번 절하는 삼국궁례 한 차례로 바뀌었다. 셋째, 제관들도 전통적인 제복을 벗고 단지 자주색 또는 청색 마고자長袍馬褂로 고쳐 입었고, 재계 절차도 치르지 않았다.

이상과 같이 1934~36년에 걸쳐 거행된 '공탄' 행사를 형식 측면에서 전통적인 석전례와 비교하여 살펴보았다. 이를 통해 국민당정부의 존공을 위한 기념행사는 근대 이전의 그것과 형식적인 측면에서 완전히 달랐음을 확인하였다. 전통적 사공祀孔의 신비적 색채가 완전히 탈색되었고, 총리 탄신이나 정부 수립을 기념하듯이 그렇게 행사를 진행하였다. 다른 기념행사들과 마찬가지로, 국가와 국민당에 대한 충성심 제고(당가, 당기, 국기, 총리 유상 등) 대중에 대한 선전 및 교육 효과(보고, 강연 등)를 중시하였고, 그래서 같은 형식을 취하였다.

근대 이후 국경일 기념행사가 일반적으로 국민적 일체감을 고취하는 데에 그 목적이 있듯이, 형식적 측면에서 볼 때 '공탄' 행사도 공자라는 역사적 또는 문화적 요소를 활용하여 문화적 측면에서 국민적 일체감을 조성하려 하였다고 평가할 수 있다. 1930년대 국민정부를 '근대적' 국민국가를 지향하였던 민족주의 세력의 한 축이었다고 평가하고, '공탄' 행사에도 이런 1930년대의 시대적 흐름이 반영되어 있다고 한다면, 이는 근대적 (문화)민족주의의 발현이라는 근대성이 내포되어 있다고 할 수 있다.

## '공자탄신기념' 의 논리와 민족주의

이제 공자의 '무엇' 을 기념하였고, '왜' 기념하려고 했는가의 문제를 살펴본다. 앞서 언급했듯이 '공탄' 기념대회에서는 공자 탄신을 기념하는 의의에 대한 보고와 강연이 이어졌고 이는 행사에서 큰 비중을 차지했다. 아래에서는 그들(이하에서는 그들을 '논자' 들이라고 표현한다)의 보고 또는 강연의 내용을 통해[11] 공개적으로 제기된 '공자탄신기념' 의 목적과 의의를 살펴보고 거기에서 드러나는 공자의 이미지를 추적해본다.

### '공자탄신기념' 에서 드러나는 공자의 이미지
#### 1) 민족문화 부흥의 상징
각종 보고나 강연에서 가장 흔히 보이는 공자에 대한 평가는 공자가 '중국 고대의 문화와 학술을 집대성하여 중국문화를 완성하고 중화민족정신의 기초를 수립한 위대한 사상가'라는 것이다. 이런 평가는 자연스럽게 공자 탄신을 기념하는 뜻이 민족문화와 중국민족의 부흥에 있다는 논리로 이어진다. '역사가 있어야 민족정신이 고양될 수 있고, 문화가 있어야 민족의 진보가 원만하게 개척될 수 있고, 출중한 역사인물이 있어야 그를 본받아 민족의 영예를 유지할 수 있는데, 공자야말로 이를 모두 충족시켜줄 수 있는 존재'라는 것이다. '공자가 상고문화를 집대성하여 중국문화를 하나의 계통으로 완성시킴으로써', 그 덕분에 '이민족의 침입으로 중국의 정치와 군사가 정복되더라도 중국 문화 및 일체의 학술사상은 정복되지 않았고, 나라가 망해도 중국민족은 멸망하지 않았으며, 그러다가 다시 부흥하면 오히려 정복한 민족이 반대로 정복되는 처지에 놓이게 되었으니', 논자들에게 민족문화와 민족의 부흥은 직결되는 것으로 인식되었다.

또한 민족의 생존과 부흥을 위해서는 우선 '민족의 자신감을 회복해야 하고, 자신감을 회복하기 위해서는 민족 고유의 문화와 정신을 회복해야' 하는데, 이를 위해 공자를 기념할 필요가 있고, 그래서 공자탄신기념일은 '바로 민족문명 부흥의 기념일'이라는 것이다. 말하자면 공자가 존숭될 때에는 민족과 민족문화가 융성했다는 생각이 바탕에 깔려 있는데, 여기서 '민족문화 부흥의 상징'이라는 공자의 이미지를 찾아볼 수 있다.

전체적으로 민족문화를 상징적으로 대표할 수 있는 공자를 기념함으로써 막연해 보이는 민족문화의 실체를 보다 분명하게 드러내고, 문화적 차원에서 민족적 자신감을 북돋워 궁극적으로 국가적 통합성을 높일 수 있다는 맥락이다. 논자들의 입장에서 볼 때, 20세기 서양의 각종 사조와 문화가 범람하는 가운데 버려지고 간과되었던 전통문화의 가치에 관심을 돌리고, 거기에서 문화적 갈등과 모순을 해결하고 중국이 나아갈 새로운 방향을 모색했던 것은 자연스러운 일이라고 할 수 있다. 민족 고유의 문화에 대한 긍지를 자신감의 바탕으로 삼고 민족문화를 제국주의의 침탈로부터 지키면서 민족의 발전을 추구하려는 지향은 민족주의의 전형적인 모습이다.

이렇게 보면, 논자들의 공자 기념 내지 전통문화의 고취는 강렬한 '문화적 민족주의'의 표현이라고 볼 수 있다. 공자 기념을 통해 민족적으로 또는 국가적으로 문화적 동질성을 확인함으로써 민족의 정체성과 국가적 일체감을 강화하면, 이것이 근대 이후 제기된 구국구망救國救亡의 문제를 해결하고 근대적 국민국가를 수립하는 데에 보탬이 될 수 있다는 것이다. 공자와 전통문화에 대한 관심이 문화적인 차원에서 민족주의와 결합되어 있다. 이런 문화적 민족주의의 발현은 공자 기념의 논리에서 보이는 하나의 특징이다.

### 2) '모던'에 맞게 계승되어야 할 영구적인 가치

이상에서 보았듯이, 근대적 민족주의가 '공자탄신기념'에 표현되어 있다는 점에서, 이는 '공자의 가르침을 입국의 근본으로 여겼던' 원세개의 존공 논리와 달리, 복고적이거나 과거 회귀적인 것이 아니었다. 이러한 복고성의 여부와 관련해서는 논자들이 신해혁명과 신문화운동을 어떻게 인식하였나가 또한 문제되지 않을 수 없다. 앞서도 언급했듯이 신해혁명을 계기로 공자의 권위가 상대화되기 시작했고, 신문화운동에서는 처음으로 전면 부정의 대상이 되었다는 점에서 20세기 중국의 공자와 관련하여 신해혁명과 신문화운동은 중대한 계기였다. 따라서 이런 신해혁명과 신문화운동에서 제기되었던 공자 비판이 어떤 형태로도 반영되지 않고 일방적으로 무시되었다면 당시 정권의 문화적 보수성은 신해년 이전의 시점까지 거슬러 올라가는 것으로 볼 수 있고, 원세개에게서 연상되듯이 근대적 변화가 반영되어 있지 않은 복고적 수구로 판단할 수 있다.

당연히 공자 기념의 의의를 강조하는 논자들의 신문화운동에 대한 입장은 기본적으로 비판적이었다. 그러나 그 비판의 초점은 대개 신문화를 주장한 인사들이 너무 경박하고 성급하게 외래문화에 매혹되어 너무 쉽게 전통문화를 곡해하고 업신여겼다는 점에 맞추어져 있다. 신문화운동이 주장하는 바를 정면으로 부정하기보다는, 신문화운동이 공자의 부정적인 측면만을 강조하여, 오늘날에 되살릴 수 있고 또 그래야 마땅한 부분을 외면했다는 점에 집중되어 있다. 일부 시의에 맞지 않음을 침소봉대하여 공자를 전면 부정함으로써 민족문화에 대한 자부심을 없애고 자신감을 떨어뜨렸다는 것이다. 대개 그 성급함과 과격함을 지적하였던 것이다.

그래서 논자들도 신문화운동이 공자를 비판함에 있어 가장 중요한 근거로 지적하였던 '봉건 통치 이념으로서의 공자 사상'이 갖는 부정적 측면에 대해서는 대체로 인정한다. 말하자면 구시대 봉건 통치의 이념적 근간으로서 공자 사상은 중국을 세계에서 가장 낙후한 나라로 만들었고 신해혁명 이후 변경된 정체에도 맞지 않는다는 견해이다. 논자들도 이런 견해 자체에 대해서는 문맥상 의견을 같이 하고 있다. 다만, 봉건 통치 이념으로서 '중국민족을 쇠락시킨 허물이 공자에 있는 것이 아니라 오히려 공자 학설의 진가를 제대로 발현하지 못한' 후세들에게 있으며, 본래 '공자의 가치는 영구성을 풍부하게 가지고 있고 중국은 물론 세계의 병폐까지 고

칠 수 있는 양약이므로' 이를 새롭게 계승해야 한다는 점을 강조한
다.

　이런 맥락에서 공자가 봉건 통치에 이용된 된 일을 누차 비판적
으로 언급하였다. 이러한 비판은 자연스럽게 봉건 통치 이념으로
서의 공자를 되살리자는 것이 아니라 왜곡되기 이전의 공자를 시
대에 맞게 계승하자는 주장으로 이어진다. 이처럼 공자의 시의성
을 역설하는 언급도 대부분의 논자들에게 공통되었던 요소였다.
이와 관련해서는 특히 "공자의 성聖함은 시의에 있다孔子聖之時者也"
는 맹자의 말이 자주 인용되었는데, 왕정위는 지금 공자를 기념함
에 맹자의 가르침에 따라 갖추어야 할 '시의'는 바로 '모던'이고,
중국이 '자유와 평등의 지위를 획득하는 것'이라고 주장하였다. 전
통이라는 토대를 바탕으로 또는 공자라는 틀을 통해 모던을 섭취
하고 결국에는 독립된 근대적 국민국가를 지향하는 인식들을 엿볼
수 있다.

　이와 관련 서구(외국)의 사례를 근거로 공자 기념의 정당성을 보
완하려는 언급이 흥미를 끈다. 요컨대 세계 어느 나라를 막론하고
국가 사업으로 국가와 민족의 위대한 인물을 기념하고 있음을 공
자 기념의 근거로 제시하였고, 서구의 근대문화와 부강이 르네상
스에 기원을 두고 있듯이, 일본이 공자의 '존왕양이' 사상을 바탕
으로 근대화에 성공하였듯이, 중국의 고전문화도 시대에 맞게 계
승하면 부강의 밑거름이 될 수 있다는 것이다. 이처럼 서구의 사례
를 근거로 들고 있는 것은 신문화운동이라는 역사 경험이 공자 기
념의 논리에 반영되고 있는 것과 같은 맥락으로 볼 수도 있겠다.

　시의성과 관련해서는 또한 '시대착오' 내지 '맹목적인 복고'에
대한 경계를 직접적으로 언급하면서 시의에 따른 전통의 '근대적'

변용을 강조하고 있다. 예컨대 '인의나 왕도는 좋은 것이나 약육강식이 판을 치는 국제 무대에서는 효과가 없고, 어디까지나 군주의 정치이므로 오늘날 중화민국의 국체에 맞지 않다'고 지적하면서, 그 정신은 만고불변이라 하더라도 구체적인 내용과 조건은 때에 따라 진보해야 하는 것이니, '만약 그렇지 못하면 공언이 되고 오히려 잔혹한 도구가 될 수 있다'고 경고하였다. 따라서 '공자의 학설 중에 현대에 적합한 것을 과학적 방법으로 현대에 맞게 적용해야 하고, 장래에 혹시라도 공자를 우상으로 숭배해서는 안 된다'고 하였다.

이상과 같이 공자 기념의 논리에 전통적 봉건체제가 형식적으로나마 종말을 고한 신해혁명 이후의 신문화운동에서 제기된 공자 비판의 논리가 나름대로 반영되면서, 모던에 맞게 계승되어야 할 영구적인 가치로서의 공자의 이미지가 투영되어 있다. 이렇게 본다면, 공자 기념의 논리에서 보이는 문화적 보수성은 적어도 복고와는 무관한 것으로 보인다.

### 3) '존왕양이'의 민족주의자

앞서 공자를 '중국문화의 창도자'로 평가하는 관점은 공자가 중국문화에 끼친 영향을 생각해볼 때 자연스럽다. 그런데 '존왕양이'를 공자 사상의·핵심 요소로 강조하면서 공자를 '중국민족의 안위를 지키는 데 크게 기여한 민족주의자'로 표현하고 있어 다소 특이하게 느껴진다. 공자의 정치 사상을 소개할 때는 '덕치'를 키워드로 삼는 것이 일반적인데 이에 대한 언급은 오히려 매우 드물고 대신에 '존왕'과 '양이'를 자주 언급하였다.

논자들은 대개 '일광천하—匡天下'라는 『논어』의 한 구절을 인용하면서 공자 정치 사상의 핵심이 존왕양이에 있음을 강조하였다. 『논어』의 원문은 「헌문憲問」 편에 나오는 "管仲相桓公覇諸侯 一匡天下 民到于今 受其賜 微管仲 吾其被髮左袵矣"이다. 대략 "관중이 환공백 제후를 받들어 천하를 바로잡으니 백성이 오늘에 이르기까지 그 혜택을 입고 있다. 관중이 없었다면 우리는 이적의 풍속에서 살고 있을 것이다"로 풀이할 수 있다. 관중은 본래 제나라 환공의 동생 밑에 있던 신하였는데 환공을 섬기게 되니 신하의 절개에 맞지 않고 또한 사치했던 인물이었음에도 관중을 '인자仁者'라고 칭송한 것은 바로 공자가 이적으로부터 중국을 지켜 천하를 바로잡은 일一匡天下을 중시하였기 때문이었다는 것이다.

존왕양이를 당시의 문맥으로 해석해보면, 존왕은 '국민당 중앙을 옹호하는 것'이고, 양이는 '제국주의 열강의 침략과 압박에 저항하는 것'이라 할 수 있다. 국내적으로는 국가의 통일과 안정을 이룩하고 대외적으로는 일치단결하여 외세의 침략과 압박을 물리쳐 민족 독립을 완성해야 한다는 논리로 연결된다. 주지하듯이 남경 국민정부가 수립된 이후에도 지역 군벌의 잔존, 대중적 기반의 이탈, 좌파 정치 명망가들의 도전, 공산당 농촌 근거지의 확대 등으로 그 권력은 매우 유동적이었다. 또한 아편전쟁 이래 지속적으로 제국주의 열강의 침입에 압박을 당하고 있었고 특히 1931년의 9·18사변 이후 일본의 군사적 침략이 강화되고 있었다. 이런 시대 상황이 공자에 '정치적 통일과 안정, 국방을 중시했던 민족주의자'라는 이미지를 덧씌우게 하였던 것이다. 이런 점은 국민당 정부의 공자 기념 및 전통문화 고취가 '구국구망'의 민족주의와 내재적으로 결합되어 있음을 보여준다고 생각한다.

## 4) '신생활'의 모범

공자 기념의 의의를 역설하는 논자들의 보고나 강연에서는 중국 문화 및 중국민족의 부흥을 상징하고 이민족의 침략에 대한 저항을 강조한 공자의 이미지 이외에도, 공자의 '고매한' 인격이 강조되고 있다. 예컨대 한 논자는 우리가 공자를 기념하는 것은 공자의 사람됨爲人을 배우고 공자가 남긴 가르침을 힘써 행함에 그 의미가 있으니, 만약 기념 이전이나 이후가 똑같은 사람이라면 기념의 의미를 잃게 된다고 하여, 공자 기념이 생활 속에서 공자의 가르침을 실천하는 계기가 되어야 한다고 역설하였다. 공자의 인격을 이상화시키면서 그 정신과 실천을 본받자는 주장은 논자들의 강연 곳곳에서 찾아볼 수 있다.

이런 논리는 자연스럽게 '예의염치'를 슬로건으로 내세운 신생활운동에 대한 선전으로 이어진다. 말하자면, 공자를 기념하는 데에는 그의 고매한 인격과 분투 정신을 본받고자 하는 뜻이 있는데, 신생활운동에서 강조하는 예의염치 또한 공자의 가르침으로서 그가 실천했던 바이니 공자를 본받아 일반 국민들도 예의염치를 생활화해야 한다는 논리인 것이다. 고매한 인격으로서, 신생활의 모범으로서 공자의 이미지를 발견할 수 있다. 이런 맥락에서 공자탄신기념과 신생활운동을 직접적으로 연결시키는 언급 또한 여러 곳에서 발견할 수 있다.

이런 점은 역으로 보면 공자탄신기념 활동이 신생활운동의 연장선에서 인식되고 기획되었음을 확인시켜준다. 신생활운동에 대해서는 그 배경이나 성격, 특히 전통문화를 전면에서 고취하게 된 원인과 관련하여 적잖은 논의가 있어왔다. 여러 연구자들이 지적하고 있듯이 신생활운동에는 일차적으로 권력 강화라는 정치적 의도가 개입되어 있다. 하지만 단순히 이렇게만 규정하고 넘어갈 수 있는 문제가 아니다. 권력을 강화하는 데에는 다른 여러 방법이 있을 터임에도 굳이 전통문화를 고취하고 공자를 기념한 데에는 그 이상의 복잡하고 다양한 의미가 내재되어 있을 터이기 때문이다. 이에 중국에서도 최근에 신생활운동에 사회 개량의 의미가 다분하였다거나, 항일전에 기여했다는 관점이 제기되었다. 더욱이 국민당을 근대적 국민국가의 건설을 지향한 민족주의 세력으로 보는 관점에서 신생활운동이 15년이나 지속된 국민당정부의 주요 정책 중에 하나였다는 점을 고려할 때, 그것이 명백히 복고적 역류가 아니었다고 한다면 그 안에 내재되어 있는 다양한 층위를 구체적으로 분석할 필요가 있는 것이다.

이와 관련해 신생활운동의 성격을 전통사상에 주목하여 고찰한 한 연구는 신생활운동을 문화민족주의와 정치민족주의가 결합한 하나의 전형적인 사례로 평가하고 있다.[12] 필자도 이런 관점에 기본적으로 동의한다. 공자탄신기념의 문제에 국한해서도, 위에서 언급한 신생활운동과의 밀접한 관련성은 바로 민족문화의 부흥을 통해 민족주의의 문제를 해결하려 했던 문화적 차원의 민족주의에 정치적 안정을 이룩하고 외세에 저항하려 했던 정치적 의도 내지 정치적 민족주의가 결합되는 양상을 보여주는 것으로 여겨진다.

### '공자탄신기념'과 손문, 삼민주의: 손문과 삼민주의에 종속된 공자

이상에서 '공자탄신기념'의 논리에 표현되어 있는 다양한 공자의 이미지 내지 의미를 살펴보았다. 그런데 논자들은 이상과 같이 이러저러한 공자 기념의 의미를 지적하면서도 최종적으로는 공자 기념의 정당성을 총리(손문) 및 삼민주의와 관련지어 설명하였다.

논자들은 대다수가 상투적으로 '총리가 공자의 가치를 높이 평가하였고 그의 삼민주의가 전통사상을 계승하고 있으니, 공자를 기념하는 데에는 총리의 삼민주의를 실현시키는 뜻이 있다'고 강조하였다. 공자기념의 정당성을 확보하기 위해 총리의 삼민주의에 기초 재료를 제공한 존재라는 이미지를 덧씌우고 총리 및 삼민주의와 공자의 관련성을 강조하였다. 당시는 손문의 권위를 누구도 부인하기 어려운 상황이었으므로 손문과 공자의 관련성에 대한 강조가 바로 공자 기념의 정당성으로 연결될 수 있었을 것이다.

대개 논자들은 '대동大同'과 '천하위공天下爲公'에 대한 손문의 언급을 인용하였고, 이를 근거로 '공자 학설과 삼민주의가 서로 부합한'다는 점을 역설하였다. 이 밖에도 공자와 관련된 『사기』「태사공자서」의 한 구절[13]을 인용하면서, 이 또한 총리의 '지난행이知難行易' 설법에 완전히 부합한다고 하여 공자와 손문의 유사성을 강조하기도 했다. 이상의 언급도 그 관련성을 쉽게 납득할 수 있는 것은 아니지만, 삼민주의의 민족, 민생, 민권에 해당되는 내용에 공자 학설을 대응시켜 설명하는 부분은 더욱 억지스럽다. 예컨대 앞서도 언급했던 공자의 존왕양이 주장과 관중을 높이 평가했던 점을 들어 공자의 학설이 손문의 민족주의에 부합하는 것으로 설명하였다. 민생주의에 대해서는, 『맹자』에 공자가 "산 사람은 양육하고 죽은 사람은 장사 지내는 절차를 제정하였던制爲養生送死之節"일을 근거로 제시하였다. 또한 『논어』에 공자가 '식량의 충족足食'을 '군비의 충족足兵'보다 앞에 두었고[14] 또 부유함富을 가르침教 앞에 두었던[15] 일을 제시하였다. '양생養生, 족식足食, 부富는 모두 민생에 가장 긴요한 문제'라는 것이다. 심지어 『예기』「예운禮運」편의 대동大同에 대한 묘사가 바로 민생주의를 표현하고 있다고 해석하였다. 민권주의에 대한 것은 더욱 어색한데, 『주역』을 인용하면서[16], "탕무혁명湯武革命을 응천순인應天順人으로 보았으니 공자는 실로 고대 민권운동의 창도자라 할 수 있다"고 하였다. 이처럼 근거로 제시된 바가 모두 언뜻 이해되지 않는 단편적인 논거와 자의적인 해석에 기반하고 있어, 호적의 지적처럼 기념행사에 참석했던 "관리와 학생들은 발로 땅만 긁다가 돌아갔다"[17]는 말이 쉽게 납득되는 바도 있다.

공자 사상과 손문주의를 이처럼 일치된 것으로 강조하는 것은 사실 논자들이 손문의 뜻을 나름대로 헤아렸다기보다는 단순히 대계도의 아이디어에서 출발하였던 것으로 보인다. 이른바 '대계도주의'의 '삼민주의유학화' 이론이다. 대계도는 손문이 사망(1925년 3월)한 직후인 1925년 6월과 7월에 「손문주의의 철학적 기초孫文主義之哲學的基礎」와 「민국혁명과 중국공산당國民革命與中國共産黨」이라는 글을 발표하여, 공산당에 반대하는 입장을 나타냄과 동시에 유학으로 삼민주의를 해석하면서 손문이 공자 이후에 단절된 유교 도통을 계승하였다고 주장하였다.[18] 그 내용이 삼민주의의 실제와 상관없이 그의 주관적 입장을 나타내고 있다는 점에서 '대계도주의'라고 칭해지는데, 장개석이 이를 받아 국민교육에 그대로 사용하였던 것이다.

손문이 단절되었던 공자의 유교 도통을 새롭게 이었다는 논리나 삼민주의의 민족, 민생, 민권주의 모두가 공자 학설에 뿌리를 두고 있다는 주장에는 공자 기념을 통해 삼민주의를 기본 이념으로 삼고 있는 국민당 일당 통치의 정당성을 강화하려는 정치적 의도가 깊숙하게 개입되어 있는 것으로 볼 수 있다. 공자탄신기념 행사가 비록 공자의 탄신을 기념하고 있지만, 사실상 그 중심에는 손문과 국민당이 자리 잡고 있었다. 오히려 "손문과 국민당이 중심이었고 공자는 거기에 부속되어 '기념'되는 존재였다"[19]고 할 수 있다. 이는 단상에서 가장 눈에 잘 띄는 중앙 상단에는 손문의 사진이 걸려 있고 공자 초상은 그 아래 걸려 있었던 기념대회장의 풍경과도 맞아떨어진다.

이처럼 통치의 정당성을 확보하려는 정치적 의도가 공자 기념의 '문화적 민족주의' 측면을 압도하고 있음을 알 수 있다. 공자에 대한 평가는 최종적으로 삼민주의와의 관계에서 인식되고 정당화되고 있다. 이는 공자 및 공자 사상이라는 문화적 요소에 대한 이해가 또 다시 정치적으로 이루어져, 그 이해의 폭을 매우 축소시키는 결과를 초래하였다. 뿐만 아니라 고유문화라는 것도 유교도덕으로 한정시키는 결과를 낳았다. 당시 공자 기념에는 문화적 민족주의와 정치적 의도라는 요소가 혼합되어 있는데, 양자의 관계는 후자가 전자를 압도하는 경향을 보였다고 할 수 있다.

## 맺음말

19세기 중반 아편전쟁을 계기로 서구제국주의 열강의 침입이 시작되었고 중국에는 존망의 위기의식이 고조되었다. 이에 중국의 민족주의 세력은 근대의 문제를 해결하고자 노력하였고, 20세기 중국의 격변은 '강한 중국으로의 복귀'를 위한 몸부림이었다. 이 과정에서 '전통문화를 어떻게 처리할 것인가'가 문제되지 않을 수 없었고, '비공'과 '존공'의 흐름이 같은 시간과 공간 안에 공존하면서 교차되었다. 예컨대 신해혁명은 공자와 유교의 '독존' 지위에 타격을 가하였고, 이어 원세개는 제제운동에 유리한 여론을 조성하기 위하여 독경 수업을 재개하고 사공제천祀孔祭天 의식을 거행하는 등 '존공' 의식을 고취하였다. 이에 대응하여 신문화운동을 주도한 신진 지식인들은 '공자 타도'의 슬로건을 내세우고 공자를 전면적으로 부정하기에 이르렀다. 중국 사회 내부에 비공과 존공의 흐름이 공존하는 가운데, 전국을 통일한 국민당정부는 존공의 흐름을 적극 대변하기에 이르고, 이는 1930년대 신생활운동, 공자탄신기념, 중국본위문화건설선언 등으로 명확하게 나타났다.

이 글에서는 1934~36년에 있었던 정부 주도의 '공자탄신기념' 행사를 외적인 형식과 내적인 논리로 나누어 살펴보았다. 형식적인 측면에서 볼 때 공자탄신기념 행사의 형식이 전통 시대나 원세개 당시의 '사공전례'와 완전히 달랐음을 확인하였다. 신비주의적 색채가 사라지고 대중 선전 및 교육 효과가 중시되었다. 전체적으로 일반적인 국경일 행사와 같은 형식을 취하였다. 내용과 관련해서는 공개적으로 선전된 공자 기념의 의의에서 드러나는 공자의 이미지를 '민족(문화) 부흥의 상징', '모던에 맞게 계승되어야 할 영구적인 가치', '존왕양이의 민족주의자', '고매한 인격이자 신생활의 모범' 등으로 정리하였다. 하지만 공자 기념의 정당성은 최종적으로 손문과 삼민주의에 의존하고 있었다.

이상의 논의를 바탕으로 몇 가지 문제를 짚어보면 다음과 같다.

첫째, 공자탄신기념에서 보이는 국민당 정부의 문화적 보수 경향을 '복고적 역류'로 평가할 수 없다는 점이다. 장개석 중심의 국민당정권이 공자탄신기념을 통해 (신해혁명, 신문화운동, 국민혁명 등으로 이어지는) 그간의 혁명적 변화를 거슬러 봉건 문화 사상을 부활시키고 이를 통치 이념의 근간으로 삼으려 했다는 관점, 즉 공자탄신기념을 복고적 역류로 보는 관점을 받아들인다면 국민정부의 '근대화' 또는 '근대적' 국민국가의 건설도 피상적인 것으로 평가될 수밖에 없을 것이다. 그러나 필자는 공자탄신기념이 국민당 정부의 문화적 보수 경향을 여실히 보여주지만, 그것이 일부의 지적처럼 복고적 역류의 보수성을 갖지는 않는다고 생각한다.

여기서 '복고'의 개념이 문제가 되는데, 말 그대로 옛것을 회복한다는 뜻이라면, 아무래도 여기에는 '현대문명을 배척하고 변혁을 거부'한다는[20] 의미가 내포되어 있고, 그래서 '시대착오적이고 맹목적'이라는 뉘앙스가 풍긴다. 하지만, 본론에서 살펴보았듯이 기념행사의 형식적인 측면만 보아도 복고적인 경향은 애초부터 전혀 없었고, 당시의 수많은 국경기념행사와 같은 맥락에서 '현대 서구식'으로 치러졌다. 또한 신문화운동에서 제기된 공자 비판의 논리가 나름대로 반영되어 있어, 공자가 '봉건 통치'에 이용된 일을 비판적으로 언급하면서 왜곡되기 이전의 공자를 시의(모던)에 맞게 계승해야 한다고 주장하였다. 요컨대 신문화운동 이후의 공자에 대한 신랄한 비판의 역사 경험과 근대적 국민국가의 건설을 지향한 가장 서구화된 정부에 의해 기획되었다는 시대 상황이 반영되어 있었던 것이다.

둘째, '기획된' 공자의 이미지에 표현되어 있는 민족주의와 관련된 문제이다. 전술했듯이 공자탄신기념 행사는 여타 국경일 기념행사와 같은 형식을 취했는데, 일반적으로 근대 이후 국경일 행사는 국민적 일체감을 고취하는 데에 그 목적이 있다. 공자라는 역사적 또는 문화적 요소를 활용하였다는 것이 다를 뿐, 국민적 일체감을 고취하려 했다는 점에서 모두 동일하다. 요컨대 문화적 차원에서 민족주의를 담을 수 있는 형식을 취했다는 것이다.

공자탄신기념이 '문화적 민족주의'의 표현이었음은 당시 논자들의 보고나 강연을 통해서 확인할 수 있다. 우선, '민족문화 부흥의 상징'으로서의 공자와 관련해서, 민족문화에 대한 긍지를 바탕으로 민족적 자신감을 북돋워 민족의 발전을 추구하는 것은 민족주의의 일반적인 형태이다. 특히 대외적으로 종속된 상태에서 독자적인 발전의 길이 제약된 중국에서는 전통이라는 토착의 자산을 적극 동원하는 것은 지극히 자연스런 전략이고, 민족문화에 대한 긍지를 제국주의적 침탈로부터 지키려는 싸움은 그 자체로 민족주의의 함의를 갖는다. 이렇게 볼 때 공자 기념은 '문화적 동질성을 매개로 한 민족주의', 즉 문화적 민족주의가 발현된 하나의 사례로 볼 수 있다.

'정치적 통일과 안정, 국방을 중시했던 민족주의자'로서의 공자의 이미지 또한 내분과 외침이라는 시대 상황과 맞물려 '구국구망'의 민족주의가 표현된 것으로 볼 수 있다. '새삼스레' 공자를 기념하게 된 데에는 공자의 인격을 본받고 '예의염치'를 신생활의 신조로 삼자는 뜻도 내포되어 있는데, 이는 공자탄신기념이 신생활운동의 연장선에서 기획되었다는 사실과 관련되어 있다. 국가권력의 일방적 요구라는 추진 방식에는 문제가 많았으나 신생활운동에 일부 새로운 국가를 건설하려는 지향이 전제되어 있고, 전술한 바와 같이 신생활운동에 민족주의적 지향이 내재되어 있다고 본다면, 공자탄신기념도 일정 부분 같은 맥락으로 볼 수 있겠다.

셋째, 공자 기념의 의의가 손문 및 삼민주의에 종속되었던 경향을 지적할 수 있다. 말하자면, 앞에서 이야기한 모든 공자탄신기념의 정당성은 사실상 공자사상과 삼민주의의 밀접한 관련성을 전제로 해서 인정되었던 것이다. 여기에는 공자를 매개로 한 국민 통합의 중심에 삼민주의를 통치 이념으로 삼는 국민당이 있어야 한다는 것이고, 그 연장선에서 국민국가 건설 또한 국민당이 주도해야 한다는 '이당치국以黨治國'의 훈정訓政 이데올로기가 바탕에 깔려 있다. 구국구망, 통일(공산당 토벌), 부국강병 등과 정치적 필요와 조급함이 공자탄신기념을 압도하고 있다. 그러한 의도 아래에서 전체적인 논리 구조와 상관없이 무리하게 삼민주의와 공자 사상을 일치시켰고, 이는 결과적으로 문화적 민족주의의 긍정적 측면(가능성)이 축소되고 공자 기념의 의미가 경직되는 결과를 초래했던 것으로 평가해볼 수 있다.

일반적으로 문화적 민족주의(Cultural Nationalism) 개념은 헤르더(J. G. Herder, 1744~1803)에게서 그 기원을 찾는다. 그에 따르면 문화적 민족주의는 원래 문화적 삶의 양식이 정치나 경제의 뿌리가 된다는 의미에서 정치적 민족주의에 대한 상위 개념이다. 그래서 정치적 민족주의와 달리 정치체제의 통합이나 통일을 우선적으로 의도하지 않으며 대외적으로 배타적이지도 않다. 인류의 공존을 위한 해방적 요소를 갖고 있으며 이것이 어떤 특정한 영토나 정치체제에 의존하지 않기 때문에 더욱 위력적이다. 문화적 가치와 양식들이 그 사회가 당면하고 있는 생존과 번영의 과제들을 인간다운 삶의 실현으로 승화시켜 나갈 수 있을 때, 그 문화적 민족주의는 보편성을 획득하게 되고 비로소 진정한 문화적 민족주의로 불릴 수 있다고 한다.[21]

그런데 공자 기념에서 보이는 민족주의는 이런 개념과 대비된다. 오히려 정치적 측면이 문화적 측면을 압도하고 있다. 이는 당시 국민당 정부의 문화적 보수 경향이 가진 역사적 특징을 드러내고 있다. 문화적 보수주의가 전통문화로부터 끌어낸 주제들이 지극히 한정되었고, 그것마저 정치적 필요와 조급함에 압도되어 공자를 보편적 시각으로 재해석할 수 있는 능력이나 여유가 거의 없었다. 따라서 일반 대중에게 전통문화가 지속되어야 하는 정당한 이유를 설득력 있게 제시할 수 없었고, 문화적 재생이나 부흥을 위해 실현 가능한 모델을 제시하지도 못하였다. 이는 당시 국민당 정부의 공자탄신기념과 문화적 보수성이 갖는 한계를 여실히 드러낸다. 이러한 한계는 동시대 문화적 보수 경향에 비판적이었던 지식인들도 누차 지적하고 있다. 예컨대 호적은 기념행사가 거행된 직후 『독립평론』에 기고한 글에서 "민족정신을 고양하고 민족 자신감을 회복하자는 데에 누가 반대하겠는가. 민족정신의 퇴조가 하루아침에 이루어진 것은 아니니 그 부흥도 하루아침에 허문구호虛文口號로 이룰 수 없을 터인데, 허망한 행사 한 번으로 일거에 이룰 수 있다고 하니 세상에 이렇게 간편한 첩경이 어디에 있겠는가!"[22]라고 질타하였다.

비림비공운동 당시 산둥 공묘 대성전 앞의 시위(아래).
당시 파괴되었다가 복원된 명성화비(明成和碑)(위).

# 3 공자 비판의 정치학

_김승욱

## 머리말

오늘날 중국 사회에는 유교 전통을 놓고 서로 대비되는 상반된 태도가 병존해 있는 듯하다. 그것은 바로 한편에서의 무관심과 경시의 태도 그리고 다른 한편에서의 관심과 중시의 태도이다.

우선 현재 중국인들에게 유교 전통은 그리 큰 비중을 차지하고 있다고 보기 어렵다. 비록 유교의 종주국이지만 그곳에 사는 사람들의 유교에 대한 관심은 그리 커 보이지 않는다. 상해와 같은 대도시 지역이라면, 유교를 들먹이는 것 자체가 고리타분하거나 시대에 뒤떨어진 것으로 간주되는 분위기마저 있다. 사실 근대 이래 중국 사회에서 유교의 영향력은 갈수록 위축되어왔으며, 중국인들의 일상은 점점 더 전통사회의 유교적 모델과 거리가 먼 방향으로 진행되어왔다고 할 수 있을 것이다.

그렇지만 그와는 상반된 움직임도 보인다. 다른 한편에서 유교 전통의 가치를 재평가하면서 그에 대한 관심을 확대해가는 모습도 자못 활발하다. 그간 무관심과 경시 속에 초라하게 명맥을 유지해왔던 각지의 유교 사적들이 근래 각지 권력과 상인 등 여러 사회집단의 지원 아래 개수, 보수되어 다시 당당한 자태를 되찾아가고 있는 것은, 그 가시적인 모습의 하나로 주목된다.[1] 이 같은 유교 전통에 대한 재평가와 관심의 회복은, 그 사회의 장래 진행 방향과 관련해서 유교 전통 속에서 현대적 수요에 부응하는 가치를 찾아내려고 노력해온 이른바 현대신유가現代新儒家와 같은 일군의 엘리트 지식인들의 적극적인 노력에 자극받은 바가 크다고 판단된다.[2]

이렇듯 병존하고 있는 유교 전통에 대한 상반된 태도는, 아직 그 적절한 접점을 찾고 있는 것 같지는 않다. 유교의 가치를 재평가하고 그에 대한 관심의 회복을 촉구하는 일군의 엘리트 지식인들을 중심으로 한 노력은, 유교를 빛바래가는 과거의 그림자로 바라보는 다수의 대중들에게 아직 그리 큰 설득력을 발휘하고 있다고 할 수 없다.

사실 이러한 현실은 근대 이래 중국 사회가 겪어왔던 경험과 고민을 그대로 반영하고 있다고 말할 수 있을 것이다. 왜냐하면 근대 중국 사회에서 유교 전통의 영향력을 약화시키려는 노력과 그에 대해 중국 사회를 지지해온 큰 버팀목인 유교 전통을 쉽게 포기할 수 없다는 인식은, 모두 꾸준히 이어져왔기 때문이다.

우선 전자에 관해 말하자면, 주지하듯이 유교는 근대로 접어들어 군주 지배체제가 붕괴되고 새로운 체제가 모색되는 가운데, 기존 체제의 이념적 기반으로서 가장 먼저 부정되어야 할 대상으로 지목되며 격렬한 비판과 공격을 받게 되었다. 1910년대 신문화운동은 그 가장 직접적인 표현이었다고 볼 수 있는데, 당시 기존 체제의 집단주의에 대해 개인의 가치와 권리에 눈을 뜨기 시작한 중국인들은 "공자를 타도하자打倒孔家店"는 구호 아래 유교에 대해 전면적인 비판을 전개했다. 이후 유교에 대한 비판과 공격은 꾸준히 이어져 1970년대 비림비공운동批林批孔運動에서 절정에 이를 때까지 계속되었다. 그러한 과정에서 중국 사회에 깊은 뿌리를 내리고 있던 유교의 영향력은 자연 상당히 동요되지 않을 수 없었다.

그러나 유교에 대한 격렬한 비판과 공격에도 불구하고, 후자와 같이 유교 전통의 계승을 강조하는 주장도 이어졌다. 중국 사회의 근대적 이행은 서구의 압력 아래 서둘러 진행되고 있었기 때문에 지나친 서구 경도 경향에 대한 경계와 함께 중국의 전통적 가치가 그 과정에서 일방적으로 배제될 수 없다는 지적이 제기된 것은 어쩌면 당연했다. 그러한 가운데 유교 전통은 중국의 전통적 가치를 담고 있는 핵심 요소로 주목받았다. 1920년대의 동서문화논쟁東西文化論爭, 인생관논쟁人生觀論爭, 1930년대의 중국본위문화운동中國本位文化運動, 1950년대 말 이래 현대신유가의 등장, 1980년대의 문화열 등에는 모두 그러한 배경이 존재하고 있었다.

그리고 후자와 같이 유교 전통에 대해 주목하는 주장은, 보수주의적 정치 세력에 의해 이용될 소지도 있었다. 예컨대 1930년대 장개석 정권이 전개한 신생활운동은 유교적 가치관을 국민 통합에 활용하려는 정권의 의도에서 기인한 것이었다고 볼 수 있다. 비단 장개석 정권뿐만 아니라 중국의 역대 중앙정권에게, 전통 중국에서 유교가 담당해왔던 사회 정합整合 기능을 집권에 활용하는 것은 포기하기 쉽지 않은 유혹이었다.

어쨌든 이와 같이 유교 전통을 둘러싸고 상반된 움직임이 병존해왔던 역사는, 오늘날 중국 사회에 유교 전통에 대한 무관심과 경시,

그리고 관심과 중시라는 상반된 태도가 병존하고 있는 현실과 결코 무관하지 않다. 어찌 보면 근대 이래 시작된 유교 전통의 비판과 계승을 둘러싼 위의 고민들이, 그간 나름대로 치열한 과정을 겪었음에도 불구하고 오늘날까지 계속되고 있는 것이라고 할 수 있을 것이다.

그렇다면 오늘날 중국에서 유교 전통은 과연 어떤 의미가 있는가? 오늘날 중국인들에게 유교 전통을 둘러싼 고민은 어떤 의미가 있는가? 또한 그들은 유교 전통에 대해 어떤 입장을 취해야 할 것인가? 이러한 질문은 막연하기도 하고 지나치게 커서 곧장 답하기 어렵다. 그렇지만 이런 질문과 관련해서 지금까지 유교에 대한 비판 또는 옹호의 입장들이 중국 사회가 직면했던 어떤 구체적인 문제와 관련해 제기되었으며 또 그 속에서 어떤 방향 제시가 이루어졌던가를 하나하나 차분히 검토해보는 것은 유용한 작업이 될 수 있을 것이다.

이에 이 글에서는, 가장 가까운 과거 시점에 진행되었으며 또한 가장 격렬한 유교 비판 운동이었던 비림비공운동의 경우, 그 유교 전통에 대한 비판이 당시 중국 사회가 직면했던 어떤 문제와 연관되어 제기되었으며, 그것이 당시 중국 사회의 진행과 관련해서 어떤 의미를 갖고 있었는가에 관해 생각해보려고 한다. 이를 통해 오늘날 중국 사회에서 유교 전통이 어떤 의미를 갖고 있는가 하는 문제에 대해 답을 구하는 데 작은 실마리를 제공할 수 있기를 기대한다.

기존 연구에서 비림비공운동은 대체로 문화대혁명의 후반에 모택동을 중심으로 한 권력 집중을 공고히 하는 과정에서 진행되었던 정치 전략의 하나로 설명되어왔다.[3] 그러한 관점에서 볼 때 유교 비판은 그 운동의 핵심 내용은 아니었다. 말하자면 유교 비판은 정치적 목적을 위해 동원된 논리적 수단이었을 뿐 그 자체가 목적으로 간주되지 않았다. 때문에 그 운동에 대한 연구자들의 비판 역시 그 유교 비판의 논리를 논리적으로 깊이 검토해보기보다는 유교 비판 자체가 필요 없는 또는 마땅히 받아야 할 정도를 넘어선 착오였다는 관점에서 행해져왔다. 그것이 학술, 사상, 문화 등 방면에 남겼던 혼란은 그러한 잘못된 비판의 결과로 크게 부각되었다.[4]

그렇지만 비림비공운동에서의 유교 비판을 단지 정치 전략적 차원에서만 해석하는 것은 협소한 감이 있다. 비림비공의 전 단계인 비림정풍운동에 이어 비공운동이 제기되었을 때부터 사람들은 서로 관련성이 쉽게 연상되지 않는 임표林彪와 공자라는 두 인물을 함께 묶어서 비판하는 것에 대해 의아해하면서 그 이유가 무엇인지 궁금해했다. 그렇지만 대부분의 논자들은 유교에 대한 비판이 지향하는 궁극적인 목표에 대해 그 논리적 내용에 대한 검토를 통해 접근하기보다는, 주로 그러한 비판을 제기했던 집단의 정치적 의도를 분석하는 데 관심을 두어왔다. 그에 따라 정치 전략적 목적이라면 다른 비판의 소재도 찾을 수 있을 텐데 왜 굳이 유교가 비판 대상이 되어야 했는가에 대해서는, 그리 적극적인 설명이 이루어지지 못했다. 왜 하필 유교가 비판되어야 했는가? 이 점에 관해서는, 비림비공운동에서의 유교 비판에 대해 당시 정국의 정치적 대립이라는 차원을 넘어서 그 비판이 논리적으로 당시 중국 사회가 직면한 어떤 문제와 연관되어 제기되었는가 하는 보다 확장된 시각에서 검토하는 것이 필요하다고 판단된다. 이는 결과적으로 문화대혁명 후반 중국 사회의 진행을 관찰하는 작업을 겸하게 될 것이다.

## 비림정풍批林整風의 전개

비림비공운동은 비림정풍과 비공을 묶어놓은 운동이었다. 주지하듯이 비림정풍은 임표에 대한 비판이고 비공은 공자에 대한 비판이었다. 서로 다른 시대에 살았고 연관성도 쉽게 연상되지 않는 두 인물에 대한 비판을 이렇게 결합했던 것은 기이하다고 하지 않을 수 없는 일이었다. 그에 대해 본격적으로 검토하기 전에, 우선 여기서는 유교 비판 즉 비공이 제기되기 직전 단계인 비림정풍의 성격과 진행 상황을 정리해볼 필요가 있다.

1970년대로 접어드는 무렵의 중국은 1960년대 중반부터 전개되었던 문화대혁명이 남겨놓은 혼란과 무질서 속에 있었다. 비록 모택동과 문혁 주도 세력은 문화대혁명의 성과를 나름대로 선전하고 있었지만 이제 어떤 식으로든 그 혼란과 무질서를 수습해야 할 필요가 있다는 점은 모두 인식하고 있는 것이었다. 그에 따라서, 중국공산당중공)은 정치적 반대파에 대한 정치적 비판을 통해서 당의 기강을 정돈하려는 정풍운동을 지속적으로 전개해갔다.[5]

그런 상황에서 의문의 비행기 사고로 사망했던 문화대혁명의 정치적 거물 임표는, 중공의 정풍운동에서 유효한 비판 대상으로 활용될 수 있었다. 그리하여 실제로 중공 중앙은 임표에 대한 비판을 통해 당의 기강을 정돈한다는, 이른바 비림정풍운동을 추진하기 시작했다.

중공 중앙은 1971년 9월 18일 임표의 사망을 공식화하는 이른바 「9·18통지通知」를 공포한 데 이어,[6] 9월 24일에는 황영승黃永勝, 오법헌吳法憲, 이작붕李作鵬, 구회작邱會作 등 '임표 집단'으로 분류되는 인물들의 군대 내 직무를 정지시켰으며, 10월 3일에는 군사위사무조를 폐지하고 군사위집무회의를 설립하면서 동시에 특별안건조特別案件組를 만들어 임표 사건을 본격적으로 조사하도록 했다. 그리고 10월 24일에는 그간 대외적으로 비밀에 부쳐온 임표 사건을 전국적으로 공개하는 통지를 발표했다.[7]

중공 중앙의 의도는 비교적 분명했는데, 임표를 반당분자로 지목하고 그에 대한 비판 작업을 통해 당의 단결을 강화하려는 것이었다. 그들은 9월 18일의 통지에서 "당내에 숨겨져 있던 임표라는 시한폭탄이 스스로 터진 것은 아주 좋은 일이다"라고 표명했다. 이어 당 간부들에게 임표와 선을 긋고 노선 차이를 분명히 하기만 하면 과거에 임표의 영향을 받았건 착오를 범했건 묻지 않겠다고 하면서, 임표의 착오와 죄행을 드러내고 비판함으로써 당의 단결을 한층 강화시킬 수 있을 것이라고 주장했다.

그런데 그렇게 추진되기 시작한 비림정풍운동은, 문화대혁명의 진행을 둘러싸고 입장이 대립하고 있던 당시 정국의 두 정치 진영에게 매우 민감한 주제가 되었다. 당시 정국은 기본적으로는 문화대혁명의 기조가 유지되는 가운데 문화대혁명의 진행 과정에서 드러났던 문제들을 교정하려는 움직임도 커지고 있었다. 특히 총리 주은래는 물러났던 원로들의 복귀를 지원하면서 문화대혁명의 극좌적 사조와 무정부주의적 경향을 착오라고 적극 비판했다.[8] 요컨대 당시 정국 내에는 문화대혁명의 기조를 유지하고 있는 측과 그 착오를 적극 교정하려는 측이 대립하고 있었는데, 그러한 두 진영에게 문화대혁명의 진행 과정에서 정치적으로 큰 비중을 차지했던 임표에 대한 비판은 매우 민감한 사안이 아닐 수 없었다.

두 진영의 임표에 대한 비판의 입장은 완전히 다르게 나타났다. 주은래 등은 문화대혁명의 극좌 사조와 무정부주의에 대한 비판을 전개하면서 임표를 그와 같은 착오를 선동했던 극좌적 인물로 평가했다. 1972년 10월 6일 『광명일보光明日報』에 실린 자연과학 기초 이론의 학습과 연구를 강화, 중시해야 한다는 주장을 담은 주배원周培源의 「종합대학 이과 교육 혁명에 관한 몇몇 시각對綜合大學理科教育革命的一些看法」이라는 논설이나, 10월 14일 『인민일보人民日報』에 실린 「무정부주의는 가짜 마르크스주의 사기꾼의 반혁명 도구이다無政府主義是假馬克思主義騙子的反革命工具」, 「프롤레타리아의 강철 같은 기율을 견지하자堅持無産階級鐵的紀律」, 「한 음모가의 추한 과거一個陰謀家的丑史」 등 주은래의 의견에 근거해 작성된 극좌에 대한 비판 논설들이 발표되었다.[9] 이어 1972년 11월 28일 중공 중앙 대외연락부와 외교부는 「대외업무회의 개최의 지시에 관한 보고」를 통해 임표 집단이 선동한 극좌 사조와 무정부주의에 대해 철저히 비판할 것을 요구했다.[10]

그에 대해 문화대혁명의 주류 집단은 곧장 반발했다. 장춘교張春橋, 요문원姚文元 등은 즉각 『문회보文匯報』를 통해 『광명일보』, 『인민일보』 등에 실린 극좌 비판의 논설들을 "우경 사조로의 회귀"라고 반박했다. 아울러 임표에 대해서도 단순한 반당분자나 기회주의자라는 비판을 넘어서 '극우적 실체'를 가진 인물이라 평가하면서 위의 극좌 비판과 대립각을 세웠다.[11] 이로써 임표라는 동일한 인물을 둘러싸고 한쪽에서는 극좌로 다른 한쪽에서는 극우로 평가하는 웃지 못할 기이한 양상이 벌어지게 되었다.

사실 임표에 대한 비판의 시각이 이처럼 상반될 수 있었던 데는, 임표 자신에게도 소지가 없었던 것은 아니었다. 임표는 문화대혁명시 권력 핵심에 있었지만 그 정치적 비중에 비해서 정치 노선을 분명히 드러낸 적이 별로 없었다. 양수명梁漱溟은 임표를 문화대혁명 때 공격을 받았던 유소기劉少奇, 팽덕회彭德懷 등과 비교하면서 다음과 같이 말하고 있다.

내 생각에 임표는 노선이 없다. 노선이라 말할 만한 것도 없고 말할 수 있는 노선도 없다. 정치적 노선이란 마땅히 공개적으로 끄집어낼 수 있는 주장이다. 예컨대 유소기의 주장은 많다. 어떻게 잘못되었는가와 는 별개로 그는 감히 말을 꺼내고 공개적으로 제기하고 또한 스스로 옳다고 믿었다. 이것을 비로소 노선이라고 할 만하다. 그러나 임표의 노선은 무엇인가? 나는 알아낼 수도 답할 수도 없다. 아마 그 자신도 말할 수 없을 것이다.[12]

이처럼 모호했던 임표의 정치적 정체성은 그에 대한 비판을 좌로 부터도 우로부터도 가능하게 했다. 이때 임표의 정치적 정체성을 명확히 하는 일이 중요했던 것은 아니었다고 할 수 있다. 이는 문화 대혁명의 노선과 정책에 대한 두 정치 진영의 다른 입장을 반영하 고 있는 것이다. 즉 임표의 실제 정치 성향이 어떠했는가와는 별개 로, 문화대혁명의 기조를 유지하려는 측과 그에 대한 '착오'의 교 정을 시도하는 측, 두 진영이 자신들의 정치적 주장을 드러내기 위 한 수단으로 임표에 대한 비판을 활용했던 것이라고 해야 할 것이 다.

두 정치 진영의 긴장된 대립은, 중공의 간부 배치 판도로도 분명 해지고 있었다. 1973년 8월 24일부터 28일까지 중국공산당 제10차 전국대표대회가 개최되었다. 이 대회는 임표 등의 과오를 비판하 고 임표 일파에 의해 왜곡된 당의 노선을 바로잡는 것을 직접적인 목표로 하여 개최된 것으로, 양측의 대표 인물이랄 수 있는 주은래와 왕홍문이 각기 정치보고, 당규약개정보고를 했다.[13] 이 대회에서 새로운 중앙위원과 중앙위원후보가 선출되었는데, 임표 일파로 지목된 다수의 군 간부들이 물러나고 대신 대중대표의 다수를 차지한 문혁파가 진출했다. 아울러 등소평, 왕가상王稼祥, 오난부烏蘭夫, 이정천李井泉, 담진림譚震林, 요승지廖承志 등 문혁시 박해를 받았던 '부활'한 간부도 적지 않게 포함되었다.[14] 8월 30일에는 1중전회—中全會가 개최되어 새로운 상무위원회가 결성되었는데, 모택동이 주석이 되고 주은래, 왕홍문, 강생, 섭검영, 이덕생이 부주석, 장춘교가 정치국상무위원이 되었다. 정치국원 21명 가운데 계속 자리를 지킨 강청, 요문원, 새로 부주석이 된 왕홍문, 정치국상무위원 장춘교 등 이른바 사인방을 비롯한 문혁파가 12명으로 가장 다수를 점했다.[15] 그와 함께 주은래, 등소평 등 문혁파에 대한 견제 인물들의 정치적 비중도 강화되었다. 주은래는 부주석으로서 영향력을 계속 발휘했고, 등소평은 부활했다. 등소평의 능력을 높이 평가했던 모택동은 1973년 12월 정치국회의에서 그를 섭검영과 함께 정치국원으로 참가시키고, 또 중앙군사위원회위원에 임명, 총참모장으로 할 것을 제안했다.[16]

임표 비판을 둘러싼 두 정치 진영의 대립되는 해석에 대해, 모택동은 표면적으로 일단 임표를 극우로 비판하는 문혁파의 손을 들어주었다. 그는 1972년 12월 17일 장춘교, 요문원과의 담화 중 임표에 대한 극좌 비판에 대해 "그 편지는 내가 보기에 맞지 않다. 극좌인가? 극우다"라고 하면서 "극좌 사조는 조금만 비판하라"고 말했다.[17] 그 전에 모택동은 「9·18통지」 직전 각지 당 간부들과의 좌담에서 임표가 자신과 여러 면에서 맞지 않는 부분이 있었음을 언급하는 등 임표에 대한 비판적 언급을 조금씩 늘리고 있었다.[18] 하지만 그의 입장이 반영되었다고 생각되는 「9·18통지」에서도 임표를 "입으로는 옳은 말을 하지만 속마음은 그렇지 않다口是心非" 또는 "양면파兩面派"라고 하면서 그 이중적 행태에 대해 비판했을 뿐 좌경이다 또는 우경이다는 식으로 표현한 적은 없었다. 그런데 위와 같이 임표에 대한 비판이 극좌, 극우로 대비되어 선택이 요구되는 상황에 놓이자 그를 극우로 평가하는 주장을 지원했던 것이다.

이러한 모택동의 입장 천명은 곧 1973년 『인민일보』, 『홍기紅旗』, 『해방군보解放軍報』에 실린 「신년헌사」에 반영되어, 임표의 이름을 직접 거명하지는 않았지만 그를 지칭하는 것이 분명한, "유소기류의 사기꾼"의 수정주의 노선의 실질을 비판하는 것을 비수정풍批修整風의 중점에 놓아야 한다는 표현으로 공식화되었다.[19] 이후 1974년 같은 신문들의 「원단헌사」에서는 비림정풍운동에서 "임표 노선의 극우 실질을 비판하는 것은 수정주의를 비판하는 것"이라고 보다 직접적으로 그를 극우로 지칭하면서, 임표에 대한 극우 비판이 중공의 당론으로 자리를 잡았다.[20]

이처럼 당시 중공의 당권 집단이 임표에 대한 극우 비판을 당론으로 세웠던 것은, 이미 지적되어온 바와 같이 주은래를 비롯한 반대 집단을 정치적으로 견제하는 의미가 있었던 것이 분명하다. 그들의 입장에서 주은래를 중심으로 행해지고 있던 임표의 극좌성에 대한 비판은 그간 문화대혁명을 추진해왔던 그들에 대한 정치적 압박으로 받아들여질 수밖에 없었기 때문에 그와 같은 견제도 필요했을 것으로 판단된다. 그렇지만 그 과정에서 형성되었던 정국의 좌우 대립 구도는 결코 바람직한 것이 아니었다고 생각된다. 왜냐하면 후술하는 바와 같이 그것은 문화대혁명의 혼란과 무질서를 근본적으로 수습하는 데 방해가 될 수 있었기 때문이다.

## 비공평법批孔評法의 제기

임표에 대한 평가를 둘러싸고 극좌 비판과 극우 비판이 대립하는 상황에서 새로운 비판 논리가 제기되었는데, 비공 즉 공자에 대한 비판이었다. 공자에 대한 비판 논의는 그 이전에도 1950~60년대 잇따라 개최되었던 '공자토론회' 등을 통해 주로 학술 차원에서 진행되어왔다. 그런데 모택동은 10전대회가 준비될 무렵부터 다양한 경로를 통해서 정치적 의도가 다분하다고 판단되는 은유적 언설들을 통해 공자 비판을 재개했다.

처음에 그것은 권위 있는 고대사학자였던 곽말약에 대한 비판으로부터 시작되었다. 1973년 5월 모택동은 "곽노인은 유종원보다 못하구나. 명색은 공산당이라지만 공자를 숭배한다네"라는 오언절구를 지었다.[21] 이어 8월에는 "그대에게 권하노니 진시황을 조금만 욕하시오. 분서갱유의 일은 따져보아야 합니다. 조룡祖龍의 혼은 죽었지만 진秦은 그대로 있으며, 공자의 학문은 이름은 높아도 알고 보면 껍데기일 뿐. 대대로 모두 진의 정법政法을 행해왔으니, 『십비판서十批判書』는 훌륭한 글이 아닙니다. 누가 당인唐人의 『봉건론封建論』을 읽고 유종원을 따르지 않고 문왕文王에게 돌아간답니까"[22]라는 곽말약에게 보내는 형식의 칠언율시를 발표했다.

모택동이 말한 『십비판서』는 곽말약이 1945년에 발표했던 책이다. 곽말약은 그 책을 통해서 공자의 인仁이란 "인민대중을 사랑"하는 것이라 하고, 인민을 사랑하기 위해 이기적 자기 본위의 욕구를 버리는 것이 예禮라고 하면서 그것을 노예해방의 흐름에 순응한 것으로 설명했다. 그는 이어 『노예제시대奴隷制時代』(1952년), 『청동시대靑銅時代』(1954년) 등 일련의 저작을 통해서 공자를 노예해방의 지도자로 자리매김했다. 반면 그와 대조적으로 진시황에 대해서는 "극단적으로 민주에 반대하는" 폭군으로 간주하면서 분서갱유는 민주적 유가에 대한 비민주적 군주의 대항으로 설명했다. 모택동은 바로 그러한 곽말약의 관점을 『봉건론』을 통해 진제국의 역사적 역할을 긍정적으로 보았던 당대唐代 유종원의 관점과 비교하면서, 공자를 폄하하고 진시황을 상찬하는 새로운 평가를 내렸던 것이다.

물론 이 같은 비공평법의 주장은 순수한 학문적 논쟁으로 보기는 어려운 것이었다. 그것은 명백히 당시의 임표 비판 정국을 향해 던져진 것이었다. 모택동은 7월 4일 왕홍원, 장춘교와의 담화에서 "곽말약은 『십비판서』에서 자칭 인본주의 즉 인민본위주의라고 하는데 공자도 인본주의로 그와 같다. 곽말약은 공자를 존숭할 뿐 아니라 법가를 반대한다. 공자를 존숭하고 법가를 반대하는 것은 국민당도 같다. 임표도 마찬가지다. 나는 곽말약이 노예제를 춘추전국을 경계로 시기 구분하는 데 찬성한다. 그러나 진시황을 크게 욕할 수는 없다"고 했는데,[23] 그는 여기서 공자를 정치적 대항 세력인 국민당, 임표와 분명히 연결해 비판했다.

그 뒤 모택동의 비림평법 주장은 학술 논의의 형식을 띠고 체계적으로 선전되었다. 『인민일보』, 『홍기』 등 주요 신문과 잡지에는 연이어 학술 논문 형식을 띤 지지 논설이 게재되었다. 당시 중산대학 역사학과 교수였던 양영국楊榮國이 『인민일보』에 게재했던 「노예제를 완고하게 옹호했던 사상가, 공자孔子―頑固地維護奴隷制的思想家」(1973. 8. 7), 「양한시대 유물론의 유심론, 선험론에 대한 투쟁兩漢時代唯物論反對唯心論先驗論的鬪爭」(8. 13) 등의 논설은 그 필두였다. 양영국은 1957년, 1961년, 1962년에 연속 개최되었던 '공자토론회'에서 공자를 '반동적' 인물로 평가하는 입장을 견지해왔던 학자로

20) 모택동의 지시에 따라 그의 논문이 실리게 되었던 것이었다.

당시 발표된 논설의 필자 가운데는 "잘 알려지지 않은" 생경한 이름들이 많았다. 사실 대부분의 논설은 몇몇 공동집필팀에 의해 작성된 것이었다. 그 가운데 가장 적극적인 활동을 전개했던 것은 강청 등이 주도한 지군遲群, 사정의謝靜宜 등 청화대학, 북경대학의 교수들에 의해 조직된 대비판조大批判組였으며, 그 외 장춘교張春橋, 요문원姚文元 등이 주도했던 상해시위원회의 사작조寫作組, 강생康生 등이 주도했던 중앙당교中央黨校의 사작조가 있었다. 그 대체적인 활동은 아래 표와 같다. 당시 발표된 논설들은 비록 학술 논문의 외형을 띠고 있다고 해도, 비림과 비공평법에 대한 논리적 분석과 논쟁적 검토가 그리 깊이 이루어지지는 못했고, 대체로 모택동의 주

| 주요 단위 | 주도 | 필명 | 활동 개요 |
|---|---|---|---|
| 北京大學, 淸華大學 大批判組 | 江淸 | 梁效, 柏靑, 高路, 景華, 安杰, 秦懷文, 施鈞, 郭平, 金戈, 萬山紅, 祝小章, 梁小章 | - 1973년 9월 4일, 「儒家和儒家的反動思想」, 『北京日報』에 발표<br>- 1976년 10월까지 200여 편의 문장 발표(공개 발표 181편, 그 중 30여 편은 강청)<br>- 게재지: 『紅旗』, 『人民日報』, 『北京大學學報』, 『歷史研究』 |
| 上海市委員會 寫作組 | 張春橋, 姚文元 | 羅思鼎, 康立, 石侖 | - 1971년 7월 성립<br>- 1973년 9월 15일, 『學習與批判』 창간, 창간호에 「論尊儒反法」 게재<br>- 게재지: 『紅旗』 |
| 中央黨校 寫作組 | 康生, 趙紀彬 | 唐曉文, 辛風, 史錦 | - 1973년 9월 27일, 「孔子是全民敎育家嗎?」 『人民日報』에 발표 |

참조: 張麗波 · 于德寶, 『中華人民共和國歷史紀實 極左哀秋(1973-1976)』, 紅旗出版社, 1994, pp.4~5; 王年一, 『大動亂的年代』, 河南人民出版社, 1996, p.496.

장에 대한 정치적 지지 선언에 가깝다고 평할 만한 것들이었다.[25]

강청, 장춘교, 왕홍문, 요문원 등 이른바 사인방은, 이러한 '학술' 차원의 비공 논의를 대중운동의 차원으로 확대해가는 데 매우 적극적인 역할을 담당했다. 그들은 모택동의 비공평법 주장을 비림정풍과 결합시킬 구체적인 근거를 제시하기 위해 보다 조직적인 작업에 착수했다. 그 시도의 하나로, 그들은 북경대학, 청화대학의 대비판조를 동원하여 임표의 집에서 유가 관련 자료들을 찾아내 「임표와 공맹지도林彪與孔孟之道」라는 자료를 작성했다. 그들은 그 속에서 "비공운동은 비림의 한 구성 부분이다"라고 하면서 "임표 거처의 구석구석에 유가의 사상 쓰레기들이 널려 있고 공학孔學의 썩은 냄새가 진동하고 있었다. 점점 더 많은 사실들이 반동적인 공맹의 도가 임표 수정주의의 중요한 근원임을 증명한다"고 주장했다.[26] 그리고 1974년 1월 12일, 모택동에게 편지를 보내 그 자료가 각지에서 비림비공을 진행하는 데 절실히 요구되는 자료라고 하면서 그것을 전국으로 배포할 것을 건의했다. 모택동은 그 편지 위에 동의한다고 표명하였으며, 1월 18일 중공 중앙은 전당에 해당 자료를 배포하기 시작했다.[27]

이후 대규모 군중이 동원되며 대중운동 차원으로 범위가 확대된, 비림비공운동이 전개되었다. 1974년 1월 24, 25일, 북경 수도체육관에서 개최된 비림비공동원대회는 중앙군사위원회의 각 기관, 북경 주둔 군대, 중공 중앙 직속 기관, 국가기관 등에서 총 1만 명이 참여한 가운데 진행된 대규모의 군중 집회였다. 강청은 그 자리에 지군, 사정의를 내세워 선동성 연설을 행하도록 했다. 그 이후 각 지도 기관을 상대로 비림비공의 대중 동원이 본격적으로 확대되었다.[28]

공자와 진시황의 관련 사적도 비공평법의 대상이 되었다. 이 시기 산동성을 비롯한 각지의 공자 사당은 심각한 파괴를 겪었던 반면 서안의 진시황 유적은 위엄 있게 단장되었다. 당시 일본 『마이니치신문每日新聞』 북경특파원인 요사다吉田는 각지에 전개되고 있는 비림비공운동을 전하면서, 서안 섬서성박물관 역사진열실의 진시황에 대한 설명에서 "중국 최초로 봉건 통일 왕조를 건설한 진시황이 공자를 태두로 한 일군이 옛 노예제도 유가사상의 부활을 주장하는 것에 대해 철저히 반대했다는 사실이 선명히 부각되고 있다"며 그에 대한 재평가 사실을 인상 깊게 전하고 있다.[29]

이와 같이 공자라는 과거의 인물에 대한 평가를 현재의 인물인 임표에 대한 평가에 대입하는 '유고풍금喩古諷今' 논리는, 결코 학술적으로 합리적인 주장으로 받아들여지기 어려운 것이었다. 때문에 비림과 연결해서 비공평법의 주장이 제기되었을 때부터 오늘날까지, 많은 중국 전문가들은 그 주장이 제기된 이유에 대해 의아하게 생각하면서도 명확한 답을 내릴 수 없었다.[30] 단지 그것을 주장했던 집단의 정치적 의도를 해석하는 데 중점을 두어왔을 뿐이었다.

기존의 해석에서, 당시 공자 비판이 제기되었던 정치적 의도는 주로 주은래에 대한 비판을 위한 것이었다는 데 대체로 의견이 모아져 있다. 주은래는 임표를 극좌로 비판하면서 문화대혁명에 대해 그 좌경적 착오를 교정하려는 입장과 정책을 펴고 있었고, 그것은 문혁 주도 집단에게 문화대혁명의 '성과'를 후퇴시킬 것이라는 피해의식을 갖지 않을 수 없도록 했다. 그런 상황으로 볼 때, 공자 비판의 주장은 주은래에 대한 정치적 비판을 은유적으로 표현한 것이었다는 지적이다. 말하자면 공자 비판은 허울일 뿐이고 진짜

목적은 주은래 비판에 있다는 것이다.[31]

그러한 해석에 일단 대과는 없다고 할 수 있다. 그렇지만 문제는 주은래에 대한 정치적 비판이 그 우파성 또는 수정주의적 경향을 직접 지적하는 것이 아니라 굳이 공자 비판이라는 다른 논리를 통해 은유적 방식으로 행해졌어야 했을까 하는 점에 있다. 비공평법의 주장과 그것이 파급되었던 양상은, 그것을 특정 대상에 대한 정치적 비판의 의도를 내포한 은유로 보기에는 그 폭과 깊이가 지나치게 컸다. 주은래를 비판하는 정치적 목적을 위해서라면 굳이 그처럼 수많은 논설과 대중을 동원하는 번잡스러움과 모험을 무릅쓸 것까지는 없었다는 의문도 가능하다. 따라서 비공평법의 주장이 주은래에 대한 정치적 비판의 의도가 분명히 있었다고 해도, 그 같은 형식의 비판에 어떤 궁극적인 의미가 내포되어 있었는가에 관해서는 좀 더 깊이 살펴볼 필요가 있다. 이를 위해서는 그것을 당시 정국의 정치적 대립 구도라는 차원을 넘어서, 문화대혁명이라는 '실패' 한 큰 실험을 수습해야 하는 당시 중국 사회의 과제와 연관해서 보다 확장된 시각 아래서 검토해보는 것이 필요할 것이다.


## 문화대혁명의 이론적 한계

넓은 시각으로 볼 때 비림정풍 과정에서 표출되었던 두 정치 진영의 입장 차이는, 기본적으로 문화대혁명을 둘러싼 평가로부터 기인하는 것이었음은 주지의 사실이다. 그에 대한 평가를 둘러싸고 존재하는 쟁점은 오늘날까지도 정리되고 있지 않은데, 문화대혁명의 실패가 본래의 지향이나 의도에서 기인한 것이었던가 아니

면 실천 과정에서 굴절된 결과였던가 하는 것이다.[32] 이러한 문제
에 대해 두 정치 진영의 입장은 각기 전자, 후자의 관점에서 대비되
고 있다고 볼 수 있다. 주은래의 경우 전자와 같은 관점에서 문화대
혁명의 극좌 경향을 비판하고 그 착오를 교정하려는 입장에 서 있
었다. 반면 비림과 비공을 주도적으로 제기했던 모택동을 비롯한
문혁 주도 집단의 경우 후자와 같은 관점에서 문화대혁명의 '착오'
에 대한 교정 시도가 문화대혁명의 기조까지 흔드는 상황을 우려
하면서 전자의 움직임을 수정주의로 보고 견제하는 입장에 있었다
고 볼 수 있다.

　그렇다면 문화대혁명의 '실패'는 과연 어디서 기인했던 것인가?
문화대혁명이 심각한 재난과 상흔을 남기는 과정에서 가장 부각되
었던 모습은, 홍위병으로 대표되는 동원된 대중에 의해 무절제하
게 발산되었던 공격 행동들이었다. 그러한 대중 동원은 문화대혁
명의 주된 이론인 "대민주大民主"의 실험 과정에서 이루어진 것이었
다. 문화대혁명은 노동대중을 억압하는 "당내주자파黨內走資派"로
규정된 권력 상층부의 일부 집단을 일소하고 노동대중의 민주를
제도적으로 보장하는 새로운 형태의 사회주의 권력을 만들어내려
는 운동이었다.[33] 이때 노동대중의 권력 상층부에 대한 공격 행동
은 "조반은 합당하다造反有理"는 천명 아래 거의 무제한 용인되었다.
그것은 극히 모험적인 실험이 아닐 수 없었는데, 실제로 그렇게 동
원된 대중들의 공격 행동은 광기를 띠게 되면서 문화대혁명을 혼
란과 무질서의 상태로 몰아가는 데 결정적인 작용을 했다.

　그런데 이러한 문화대혁명의 이론은, 비록 모험적인 요소가 있었
기는 해도, 그러한 동원 대중에 의한 혼란과 무질서가 내재된 채로
기획된 것이었다고 보기는 어렵다. 왜냐하면 문화대혁명에서 공격

목표로 지목된 "당내 주자파"는 확대된 사회 집단이 아니라 당내의 제한된 일부 분파를 지칭하는 개념이었다고 보는 것이 타당할 것이기 때문이다. 말하자면 그것은 본래 이른바 "당내 주자파"라는 당내의 일부 분파에 대한 투쟁으로, 그 공격 행위를 사회적 규모와 범위로 확대시켜야 하는 것은 아니었다. 바꾸어 말하면 그 이론의 초점은 중국 사회주의 권력에 대한 노동대중의 민주성을 확보하는 데 있었던 것으로 노동대중 사이의 사회적 투쟁을 의도했던 것이라고 보기는 어렵다.

그렇다면 문화대혁명을 혼란과 무질서로 이끌었던 대중들의 무절제한 공격 행동들은 어디서 기인했던 것일까? 그 점에 있어서는 문화대혁명 이론의 본래 내용과 당원과 대중들에게 이해된 내용 사이에 상당한 편차가 있었다는 점을 지적하지 않을 수 없다. "당내 주자파"나 "대민주" 같은 개념은 정통 마르크스-레닌주의에는 없는 생소한 개념이었다. 그러므로 당원과 대중들이 그 개념들을 수용하는 과정에서 어느 정도 이론적 오해가 발생하는 것은 피할 수 없는 일이었다. 그렇지만 그 오해는 감수할 수 있는 것보다 컸는데, 특히 적지 않은 당원과 대중들은 이미 세워진 사회주의 권력의 지도부 안에 "자본주의의 길을 가는 파벌"이 존재한다는 것을 이론적으로 수용하기 어려웠다. 예컨대 주은래의 경우도 모택동의 "당내 주자파" 이론이 발표된 이후 중공 당내의 노선 문제에 좌경, 우경이 아닌 부르주아계급이나 반동 등의 용어가 사용되는 데 의문을 표명했다.[30] 그들은 그것을 사회주의 권력을 수립하는 과정에서 이미 종결되었어야 할 프롤레타리아트의 부르주아지에 대한 공격 즉 좌파에 의한 우파에 대한 공격을 재개해야 한다는 의도로 해석하는 경우가 많았다. 때문에 문화대혁명의 진행 과정에서 대중들의 공격 행동은 대개 반우파 투쟁의 형태를 띠게 되었고, 반우파 투쟁이라는 방향으로 이끌려진 대중들의 공격 행동은 결국 더이상 "당내 주자파"에 대한 공격으로 제한되지 못하고 사회적으로 확대되면서 무질서와 혼란을 초래하게 되었던 것이다.

이렇게 볼 때, 비림정풍 과정에서 두 정치 진영이 임표 비판을 둘러싸고 극좌 비판, 극우 비판으로 대립했던 것은 기본적으로 문화대혁명 이론의 실천 과정에서 오해로 인해 야기된 대립 구도를 계속하고 있는 꼴이라고 볼 수 있다. 임표를 극좌로 평가하면서 문화대혁명의 착오를 교정하려는 주은래의 입장이나 그에 대해 임표를 극우로 평가하면서 반발했던 문혁 주도 집단의 입장은, 모두 위와 같은 문화대혁명의 진행 과정에서 그 이론에 대한 오해로 야기된 의도되지 않은 좌우 대립의 구도 속에 있었다.

이런 측면에서, 임표 비판을 둘러싸고 형성되고 있던 주은래 등과 문혁 주도 집단의 좌우 대립 구도는 결코 바람직하지 못했다. 주은래가 문화대혁명의 극좌성을 비판하면서 그 착오를 적극적으로 교정하려고 했던 작업은 문화대혁명의 수습을 위해서 어느 정도 필요한 것이기는 했지만[35] 그것 역시 근본적인 대안의 제기라고 볼 수는 없었다. 오히려 그것은 자칫 중국 사회주의가 이론적인 원칙 없이 표류하게 만들 수 있다는 우려를 야기할 수도 있었다. 모택동은 7월 4일 왕홍원, 장춘교와의 담화 가운데, 주은래가 주관하는 외교부의 활동에 대해 "큰 일은 토론하지 않고 작은 일은 매일 들고 온다. 이런 풍조를 바꾸지 않으면 필경 수정주의가 나타날 것이다"라고 비판하고 있는데[36] 이는 바로 그러한 우려를 표명한 언급이라고 할 수 있다. 그렇다고 해서 주은래에 대한 비판을 좌파의 우파 비판이란 형태로 몰고 가는 것 역시 바람직한 것은 아니었다. 전술했듯이 비록 모택동이 임표 비판을 둘러싼 좌우 대립 상황에서 표면적으로는 좌파의 입장에 손을 들어줌으로써 주은래에 대한 정치적 견제를 취하기는 했지만, 그것 역시 불필요한 좌우 대립의 구도를 유지한다는 점에서 문화대혁명의 혼란과 무질서를 수습하는 근본 해결책이 될 수는 없었다.

그러한 상황에서 근본적인 해결은 문화대혁명 이론에 대한 대안의 모색이라는 차원에서 진행되어야 했다. 말하자면 문화대혁명의 혼란, 무질서를 근본적으로 수습하기 위한 모색은, 그 착오에 대한 개별적 교정이나 그에 대한 좌우 대립적 비판이 아니라, 그러한 제 문제의 기인이 되고 있는 문화대혁명 이론을 떠나 그것을 새로운 방향으로 전환시킬 이론적 대안을 마련하는 차원에서 진행되어야 했다.


## 전환논리로서의 유교 비판


그렇다면 여기서 임표 비판 정국에서 예기치 않게 제기되어 전문가들을 의아하게 만들었던 유교 비판의 주장을 다시 검토해 볼 필요가 있을 것이다. 그것이 단지 주은래에 대한 은유적인 정치적 비판에 머무는 것이 아니라고 한다면, 문화대혁명이 봉착했던 위와 같은 문제에 대해 대응하고 있는 측면은 없는가 생각해볼 수 있을 것이다. 그에 대해, 우리는 비공평법의 유교 비판 논리가 다음 두 가지 측면에서 문화대혁명의 논리에 대한 전환의 의미를 내포하고 있었다고 지적할 수 있을 듯하다.

첫째, 그것은 "대민주"라는 문화대혁명의 이론적 주제를 권력 집중과 정치적 통제 강화라는 방향으로 공개적으로 전환시킨 논리였다.

모택동은 9월 23일 이집트 부총리 샤피와의 담화에서 이렇게 말했다. "진시황은 중국 봉건사회에서 가장 유명한 황제입니다. 나도 진시황입니다. 임표는 나를 진시황이라고 욕했습니다. 중국에는 역대 두 개의 파가 있는데, 하나는 진시황이 좋다고 말하며 하나는 진시황이 나쁘다고 합니다. 나는 진시황을 찬성하고 공자를 찬성하지 않습니다."[37] 즉 자신을 "엄형준법嚴刑遵法"의 법가적인 정치원리를 통해 중국을 지배했던 진시황에 비유했다. 이는 권력 집중과 정치적 통제를 강화하겠다는 모택동의 의지 표명으로 읽어도 큰 잘못은 없다. 이는 문화대혁명의 주제인 "대민주"와 명백히 대조되는 것으로, 모택동이 이제 이전까지와는 다른 원칙에 근거해서 권력을 구성하고 행사할 것임을 공개 표명했던 것으로 받아들일 수 있다.

이 점에서 비림비공운동은 비록 외연적으로는 문화대혁명에서 드러난 군중운동의 형태를 그대로 유지했지만 그에 내포된 내용은 "문화대혁명의 이론과 실천을 계속 옹호하고 지탱해갔던"[38] 것이었다고 단순히 평가하기는 어렵다고 판단된다. 왜냐하면 그것을 기점으로 해서 중국 정국의 전반적인 기조는 민주화에서 보수주의 정치로 크게 전환되어갔기 때문이다.[39]

이런 측면을 고려할 때, 모택동과 이른바 사인방의 관계도 보다 신중하게 평가될 필요가 있다. 비림비공이 진행되는 과정에서 사인방은, 모택동을 지원하면서 그것을 대규모 운동으로 확대해가는 데 핵심 역할을 담당했다. 그렇지만 권력 집중과 정치적 통제의 강화를 의도했던 모택동의 입장에서 볼 때 군중운동을 계속 격화시켜갔던 그들의 행동이 그의 의도에 부합했다고 보기는 어렵다. 특히 그것이 문화대혁명 때와 같은 반우파 투쟁의 형태로 확대되어 가는 것은 결코 바람직하지 못했다.

실제로 모택동은 비림비공운동이 사인방의 주도 아래 반우파 투쟁으로 확대되는 양상을 보이자 곧바로 그에 대해 경계를 표명했다.

사인방은 비림비공을 군중운동으로 확대해가면서 그것을 문화대혁명 때와 같은 반우파 투쟁으로 몰아갔다. 그들은 주은래에 대해서 그 극좌 비판을 문제삼는 데서 나아가 "우경도 더이상 우경일 수 없다"며 그를 우경으로 규정하며 보다 직접적인 공격을 전개함으로써 당내 권력투쟁을 격화시켰다.[40] 아울러 마진무공사중학 사건馬振撫公社中學事件,[41] 백지답안 영웅 사건,[42] 초등학생 일기 사건,[43] 유리달팽이 사건,[44] 「삼상도봉三上桃峰」사건[45] 등 수많은 우경 비판 사건을 날조하면서 무리를 야기했다.

그에 대해 모택동은 곧 경계의 입장을 표명했는데, 그의 입장이 반영되었다고 판단되는 1974년 5월 18일의 「중공중앙통지」는, 군중들의 폭로, 비판은 임표 반당 집단의 음모 활동과 연관된 문제로 한정해야 한다고 하면서 운동이 지나치게 "확대화"되어서는 안된다고 경계했다. 아울러 임표 집단과 선을 분명히 긋고 반성한 당원들에 대해서는 관용하겠다고 했던 「9·18통지」의 방침을 재차 확인하면서 "병을 고치는 건 사람을 살리자는 것治病救人"이라는 표현으로 비판 대상을 확대하는 것을 자제할 것을 주문했다. 그는 더 나아가 사인방 자체에 대해서도 경계를 표명하면서 자신과의 거리를 분명히 했다. 예컨대 그는 7월 17일 중앙정치국회의에서 강청에 대해 "두 가지 공장은 세우지 말아야 한다. 하나는 강철공장이고 하나는 모자공장이다. 걸핏하면 사람들에게 큰 모자나 씌우고. 좋지 않다. 주의해야 한다"고 하면서 "그녀는 결코 나를 대표하지 않는다. 그녀 자신을 대표할 뿐이다"고 공개적으로 언급했다. 당시 그는 "그녀는 상해방으로 볼 수 있겠다. 당신들도 주의해라. 네 사람이 소종파를 만들어서는 안 된다"고 말했다.[46]

이런 사실들을 통해 볼 때, 비림비공은 문화대혁명의 "대민주" 실험을 접고 권력 집중과 정치적 통제 강화를 통해 권력을 구성하는 전환의 과정에 놓여 있었으며, 비공평법은 그러한 전환을 이끌어가는 논리로서의 의미를 내포하고 있었다고 볼 수 있을 것이다.

둘째, 비림평법은 마르크스-레닌주의에서 역사 전통으로 담론의 무대를 전환시킴으로써 문화대혁명 이론에 대한 교조적인 마르크스-레닌주의적 해석과 오해로 혼란을 야기했던 문화대혁명의 문제가 더 연장되지 않도록 차단했다.

문화대혁명의 "당내 주자파"나 "대민주"와 같은 개념은 본래 정통 마르크스-레닌주의에 없는 생소한 개념이었다. 그것은 마르크스-레닌주의의 중국적 수용 과정에서 고안된 독자적 개념이었다. 사실 중국에서는 마르크스-레닌주의를 수입한 이래 그것을 중국 상황에 맞게 소화하려는 모색을 진행해왔다. 그것은 모택동도 예외가 아니었는데, 그의 경우 「신민주주의론新民主主義論」(1938년)은 정통 마르크스-레닌주의적 모델, 특히 역사의 단계적 발전이라는 개념을 비교적 충실히 적용하려고 했던 실험이었고, 신중국 건립 이후 「과도시기의 총노선」(1952년)을 제기하면서부터 독자적인 이론을 모색하려는 지향은 더욱 강해졌다고 지적된다.[47] 문화대혁명은 그러한 모색 과정의 연장선에 있었다.

그런데 앞서 언급했듯이 문화대혁명의 이론은 실천 과정에서 당원과 대중들에게 오해되었던 측면이 있었다. 그들은 "당내 주자파"에 대한 공격을 권력 상층부의 일부로 제한하지 못하고 사회적인 규모의 반우파 투쟁으로 확대함으로써, 문화대혁명의 혼란과 무질서 상황을 낳았던 것이다. 그러한 이론적 오해가 야기되었던 요인의 하나는 문화대혁명 이론이 독자적 색채가 강했던 이론임에도 불구하고 마르크스-레닌주의적 개념으로부터 완전히 자유롭지 못했던 데 있었다고 할 수 있다. 많은 당원과 대중들은 "당내 주자파"의 개념을 그 자체로 받아들이지 못하고 의아해하면서 마르크스-레닌주의적 개념에 대입해서 "우파"로 재해석했다. 말하자면 문화대혁명 이론은 마르크스-레닌주의의 담론 체계 속에서 독자적 이론으로 자리 잡지는 못했다. 그 점에서 마르크스-레닌주의의 담론 체계 속에서 문화대혁명 이론을 둘러싼 쟁론을 계속 이어가는 것은 문화대혁명을 수습하는 데 근본적인 도움이 되었다고 할 수 없다. 비림정풍 과정에서 두 정치 진영이 극좌, 극우로 대립했던 상황은 바로 그러한 상황에 속했던 것이라고 할 수 있다. 그에 대해 비공평법은 당시 정국의 담론을 마르크스-레닌주의에서 역사 전통으로 전환함으로써 문화대혁명 이론을 둘러싼 오해와 갈등이 지속되지 않도록 상당 부분 차단하는 역할을 했다고 말할 수 있다.

모택동의 사상적 이력을 통해 볼 때, 마르크스-레닌주의적 담론이 벽에 부딪혔을 때 역사 전통 담론으로 전환을 시도했던 것은 결코 기이하다고 할 수 없다. 그의 사상에는 크게 두 가지 기인基因이 존재했다고 할 수 있는데, 하나는 마르크스-레닌주의이고 다른 하나는 전통사상이었다. 그는 청년기에 마르크스-레닌주의를 수용하기 전에 전통사상의 토양을 가지고 있었다. 그러한 전통사상의 기인은 이후에도 지속되었으며[48] 또한 그의 사상이 교조적으로 흐르지 않고 실사구시적인 면모를 갖게 하는 데 영향을 주었다고 지적된다.[49] 그와 같은 사고 체계를 갖고 있던 모택동이 문화대혁명과 비림정풍을 통해 마르크스-레닌주의적 담론의 벽에 직면했을 때 비공평법이라는 역사 전통 담론을 제기했던 것은 어찌 보면 자연스러운 것일 것이다.

이러한 두 가지 측면에서, 비공평법의 주장은 주은래 등 정치적 반대파에 대한 정치 전략적 비판의 의도뿐만 아니라 중국 사회주의의 큰 실험이었던 문화대혁명의 논리로부터 벗어나 방향 전환을 시도함으로써 그 논리로부터 파생되었던 문제들을 차단하고 새로운 모색을 도모할 수 있도록 고안된, 하나의 전환논리로 볼 수 있을 것이다.


## 비판과 계승의 문제

비공평법이 문화대혁명에 대한 전환논리로서의 의미가 있었다고 해도, 그것만으로 당시 유교에 대한 비판이 필요했던 이유가 충분히 설명되는 것은 아니다. 말하자면 그것은 유교 비판이 문화대혁명의 수습에 활용될 수 있었던 유효한 논리적 수단의 하나였다는 점을 설명할 뿐, 유교 비판이 실제로 그처럼 필요했는가 하는 의문에 대한 답을 주지는 못한다. 따라서 당시 비판 대상이 되었던 유교에 관해 좀 더 생각해볼 필요가 있다. 그 유교 비판이 문화대혁명의 수습 이후 중국 사회주의의 전개 방향과 관련해서 어떤 방향 제시를 하고 있는가에 관해 생각해보아야 하는 것이다.

이를 위해서는 우선 비림비공 당시 유교에 대한 파괴적 공격이 남겨 놓은 상흔으로부터 한 발짝 뒤로 물러나 보다 객관적인 시점에 서는 노력이 필요하다고 생각된다. 비림비공시 유교에 대한 공격 행위들은 격렬해서 그 파괴의 흔적들을 바라보는 사람들로 하여금 불편한 마음을 갖도록 한다. 산동성 곡부 공묘의 비석에 남아 있는 한때 파괴되었던 흔적들은 비록 현재 복원을 거쳐 봉합되어 있다고 해도 당시의 광기를 상상하기에 족하다. 그것들은 소중한 역사 유산이 온전히 보존되지 못했다는 사실을 애석해하도록 하며, 아울러 교훈으로 삼아 반성해야 할 것임이 분명하다. 그러나 그렇다고 해서 그 상흔에 연연해서 지나친 감상에 빠지는 것은 적절치 못하다. 그 유교 비판이 필요 이상으로 격렬했던 면이 있었다고 해도 그 비판의 논리에 개입되었을 이성적 고려들을 무시할 수는 없다.

그렇다면 그 유교 비판 논리는 어떠한 지향 위에 서 있었던 것인가? 그와 관련해서, 유교 전통에 대한 모택동의 인식과 입장은 비공평법의 주장이 제기되기 훨씬 전부터 비교적 명확했다는 점을 지적할 수 있다. 그가 1940년 2월 연안에서 발표했던 「신민주주의론」에는 유교 전통을 포함해서 역사 전통의 계승에 대한 그의 인식과 입장이 잘 나타나 있다.

「신민주주의론」에서 그는, 모든 문화는 기본적으로 정치와 경제를 반영하며, 사회주의적 정치와 경제가 건설되는 과정에서 문화 역시 그를 반영해 새롭게 건설되어야 한다고 하면서, 그러한 새로운 문화는 "민족적", "과학적", "대중적" 문화여야 한다고 주장했다. 그는 특히 새로운 문화가 민족적 형식을 가져야 한다는 점을 강조하고 있다. 마르크스주의를 포함해서 외래문화를 수용하는 과정을 음식물을 섭취하는 것에 비유하면서, "음식을 먹을 때 반드시 스스로 입으로 씹고 위장 운동을 거치면서 침, 위액, 장의 분비물을 보내 음식물을 정화와 찌꺼기 두 부분으로 분해해 찌꺼기를 배설하고 정화는 흡수하는" 것처럼 민족적인 즉 자기 형식을 갖는 문화가 되도록 해야 한다고 설명했다.[50]

「신민주주의론」 직전에 발표했던 「중국공산당의 민족전쟁에서의 지위」라는 글에서도 자기 형식을 갖는 민족적 문화에 대한 관점을 볼 수 있다.

> 우리 민족은 수천년의 역사가 있다. 그 속에는 고유한 특징이 있고, 진귀한 것들이 아주 많다. (그렇지만) 우리는 그런 것들에 대해 아직 초등학생일 뿐이다. 오늘날의 중국은 역사적 중국에서 발전해 나온 것이다. 우리는 마르크스주의적 역사주의자다. 우리는 역사를 단절시킬 수 없다. 우리는 공자에서 손문에 이르기까지 모두 정리해내고 그 진귀한 유산을 계승해야 한다. 이것은 당면한 위대한 운동을 지도하는 데 중요한 도움을 줄 것이다. 공산당원은 국제주의적 마르크스주의자이지만, 마르크스주의는 반드시 우리들의 구체적인 특징과 결합해야 하고 아울러 일정한 민족의 형식을 통해서만 비로소 실현될 수 있다.[51]

위의 논의 속에서 모택동은 민족적 문화를 위해서 역사 유산 가운데 봉건성의 찌꺼기를 버리는 비판의 작업과 민주성의 정화를 선별하는 계승의 작업이 필요하다고 강조하고 있는데, 이때 언급되고 있는 유교 전통은 대체로 두 측면으로 구분되고 있는 것으로 파악된다. 우선 그는 기존 체제의 주요 원리로서 유교를 강하게 비판했다. 그는 사회주의 이전 시기의 문화는 제국주의와 봉건계층에 복무해온 문화라고 하면서 그러한 문화 아래에서는 새로운 문화, 새로운 사상에 반대하는 사람들이 공자를 존숭하고 경전 읽기를 주장하고 낡은 예교와 낡은 사상을 제창했다고 비판했다. 그렇지만 그는 유교를 학문적, 이론적으로 탐구하는 것에 대해서는 반대하지 않았다. 오히려 그는 사회주의 하의 "민족적", "과학적", "대중적" 문화를 형성하기 위해서는 유교를 포함한 역사 전통을 적극적으로 탐구해야 한다고 주장했다. 그 자신도 유교 전적 속의 개념이나 사상 등을 논의 가운데 즐겨 사용하는 편이었다.

그의 논의 속에서 구분되고 있는 유교 전통의 두 측면은 각기 '체제적 유교', '학술적 유교'라고 표현할 수 있을 것이다. 전자는 생활윤리, 의례, 제도 등의 형태로 사람들의 생활에서 실제로 규제력을 발휘해왔던 유교이며 후자는 이론적 탐구의 대상으로서의 유교이다. 그것은 당시까지 존재해온 유교 전통의 두 차원을 포괄하고 있다고 할 수 있다.

전통 중국에서 양자는 후자를 적극적으로 전자에 적용하려고 한 지식인들의 노력 즉 '교敎'의 확대 노력을 통해 긴밀히 결합해왔으며, 그러한 완결된 구조 속에서 유교의 영향력은 지속적으로 발휘되었다.[52] 근대로 접어들어 양자의 긴밀한 결합은 와해되고 유교는 점차 동요를 겪게 되었다. 우선 사람들의 일상을 규제했던 기존 체제의 주요 원리로서 유교는 새로운 체제에 부합하지 않는 가치로 간주되며 부정되었다. 신문화운동은 그러한 새로운 움직임이 시작되었음을 보여준 가장 전형적인 사건이었다. 그 뒤 지속된 유교에 대한 비판과 공격을 통해서 전통 체제를 형성하고 있던 주요 원리로서 유교 전통은 점차 위축되었다. 한편 지식인을 중심으로 진행되어왔던 유교에 대한 학문적, 이론적 탐구도 그리 활발히 이루어지지는 못했다. 지식인들은 오래 전부터 학문적, 이론적 탐구보다

'교'의 실천에 중점을 두어왔으며, 또 청말 과거제가 폐지되고 신식 학제가 도입되어 전통 지식인들의 존재 기반이 약화되면서 유교에 대한 탐구 활동은 더욱 위축될 수밖에 없었다.[53] 그러한 유교의 상황은 이후에도 기본적으로 지속되고 있었다고 할 수 있다.

그러한 상황에서, 모택동은 위의 「신민주주의론」을 통해 유교 전통의 비판과 계승에 관해 상당히 구체적인 접근의 방향을 제시하고 있다고 볼 수 있다. 즉 그는 '체제적 유교'에 대한 비판과 '학술적 유교'에 대한 계승을 주장하고 있는데, 전통 중국의 체제 속에 용해되어 있는 유교적 요소들을 폐기하는 작업과 유교에 대한 학문적, 이론적 탐구를 통해서 새로운 체제에 기여할 원리를 찾아내는 탐구의 작업을 분리 진행할 것을 제시했던 것이다.

「신민주주의론」에서 보이는 모택동의 유교 전통에 대한 접근의 관점은, 비림비공의 유교 비판에도 이어지고 있다고 보는 것이 자연스러울 듯하다. 이미 지적했듯이 기존 연구에서 당시의 유교 비판은 대체로 정치 전략적 목표를 위해 활용된 수단의 논리로 간주되어 그 유교 비판의 논리에 대해서 깊이 주목하지 않았던 측면이 있었지만, 위와 같은 모택동의 유교 전통에 대한 구체적 인식과 연결지어 비공평법의 의미를 해석하는 것이 적절할 것이다. 그렇다고 할 때, 비공평법의 주장에 대해 다음과 같은 점들을 지적할 수 있을 듯하다.

첫째, '체제적 유교'에 대한 비판이라는 측면에서 비림비공의 유교 비판은 제한적으로 그 긍정적인 의도를 인정할 수 있다고 판단된다.

기존 연구에서 비공평법이 남긴 부정적 영향은 주로 학술, 사상적 차원에서 지적되어왔다고 할 수 있지만,[54] 기실 '학술적 유교'에 대한 비판은 비공평법의 초점이라고 할 수 없다. 모택동의 유교 전통에 대한 비판의 초점은 '학술적 유교'가 아닌 '체제적 유교'에 놓여 있었다. 그러므로 그에 대한 평가도 우선 '체제적 유교'의 차원에서 내려지는 것이 적절할 것이다.

이와 관련해서 당시 중국 사회에서 체제적 유교에 대한 비판이 필요했는가 하는 점에 대해서는 일단 어느 정도 긍정할 수 있는 측면이 있다. 사회주의로의 정체 변화를 경험했지만 장기에 걸쳐 중국 사회에 뿌리를 내려왔던 유교의 영향은 여전히 존재했고 그것을 배제하려는 노력이 계속되어야 했음을 부정할 수 없다. 그렇다고 할 때, 그것을 위해 선택된 비판의 방식이 적절했는가를 잠시 논외로 하고, 비림비공은 결과적으로 중국인들의 생활 속에서 유교의 권위와 영향력을 약화시키는 계기가 되었다고 할 수 있다. 당시 유교는 그것과 연관을 짓는 것만으로도 비판이 성립할 정도로 부정적 존재로 '공인'되고 있었는데, 그러한 '공인'을 만들어가는 방식이 무리가 있었다고는 해도 그것을 통해 중국 사회에 대한 유교의 영향력은 그 이전에 비해 훨씬 옅어졌던 것은 사실이었다.

둘째, 반면 '학술적 유교'의 차원에서 비공평법은 부정적인 영향을 남겼다고 할 수 있다.

앞서 살펴보았듯이 모택동은 역사 전통에 대한 비판과 계승을 강조하면서 유교 전통에 대해 기존 체제 속의 유교적 요소를 부정함과 함께 그에 대한 새로운 분석을 통해서 새로운 체제에 기여할 수 있도록 해야 함을 주장했다. 그런 관점에서 그는 사회주의라는 새로운 체제에 대해서 '학술적 유교'를 적극 추진해야 한다는 점을 인정하고 있었다.

실제로 비림비공에서도 비공평법의 논의는 외연적으로 학술적 형식을 띠고 제기되었다. 그것은 곽말약의 공자 해석에 대한 모택동의 반론으로 시작되어 그러한 해석의 입장을 지지하는 '학술 논문' 들을 통해 확대되었다. 그것은 또한 넓게 보면 1957년, 1961년, 1962년 등 그 이전 시기에 잇따라 개최된 공자토론회의 학술 논의를 계속 진행하는 의미를 갖고 있었다. 그 점에서 당시 유교 비판은 그 형식만을 가지고 보면 학술적 유교로서 유교를 새롭게 탐구한다는 입장을 따르고 있었던 것이라고 할 수 있다.

그러나 당시 실제 진행되었던 공자와 유교를 둘러싼 학술적 논의들은, 주지하듯이 진정한 학문적, 이론적 분석이 결여된 것이었다. 전술했듯이 당시 발표된 수많은 글들은 비록 학술 논문의 외형을 띠고 있다고 해도 모택동의 비공평법 주장에 대한 논리적 분석과 논쟁적 검토가 이루어지지 못한, 그에 대한 정치적 지지 선언에 가까운 것들이었다. 그것은 정치에 종속된 학문이었다. 비림정풍과 연관되어 정치적 압박이 비교적 분명히 관측되는 상황에서 자유로운 학술 토론은 허용되지 못했고, 학술적 논의는 결국 정치적 차원으로부터 규제되지 않을 수 없었다. 따라서 그것은 학술적 외연을 갖추고 있었음에도 불구하고 오히려 유교를 학술적 유교로서 진지하게 논의하는 계기는 만들지 못했던 것이다.

이렇게 볼 때, 비림비공운동에서 유교 비판은 오늘날 중국 사회에서 유교 전통의 비판과 계승 문제와 관련해서 유용한 시사점을 제공해주고 있다고 생각된다. 앞서 살펴보았듯이 비공평법은 문화대혁명에 대한 전환논리로서, 중국 사회주의의 이론을 마르크스-레닌주의에의 교조적인 종속으로부터 상대적으로 벗어나게 하면서 그 역사 전통의 토양을 강조했다는 데 의미가 있었다. 밖으로부터 수입된 이론인 마르크스-레닌주의를 중국적으로 소화하려는 문화대혁명의 이론적 모색이 실패한 상황에서 그와 같이 역사 전통으로 관심을 돌려보는 것은 당연한 전환으로 볼 수 있을 것이다. 그렇지만 그러한 전환이 외래적 요소에 대한 관심에서 역사 전통에 대한 수용으로 우르르 몰려가는 듯한 무비판적인 것이 되어서는 곤란할 것이다.[55] 오늘날 유교전통에 대한 관심과 중시의 태도가 나타나고 있는 일각에는 그와 같은 맹목적인 복고의 정서가 일부 없다고 할 수 없다. 요컨대 역사 전통의 계승을 위해서는 그 역사 전통에 대해 무엇을 비판하고 무엇을 계승할 것인가에 대해 보다 확고한 원칙이 필요한 시점이다. 그 점에서 당시 유교에 대한 비판과 계승의 원칙은 비교적 확고했다고 할 수 있는데, 그것은 한편으로 유교 가운데 낡은 체제와 결합되어 있는 부분에 대해서는 철저히 단절을 시도하면서 다른 한편으로 그것을 새로운 체제 하에서 원점에서부터 탐구함으로써 계승하려고 했다. 요컨대 그것은 기존의 체제적 유교에 대해 철저히 비판하면서 학술적 유교로의 계승을 추진했다. 이는 유교 전통을 대하는 하나의 원칙으로 주목해볼 가치가 있는데, 특히 맹목적 복고의 정서에 대한 경계의 필요가 인식되는 상황에서 역사 전통의 계승을 위해서는 그에 대한 철저한 비판이 전제되어야 함을 강조했다는 점에서 음미해볼 점이 있다고 생각된다. 단 그것이 그 의도와 형식과는 달리 유교적 가치에 대한 새로운 탐구를 오히려 침체하게 만들었다는 점에서, 방법론적인 한계를 내보였다는 사실도 아울러 지적할 수 있을 것이다.

## 맺음말

중국에서 역사 해석이 정치와 밀착되었던 예는 결코 드물지 않다. 이 글에서 다룬 비림비공에서도 고대 인물에 대한 평가인 비공평법과 정치 투쟁인 비림정풍이 결합되었으며, 그 발단이었던 문화대혁명 역시 「해서파관海瑞罷官」이라는 희곡 작품에 투영된 오함吳晗의 역사 인식을 문제 삼는 것으로부터 시작된 것이었다. 요컨대 중국에서 정치적 주장이 역사 해석의 형식을 통해 표현되는 것에 대해서는, 그럴 수 있다는 인식이 있다.

그러한 인식 때문인지 비림비공에서 제기된 유교 비판의 주장에 대해서는, 그 비판 논리는 그리 깊게 분석되지는 못했고 그에 내포되었다고 여겨지는 정치적 의도를 드러내는 정도의 설명이 주를 이루어왔다. 그것이 주은래 등 정치적 반대파에 대한 정치적 공격이었다는 지적은, 그 가운데 가장 설득력 있는 설명으로 받아들여졌다. 그때 비공 즉 유교 비판의 주장은 그러한 정치투쟁에 종속되었던 논리적 수단으로 간주되어왔다. 그렇지만 이 글에서는 그 유교 비판의 논리가 단지 정치투쟁을 위한 논리적 수단에 그치는 것이 아니라 1970년대 중국 사회가 직면하고 있던 어떤 문제에 대한 보다 고차원적인 고려를 내포하고 있을 것이라고 보고, 그에 대해 이전과는 다른 보다 적극적인 해석을 시도해보았다. 그 결과 다음과 같은 점에서, 그것이 당시 중국 사회에 혼란과 무질서를 가져왔던 중국 사회주의의 큰 실험, 문화대혁명을 수습해가는 과정에서 상당히 중요한 의미를 내포한 주장이었음을 주목하게 되었다.

우선 그것이 문화대혁명의 기조와 이론에 대한 전환논리였다는 점을 주목할 수 있었다. 기존 연구에서 비림비공운동은 문화대혁명의 이론과 실천을 계속 옹호하고 지탱해갔던 것으로 간주되는 경우가 많았다. 그러나 본문에서 살펴보았듯이 비림정풍에 이어 제기된 비공평법의 주장에는 여러 면에서 문화대혁명과 차별적인 내용을 담고 있었다. 문화대혁명에서 실험된 "대민주"와 달리 권력 집중과 정치적 통제의 강화를 주장했던 것과 마르크스-레닌주의적 담론에서 역사 전통 담론으로 논의의 무대를 옮겨갔던 것은, 가장 두드러진 측면이라고 할 수 있다. 그러한 측면들을 종합적으로 볼 때, 당시 유교 비판의 주장은 단순히 문화대혁명 후반의 정치적 대립 구도 속에서 정적을 공격하기 위해 동원된 논리가 아니라 문화대혁명 자체의 수습과 방향 전환을 의도한 보다 고차원적인 논리로 해석할 수 있는 측면이 있다.

또한 그러한 유교 비판의 제기는 중국이 외래사조인 사회주의를 소화해가는 과정에서 직면할 수밖에 없었던 역사 전통의 계승 문제를 반영하고 있다. 그것은 마르크스-레닌주의라는 외래사상의 중국적 적용 실험이 교조성을 탈피하지 못하고 직면하게 된 실패 상황을 타개하기 위해 제기되었던 것으로, 중국 사회주의를 그 역사 전통의 연속선상에 위치시키는 것이 중요하다는 사실을 다시금 상기하도록 했다. 이때 역사 전통 가운데 무엇을 버리고 무엇을 취할 것인가를 정하는 것은 매우 중요한 사안인데, 그 점에 대해 비교적 명확한 입장을 제기하고 있는 그 유교 비판의 논리는 주목된다. 전술했듯이 그것은 낡은 체제와 결합되어 있는 기존의 체제적 유교에 대해서는 철저히 단절을 시도하면서, 새로운 체제 하에서 유교를 학술적 유교로서 다시 탐구하는 것에 대해서는 원칙적으로 부정하지 않고 있다고 이해된다. 이러한 유교 전통에 대한 접근 방향은 오늘날 유교 전통에 대한 비판과 계승의 문제를 고민하는 데

있어서 하나의 원칙과 방법론으로서 음미해볼 만한 거리를 제공해
주고 있다고 생각된다.

안휘성에서 출판된 황금 논어

# 4 이데올로기적 『논어』 독해

_조남호

"모든 이데올로기는 자신의 고유한 문제틀에 의하여 내적으로 통일된, 하나의 실재적 전체로 간주되어야 한다."(루이 알튀세르, 『맑스를 위하여』)

## 머리말

"공자는 결코 계급을 초월한 인간이 아니라, 냉엄한 조건 속에서 격렬한 계급투쟁에 몸 바친 뛰어난 사상 활동가였다고 봐야 한다"[1]라고 한 시게자와 도시로의 말은 공자 비판이 일본에서도 전개되었음을 보여준다. 이러한 계급투쟁의 관점에서 공자를 비판적으로 음미하려는 사고는 현대 중국에서 비롯되었다. 중국에서 공자를 비판적으로 인식하는 경향은 장자莊子 이래로 계속되었지만 본격적으로는 오사운동 시기(1919년)부터 시작된다. 오사운동 시기의

251

개혁가들은 전통 중국이 가지는 문제점을 유학에 두었고, 특히 유학의 봉건적 사고를 부정하였다. 유학이 공자에 기원을 두고 있기 때문에 그들은 "타도공가점打倒孔家店"을 외치며 공자를 부정적으로 보기 시작했던 것이다. 그러나 오사운동 시기의 학자들은 공자 사상 자체보다는 군주제에 의해 옹호된 공자 사상을 부정할 뿐 전면적으로 공자를 부정하지는 못하였다. 이대조李大釗가 "내가 공자를 배격한 것은 공자 자신을 향한 것이 아니라 역대 군주가 새겨 넣은 우상의 권위를 향한 것이다"라고 말한 것이 그러한 경향을 잘 대변해주고 있다. 이러한 사고가 근대 중국의 공자에 대한 일반적인 경향을 대변하고 있었다. 중국이 공산화된 후에도 공자에 대한 평가는 부정적이었지만, 긍정적인 점도 인정하고 있었다. 1962년에 이루어진 공자철학 토론회의 참석자 대부분도 공자에 긍정적이었다. 풍우란馮友蘭이 공자를 지주 계급에 속한 사상가로 규정하면서도 공자의 사고가 정돈된 체계로서 2천여 년 동안 중국에 영향을 미쳐왔다고 주장한 것은, 그가 공자를 긍정적으로 평가하고 있음을 보여준다.

그런데 공자에 비판적인 인식은 비림비공운동 시기(1973년)를 기점으로 완전히 부정적인 사고로 전환된다. 당시의 학문적 연구들은 모든 분야에서 오로지 사인방(강청, 장춘교, 요문원, 왕홍문)의 이데올로기 선전에만 의미를 둔 것으로 학문적 활동이라고 보기는 어렵다. 사실 이 시기는 지식인에게는 거의 암흑기나 다름없었다. 이때의 공자 연구 방법의 특징은 공자를 오로지 정치적으로 독해하는 데 있었으며, 거의 모든 지식인들이 이구동성으로 공자를 공구孔丘 또는 공노이(孔老二: 공씨 집안의 둘째)라고 하여 성인의 지위에서 끌어내렸다. 훗날 당시의 자기 관점을 철회하기는 했지만, 대표적인 존공파尊孔派인 풍우란까지도 이때에는 공자를 전면적으로 비판하기에 이르렀다. 풍우란은 공자를 비롯한 전통적 유산을 해석하기 위해서는 시대를 뛰어넘는 보편성을 인식해야 한다고 주장하였다. 시대를 뛰어넘는 보편성共相과 시대에 국한된 개별적 상殊相을 분리하여 보편성에 주목해야 한다는 것이다. 이러한 방법론은 송대 성리학과 밀접한 연관 관계를 갖는다. 이는 이기理氣와 같은 송대 성리학의 개념 틀이 가지는 보편성에 주목한 것이다. 풍우란이 주목하는 보편성은 개념의 구체적 의미보다는 추상적 의미를 채택한다. 예를 들면 공자에서 학의 의미는 시서예악이 아니라 배움 일반이라고 한다. 이러한 풍우란의 방법론이 바로 추상계승법이다.

그런데 또 다른 일군의 학자들, 즉 양영국楊榮國, 관봉關鋒, 조기빈趙紀彬 등은 풍우란과는 달리 그 이전부터 공자를 노예주 사상가라고 비판하였다. 그들은 공자 연구 방법론으로 고증학과 마르크스의 역사적 유물론을 사용하고 있는데, 이는 당시 풍우란의 방법론인 추상계승법을 비판하기 위한 것이었다. 풍우란의 추상계승법은 역사성을 결여한 것으로, 그가 말하는 배움 일반은 역사를 고려하지 않았다는 것이다. 공자 시대에 이미 학문은 모든 사람이 평등하게 다가갈 수 있는 것이 아니라 지배 귀족의 전유물이었기에, 그들이 보기에 풍우란의 해석 방식은 역사성보다는 이기理氣를 기준으로 하는 신유학적 도덕주의를 벗어나지 못하는 것이었다. 그리하여 추상 대신에 구체성을, 도덕주의 대신에 계급성을 주장하게 된 것이다. 특히 조기빈의 『논어신탐論語新探』(3판)은 공자 비판의 역사에서 정점에 자리하고 있다. 대부분의 학자들이 비판계승론을 주장하고 있는 데 비해, 그는 그것을 넘어서서 철저비판론의 형태를 취하고 있다. 그는 이 책에서 청대 고증학 전통을 이어받아서 언어 분석적 태도로 『논어』의 중요한 개념들을 설명하고 있다. 이는 양영국, 관봉 등과는 다른 조기빈의 독특한 연구 방법론이다. 여기서는 『논어신탐』을 주로 하여 조기빈의 특징적인 주장을 살펴보고, 아울러 풍우란을 비롯한 동시대 학자들의 견해도 함께 고찰해서 『논어신탐』이 갖는 문제점에 대해서도 설명할 것이다. 그리고 관봉의 변화된 관점도 서술하여, 이들의 차이를 설명할 것이다.[2]

## 이데올로기적 『논어』 독해의 한 가지 사례: 극기복례 克己復禮

이데올로기적 『논어』 독해가 어떤 것인지 간단히 알아보기 위해서 극기복례克己復禮에 대한 조기빈의 해석을 살펴보도록 하자. 이 구절이 들어 있는 전체 원문은 다음과 같다.

> 안연이 인仁을 물었다. 공자가 말하였다. "극기복례가 인이다." 顔淵問 仁. 子曰 "克己復禮爲仁." 『논어』 「안연」 [1]

기존의 해석들은 대체로 기己를 욕欲으로 해석하는 경향에 충실하였다. 양웅揚雄 이래로 "자기의 사사로움을 이기는 것"이 극기라고 하였으며, 송대 성리학에서는 욕망과 이理를 대립시켜 기己를 사욕私欲이라고까지 주장하였다. 그런데 이러한 해석은 "인을 실천하는 것은 자기로부터 말미암지 남을 기다리겠는가? 爲仁由己而由人乎哉"라는 구절과 모순을 일으킨다. 극기복례에서 '기' 는 부정적 의미를 지니지만, 위인유기의 '기' 는 긍정적 의미로 위인爲仁의 주체이다. 조기빈은 이러한 모순을 문제점으로 삼아 '극기克己'와 '유기由己'가 서로 대립하지 않는다고 한다.

조기빈에 따르면, '기'는 고대에 이상적 군주를 가리키는 대명사였다가 춘추시대 때 일인칭 겸양어로 의미가 축소되었다. 『논어』에서 '기'는 대체로 '인人'과 상대되는 칭호로, '인'이 스스로를 일컬을 때 쓰이므로 '기'는 자기 자신을 가리킨다고 했다. 그래서 조기빈은 극기는 '거기去己'가 아니라 '유기由己'와 같은 의미를 가지는 것으로 보아야 한다고 주장했다. 그런데 이런 해석은 조기빈의 독특한 주장이 아니라 청대의 초순焦循, 모기령毛奇齡, 완원阮元, 능정감凌廷堪 등이 이미 주장했던 것이다. 다만 조기빈이 청대 고증학자와 다른 점은 바로 계급사관을 적용하는 데 있다.

청대 고증학자들은 기에 대한 해석에서 욕망을 긍정하고 있다. 그러나 조기빈은 공자의 극기라는 개념을 인의 주관 능동성으로 해석한다. 그는 공자를 노예주를 옹호하는 사상가로 규정하기 때문에, 공자의 극기 개념도 그에 따라 해석한다. 공자는 객관적 법칙을 인정하지 않고 주관의 능동성을 주장하기 때문에 시대착오적이라는 것이다. 극기의 기가 바로 인을 행하는 주체의 능동성을 표현한다는 것이다.

조기빈의 이러한 극기 해석은 사람을 추상적으로 보지 않고 구체적이고 역사적인 것으로 보는 데서 출발한 것이다. 그것은 또한 풍우란의 추상적 인간관을 겨냥한 것이기도 하다. 풍우란은 극기를 자기와 투쟁하여 이기는 것이라고 해석한다. 조기빈이 보기에 풍우란의 해석은 정주 성리학을 이어받은 것이다. 정주 성리학이 극기를 통하여 당시의 변혁 사상을 방어하기 위한 봉건적 이데올로기를 마련하였듯이, 풍우란은 극기를 통하여 추상적 관계를 정립하였고 그것은 곧 '인간관계의 평등을 유지하였다'고 한다. 조기빈은 풍우란의 이러한 해석이야말로 자본계급의 이데올로기를 마련하였다고 본다.

조기빈은 다음으로 복례에 대한 해석에서도 자신의 관점을 관철시킨다. 송대 성리학자들은 예를 '천리에 근거해서 차등적 역할을 규정한 행위 규범'이라고 한다. 그러나 조기빈은 이러한 해석이야말로 욕망과 이理를 대립시키는 것에서 나오는 것이므로, 이러한 해석은 예의 계급적 의미와 역사적 의의를 탈각시키는 것이라고 한다. 따라서 복례는 당시 상황 속에서 이해되어야 하고, 그것은 곧 서주 노예제를 이행하는 것이어야 한다. 그래서 그는 복례를 '본성을 회복한다'는 의미가 아니라 '서주 노예제도를 옹호하는 뜻'으로 풀이한다. 다음 절에서 자세히 살펴보겠지만 조기빈은 '인人'과 '민民'을 구분하면서 전자는 지배층을 가리키고 후자는 피지배층을 가리킨다고 이해한다. 나아가 그는 『논어』에 등장하는 '군자君子'와 '소인小人'도 각각 지배계층 내의 상이한 두 계급, 즉 전자는 세습귀족을 후자는 신흥지배층을 가리킨 것이라고 주장한다. 이런 이해를 기초로 조기빈은 공자는 세습귀족 편을 들면서 해체되고 있는 서주 노예제를 회복하려고 하였다고 생각했던 것이다. 공자는 이러한 상황 속에서 주체적으로 예를 위반하는 상황을 저지하려고 극기복례라는 개념을 내세웠다. 공자는 특히 지배계급인 인이 예의 구속, 단속, 제약을 감내해야 할 것을 주장했던 것이다.

그런데 공자가 "공경하는 마음이 없이 부모를 봉양하는 행위를 개나 말을 사육하는 것과 차이가 없는 것"으로 설명한 것은 조기빈과 다른 해석이 가능하다. 이는 공자가 단순히 노예제를 옹호하는 예를 옹호하였다고 생각하기보다는 예의 보편성을 설명하였다고 볼 수 있는 측면이 있다. 조기빈은 공자의 이 점을 비례非禮적 현상에 의해 초래될 수 있는 부정적인 파급 효과를 경계하는 것으로 설명한다. 좀 더 확실히 체제를 안정시키기 위해서는 지배계급의 단속이 필요했던 것이다.

조기빈은 '인仁'을 송대 성리학자처럼 '마음의 온전한 덕心之全德'으로 해석하지 않고, 두 사람(人)의 관계로 해석한다. 그가 보기에 인仁을 마음의 온전한 덕으로 해석하는 경향은 역사적 의미를 사상한 형이상학적 해석에 불과한 것이다. 그는 인仁은 인人으로 통용된다는 완원阮元의 관점에서 보면 인 계급이 군자와 소인으로 분화되듯이, 인 개념은 추상적 관계가 아니라 구체적인 인 사이의 관계를 의미한다고 한다. 그것은 인 내부 사이의 대립과 투쟁보다는 조화로운 상태를 의미한다. 그러므로 조화를 도모해야 할 가장 중요한 관계는 군자와 소인 나아가 인과 민 사이의 관계라고 할 수 있다. 이 관계는 바로 예에 의해서 규정되기 때문에, 조기빈은 예가 일차적이고 인은 부차적인 관계라고 설명한다. 인의 주관 능동성도 예의 객관성에 따라서 조절되어야 한다는 것이다.

결국 조기빈에 따르면 "극기복례위인"이 의미하는 것은 지배계급이 서주 노예제에 따라 자신을 규정하고 거기에 능동적으로 대처함으로써 지배계급 내부의 각성을 촉구하는 것이고, 아울러 당시 민과 소인의 반항을 조화시키려는 것이다. 그러나 모순을 조화하려는 공자의 그런 시도는 시대착오적이다. 조기빈이 보기에 모순은 조화를 통해 해결되는 것이 아니라 계급투쟁으로 해결되는 것이 곧 역사 법칙에 부합되는 것이기 때문이다.

대체로 인仁과 예禮는 공자 사상을 설명하는 두 가지 틀이다. 예에 초점을 두면 공자는 기존의 질서 체계를 옹호하려는 보수주의

자로 규정되고, 인에 초점을 두면 공자는 새로운 인간성을 마련하려는 사상가로 규정된다. 그런데 조기빈의 극기복례에 대한 해석은 예에 중심을 둔 해석이라고 할 수 있다. 물론 공자가 예에 집착하는 모습이 있는 것은 부정할 수 없다. 그러나 또 한편으로 공자에게는 예로 완전히 규정되지 않는 인仁의 측면도 있다. 사상사적으로도 인仁이 함축하고 있는 이런 도덕적 자발성의 강조가 그 후 모든 유학파들이 설득력을 지니게 되었던 원천이라고 할 수 있다.

조기빈은 공자가 서주 노예제를 옹호하였기 때문에 당시 공자의 이론이 노예주에게 설득력이 있었다고 한다. 그러나 어떠한 사회든지 그 시대를 이끌어 가는 이념은 지배층만이 아니라 피지배층에게서도 지지를 획득해야만 한다. 나아가 우리는 공자에게는 역사성이라는 문제 틀로는 해결될 수 없는 측면이 있음을 간과해서는 안 될 것이다. 그것은 바로 도덕성이라는 문제이다. 따라서 도덕성과 역사성이라는 두 가지 문제 틀을 동시에 채택해야만 올바른 공자 해석이 시작될 수 있다고 할 수 있다.

## 지배층과 피지배층의 구분 : 인人과 민民에 대한 계급적 독해

공자가 말하였다. "천승의 나라를 다스리되, 일을 공경하게 하고 믿게 하며, 비용을 절약하고 인人을 정치적으로 중용하며, 농한기에 민民을 부려야 한다."("子曰 道千乘之國, 敬事而信, 節用而愛人, 使民以時."『논어』「학이」)[5]

원래 유학에 쓰이는 인과 민이라는 용어를 구분하는 사고는『논어』 이전의 시기에 씌어진 『춘추좌전』이나 『시경』 등에서 나타난다. 황간皇侃이나 유보남劉寶楠 등의 청대 고증학자들은 이 구분을 『논어』에까지 확장시켰다. 황간은 인은 사리를 분별할 수 있는 안목을 가지는 칭호로, 민은 눈이 어두워 사리를 분별하지 못하는 칭호로 쓴다고 한다.(『논어집설』 권1) 유보남은 『논어정의』 권1에서 인은 민이 아니라고 한다. 이 주장은 유봉록劉逢祿의 『논어술』 하편에 인人은 대신大臣이나 군신群臣이라고 한 것에 대한 설명에서 나온 것이다. 그런데 유보남은 애인愛人은 원래 애민愛民인데, 그 뒷 구절에 나오는 사민使民과 함께 쓰지 않기 위해서 쓴 것이라고 한다. 그런데 이 둘의 초점은 인과 민을 단절적으로 구분하기보다는 인과 민의 호환성에 맞춰져 있다. 그래서 이들은 이 구절을 통해 군자(통치자)는 백성에 대한 애정을 가져야 한다는 도덕주의적 관점을 주장하였다. 인과 민의 분리와 통합은 전통 시대 통치의 두 핵심이다. 전통 시대 통치자는 인과 민을 차등 대우하면서 한편으로는 민을 끌어안는다. 그런데 조기빈을 비롯한 비림비공을 주장한 사상가들은 차별과 분리만을 강조함으로써 한계를 가질 수밖에 없었다.

조기빈의 『논어』 해석의 특징 중 하나는 인과 민을 계급적으로 구별해서 단절시킨 데 있다. 그는 공자가 백성에 대한 애정을 가졌다고 생각하지 않는다. 오히려 공자를 백성보다는 지배층 특히 노예주를 위해 복무한 사상가로 볼 뿐이다. 따라서 그는 공자가 생각한 인과 민은 서로 다르다고 규정한다. 그에 따르면 인과 민은 생산 관계에서는 노예주와 노예로, 정치 영역에서는 통치자와 피통치자로 구분된다.

조기빈은 『논어』에서 인과 민을 구별한 용례에 대해 크게 세 가지로 나눈다.

첫째, 그는 "비용을 절약하고, 애인하며, 농한기에 사민해야 한다"에 보이듯이 인과 민에 대해서 '애愛'와 '사使'라는 각각 다른 단어를 사용하고 있음에 주목하였다. 조기빈의 설명대로라면, 여기서 '애'는 인 계급을 정치적으로 중용하는 것이고 '사'는 도읍 조성과 성 쌓기, 길 닦기治路 사업 등과 같은 경제 외적 착취를 말하는 것이다. 이와 같은 구별은 『논어』에 '애민'이라는 단어가 나오지 않는 것으로 증명이 된 듯하지만, 『논어』에 '사인'이라는 단어가 여러 번 나타남으로써 이에 대한 설명이 필요하다. 그 중에 대표적인 구절은 다음과 같다.

군자 밑에서 봉사하기는 쉽지만 흡족하기는 어려워, 누군가가 만약 정당한 방법復禮으로 이해시키지 않으면 기뻐하지 않는다. 군자가 인(하급자에게 임무를 맡길使人 때, 그는 그 사람의 그릇에 따라 일을 시킨다. 소인 밑에서 봉사하기는 힘들지만 흡족하기는 쉬워서, 누군가가 비록 정당한 방법으로 이해시키지 않더라도(비례적인 이익과 결과) 기뻐한다. 소인이 인에게 임무를 맡길使人 때, 그는 결과의 달성을 요구한다.[3]

조기빈은 이 대목에서 '사인'이란 '사민'과 달리 인 계급 내부에서 상급자가 하급자에게 임무를 부여하는 것으로 설명한다. 그것은 상급자와 하급자의 구별이 노예주와 노예의 구별과 같지 않다는 뜻이다. 따라서 '사인'과 '사민'은 엄연히 다른 것이다. 그런데 또 다른 구절, "(군주가) 은혜를 베풀면 사인할 수 있다惠則足以使人"(「양화」 6)의 '사인'은 이와 다르다. 여기서는 군주가 신하에게 임무를 부여하는 것이 아니기 때문이다. 그는 여기서 인은 원래 민인데, 당 태종 이세민李世民의 휘諱를 사용하는 것을 기피하여 그렇게 고쳤다고 함으로써, 사인과 사민의 문제점을 피해 가려고 한다. 그렇다면 문헌 비평상 『논어』의 인 중에서 어떤 것이 민인지 구분할 기준이 없어져, '사인'과 '사민'의 구분은 성립될 수 없게 된다.[4]

둘째, 그는 "착한 인이 교민하였다善人教民"(「자로」29)와 "회인하면서 게을리하지 않았다誨人不倦"(「술이」2)에서 보이듯이 '교'와 '회'의 대상이 민과 인이라는 데 주목하였다. 대체로 회는 '학學'이나 '지知'와 결부되어 지금의 교육을 뜻하지만 '교'는 '융戎'이나 '전戰'과 결부되어 현대적 의미로 교육이 아니라 전쟁과 관련 있는 군사 훈련이 된다. 따라서 조기빈은 교육을 받을 수 있는 계급은 민이 아니라 인이라며, 또한 군사 교육자가 인이라고 하였다善人教民. 이와 같은 설명은 '교인' 또는 '회민'이라는 단어가 『논어』에 나타나지 않기 때문에 증명될 수 있다.

그런데 민과 인 모두에 대하여 공자는 "교육의 기회를 부여하는데 신분의 차별을 두지 않았다有教無類"(「위령공」39)는 반론이 제기될 수 있다. 즉 풍우란처럼 공자는 계급을 구분하지 않고 보편적 교육을 실시하였기 때문에, 인과 민은 계급적 구분 없이 모두 교육을 받았다고 해석할 수 있기 때문이다. 조기빈은 이에 대해서 '류類'는 '동족族類', '유有'는 '지역域'이라는 의미를 지니기 때문에, '유교무류'를 민에 대해서 군사 교육을 시행할 때 지역 단위로 해야지 동족 단위로 해서는 안 된다는 뜻으로 해석한다. 즉 노예계급에게 일률적인 군사 교육을 실시해야 한다는 뜻으로, 노예를 소유한 사적 집단을 약화시키고 공실(公室, 노예주 귀족)을 강화하려는 군사 사상이라는 것이다.[5]

그러나 "공자는 네 가지 덕목으로 (민에게) 군사적 훈련教을 시켰다. 문행충신이 그것이다子以四教 文行忠信"(「술이」 25)에 보이듯이 교가 과연 군사적 훈련인지 여전히 의문이 남는다. 조기빈은 이에 대해서 문행충신이 군사 훈련의 내용이며, 민을 전쟁에 동원할 때 쓰이는 '강제적인 군사 명령'이라고 설명한다. 군사 명령의 숙지文, 행동行, 상명하복의 충성심 배양忠, 전쟁의 명분에 대한 신뢰감信이 그 예이다. 그런데 다른 한편으로 문행충신은 교화라는 의미로 쓰이는 것이 타당할 수 있다.[6] 이때 교는 반드시 '강제적인 군사 훈련'이 아니라 '자발적인 교화'로 풀이해야 한다. 또한 '유'를 지역으로 해석하는 경우가 있더라도, '유교'의 경우처럼 부사+동사로 쓰인 경우는 없다.[7] 그리고 '류'를 '족류'로 해석하는 것에도 문제가 있다. 족류는 성姓이 있고 노예는 성이 없는데, 다시 '무류'를 모든 노예로 설명하는 것은 서로 모순이다.[8] 그리고 교와 회를 『시』, 『서』, 『좌전』 등에서는 의미를 구분하지 않고 함께 쓰는 경우도 있다.

셋째, '일민逸民'에 관해 주목하였다. 『논어』에는 일민으로 "백이伯夷, 숙제叔齊, 우중虞仲, 이일夷逸, 주장朱張, 유하혜柳下惠, 소련少連"(「미자」 8)을 들고 그들의 행동거지를 다음처럼 설명한다.

"자신의 의지를 굽히지 않고 자신의 몸을 욕되게 하지 않는 경우는 백이와 숙제일 것이다. 유하혜와 소련은 의지를 굽히고 몸을 욕되게 하였지만, 그들의 언론이 조리에 맞고 행실은 사려의 대상에 부합하였다. 우중과 이일은 숨어 살면서 말을 함부로 하였으나, 행실은 깨끗함에 맞았고 벼슬하지 않음은 권도에 부합하였다."[9]

일민인 이들이 과연 민인가 하는 것이 문제가 된다. 왜냐하면 백이와 숙제만 하더라도 귀족 계급에 속한 인물이므로, 민을 노예로 규정하는 것과 모순이 되기 때문이다. 그래서 조기빈은 일민이 보통 민과 다른 점을 세 가지로 들고 있다.

　1) 인은 성명을 이야기하지만, 민은 성명을 말하고 있지 않다. 그러나 일민은 성명을 들고 있다.

　2) 인은 발언과 행동의 자격이 주어지는데, 민은 그렇지 않다. 그러나 일민은 "언론은 조리에 맞고, 행실은 대상에 부합하였고" "숨어살면서 말을 함부로 하여" 발언권을 가졌다.

　3) '등용擧'의 대상은 인이지 민은 아니다. 그리고 민은 정사에 참여할 수 없었다. 그러나 일민은 등용의 대상이 되고 있다.

　조기빈은 이 세 가지를 근거로 일민은 민과 달리 인의 자격을 갖추고 있으며, 원래 일민은 인이었는데 노예제가 붕괴되면서 민으로 몰락한 귀족이라고 설명한다. 또한 『설원』, 『사기』 「공자세가」 등을 예로 들면서 공자도 일민에 속하였다고 한다. 조기빈은 일민의 등용 문제에 대해서는 일민이 문화적 교양을 갖추고 있으면서 민간에 거주하고 있어서 노예제 사회 건설에 일정한 역할을 담당할 수 있었다고 풀이한다. 이는 공자의 인과 민의 구별과 일민의 등용이 아무런 모순도 없다는 입장에서 나온 것이다. 그러나 일민이 인에서 민으로 몰락하였다면, 민이지 인은 아니다. 그리고 일민이 여전히 인의 내포를 가지고 있다면 '일민逸民'이 아니라 '일인逸人'이라고 해야 되지 않을까 싶다. 조기빈의 인과 민에 대한 구별은 당시 민(노예)이 태업하고 도망가고 배반하는 상황民偸, 民散, 民免 속에서, 공자가 민을 차별하고 인을 높였다는 인식에서 나온 것이다. 즉 공자는 노예주와 노예가 대립하는 상황 속에서 노예주를 옹호하였다는 것이다. 따라서 공자는 전면적인 비판의 대상이었던 것이다.

이상에서 살펴보았듯이 『논어』의 인과 민을 일률적으로 노예주와 노예로 구별하는 것은 많은 문제점들이 있기 때문에, 도식적 분류라는 혐의를 벗을 수 없다. 이러한 이유로 당시 많은 중국학자들은 이 분류를 인정하지 않았던 것이다. 1960년대 대표적 사상가인 관봉은 조기빈의 인과 민의 구별에 찬동하면서도, 인 개념에 신흥 지주계급이나 자유민을 포괄하여 설명하고 있다.[10] 그는 인 개념을 노예주에 한정시키면 당시 새롭게 일어서고 있는 지배층을 빼놓게 되는 문제점을 해결하기 위해 노예주와 노예의 이분법적 도식을 약간 완화하려 한 것이다. 그와 달리 장대년은 인은 기근에 대한 말 爲仁由己, 而由人乎이고 민은 윗사람上에 대한 말上失其道, 民散久矣이라고 하여 인과 민의 구별에 반대하고 있다. 그리고 공자의 보편적 사랑을 강조하여 조기빈의 집중적 비판의 대상이 되었던 풍우란은 비림비공 시기에 자신의 관점을 완전히 바꾸어 공자를 노예주 사상가로 인정하면서도, 인과 민의 구별에 대해서는 언급하지 않았다. 1980년 수정본 『중국철학사』에서 풍우란은 이 문제를 다음처럼 언급한다 "인은 인류의 인이고, 민은 통치를 받는 계층이다. 인과 대립된 것은 금수이고, 민과 대립된 것은 군君이다. 민은 정치적 함의가 있지만, 인은 도덕적 의미가 있다. 인의 도덕적 유형으로 '선인善人', '대인大人', '소인小人', '성인成人', '인인仁人'이 있다." 이는 인의 계급성보다는 도덕성에 초점을 둔 것이다. 이처럼 조기빈의 인과 민의 도식적 구별은 그 자체가 문제가 많아 설득력을 가질 수 없었다. 조기빈도 이 문제점을 알고 있었다. 그래서 "공자학파의 계급적 기초에 대해서도 감히 모두 다 맞는다고는 인정하지 않는다. 따라서 시급히 공개적 토론의 장을 마련하여 사실을 파악해야 할 것이다"(『반논어』, p.87)라고 한다.

## 지배층 내부의 계급투쟁: 군자와 소인의 갈등

공자가 자하에게 말하였다. "너는 군자유가 되고 소인유가 되지 말라."(子謂子夏曰 "女爲君子儒 無爲小人儒." 『논어』 「옹야」 11)

공자가 말하였다. "군자는 도덕적 정당성에 깨닫고, 소인은 이익에 깨닫는다."(子曰 "君子喩於義, 小人喩於利." 『논어』 「이인」 16)

조기빈은 『논어』에서 인과 민을 구별할 뿐만 아니라, 군자君子와 소인小人도 구별한다. 원래 군자와 소인에 대한 설명은 대체로 송대 유학자의 틀 속에서 이야기되고 있다. 주자학에서는 군자가 자기의 내적 완성과 도덕적 정당성을 추구하는 데 비하여, 소인은 타인에게 보이는 측면에만 힘쓰고 물질적 이익을 추구한다고 정의한다. 조기빈은 이러한 설명이 군자와 소인을 도덕적 품성으로 가르는 것에 불과할 뿐 이들 사이의 계급적 투쟁을 보지 못한 것이며, 역사성을 무시하는 것이라고 비판한다. 한편 한대 유학자는 군자와 소인에 대하여 관직을 가지고 있는 자와 백성으로 구분하였는데, 이에 대해서도 조기빈은 인과 민에 대한 구분을 혼동한 것이라고 비판한다.

조기빈의 구별에 따르면 군자와 소인은 다 같이 인 계급에 속하지만 대립하는 계층이다. 이는 군자와 소인의 계급투쟁을 강조한 것이다. 군자는 노예주 세습 귀족을 일컫는 개념이고, 소인은 하층 지배자 계층에서 물질적 부를 축적하며 정치 권력에 참여하는 새로운 계층을 일컫는 개념이다. 이런 구분은 춘추시대 정전제井田制에서 사유제私有制로의 토지제도의 변화, 즉 새로운 생산양식의 출현과 관계가 있다. 춘추시대에 이르러 생산력이 발전하고 전쟁이 확대되면서, 정전제가 무너지고 사유제가 나타나기 시작했다. 사유제의 발달은 지배층의 분화를 가져왔다. 사적인 부를 우선적으로 추구하는 자들 중에 벼락부자가 나타나는가 하면 몰락하는 귀족 계급도 있었다. 사유제를 찬성하는 자들은 정전제를 반대하였고, 그렇지 않은 자들은 사유제를 반대하였다. 그러나 정치적 측면에서는 여전히 세습 귀족은 권력을 쥐고 있으면서 사적 이익을 추구하여 자신들의 정치적 지위를 공고히 하려 하였다. 따라서 새로운 물질적 부를 획득한 계층이 정치 권력을 획득하여 자신들의 경제적 부를 보호하려 한 것은 필연적 추세였다. 그리하여 이 두 계층 사이에 정치적으로나 경제적으로 투쟁이 일어날 수밖에 없었다. 그것이 곧 군자와 소인의 계급투쟁이다.

공자는 이러한 상황에서 군자를 찬미하고 소인을 공격하였다. 그러나 당시 지배계층은 기존의 제도를 유지해야 함에도 불구하고, 규범을 무시하거나 파괴하기까지 하였다. "군자라면 당연히 인仁한 자라야 하는데, 불인不仁한 자가 있다."(「헌문」 6) "군자가 용기만 있고 정의가 없다면 반란을 일으킨다."(「양화」 23) 등은 군자 중에 불인한 자나 반란을 일으키는 자가 있음을 설명한 것이다. 공자는 그들을 미화하지 않고, 그들의 사치와 부패를 비판한다. 공자는 한편으로 상층 지배층의 절약과 검소를 제창하여 빈부의 차별을 완화하려 하였고, 다른 한편으로 하층 인人들에게 정신생활을 하도록 부추기고 물질생활의 향유를 비하하도록 하였다. 그리하여 공자는 도덕 정치를 주장함으로써 당시 군자와 소인의 계급 모순을 조화시키려고 하였던 것이다. 물론 이것은 상층 지배층보다는 하층 인에게 양보와 굴복을 요구하는 것이다.

조기빈이 볼 때, 공자는 곧 노예주 세습 귀족을 옹호하고 있는 것이다. 그래서 그는 공자 당시 군자를 대변하는 지식인君子儒과 소인을 대변하는 지식인小人儒이 있음에 주목한다. "군자는 화하지만 동하지 않고, 소인은 동하지만 화하지 않는다君子和而不同, 小人同而不和"(「자로」 24)에서 조기빈은 동同과 화和를 각각 이익이나 권력에 대한 독점과 예에 입각한 모순 · 조화로 해석한다. 군자는 모순의 조화를 추구하고, 소인은 조화보다는 독점을 추구한다. 즉 군자는 모든 경제적 이익을 독점하려 하고 모순을 덮어두려 하기 때문에 모순을 조화하는 형태로 나타내고, 소인은 군자가 가지고 있는 기득권을 차지하려 하기 때문에 독점을 추구한다. 조기빈은 군자를 대변하는 지식인으로 공자를 들고, 소인을 대변하는 지식인으로 사묵史墨, 소정묘少正卯, 묵적墨翟 등을 들고 있다.

소인파 지식인인 사묵은 "사물의 생장에는 대립하는 두 계기가 있다物生有兩"고 한다. 조기빈은 사묵의 주장이 소박한 유물론으로, 사물의 전화를 설명하는 것으로 조화를 강조하는 공자와 대비가 된다고 한다. 소정묘는 『논어』에는 나오지 않고, 『순자』「유좌편」과 『사기』「공자세가」 등에 나온다. 원래 소정묘의 문제는 양영국이 처음으로 제기하였다. 소정묘는 그 뒤 비림비공 시기에 공자에 의해 죽임을 당한 것이 부각되어, 유가와 법가의 대립을 상징하는 인물로 대두되었다. 조기빈도 「공자가 소정묘를 죽인 문제에 관하여」라는 소책자를 발간하였다. 조기빈은 소정묘가 천명을 믿지 않고 세습 귀족의 정권을 뒤집으려 했고心達而險, 언변을 통해 세습 귀족의 시비와 선악 기준을 비판하였고言僞而辨, 저술에서 대립과 투쟁과 관련하여 많은 양을 기술하였고記醜而博, 귀족 통치에 비판하는 세력을 끌어 모아 커다란 위력을 갖추었다고 평가한다順非而澤. 이러한 이유가 공자로 하여금 소인파의 대표적 지식인으로 소정묘를 죽였던 것이다. 조기빈은 이를 유법 투쟁의 발단으로 보고 있다. 그리고 그는 묵적이 유자를 비판하고非儒 이익과 권력의 독점을 숭상하는尙同 견해를 피력한 것은 소인의 사고방식을 대변한다고 한다. 그는 묵적이 소인으로 자처한 점을 방증으로 들고 있다. 반면에 풍우란은 소정묘의 실존에 대해 부정적인 생각을 가지고 있었다. 그 뒤 풍우란은 홍위병들에게 끌려가 소정묘가 관직명인지 사람 이름인지를 고증하였다고 한다.

조기빈은 한 걸음 더 나아가 공자학파 내부도 군자와 소인으로 양분한다. 전자에는 안연, 민손, 자유[11] 자하, 증삼이 속하고, 후자에는 자로, 자공, 재아, 염구, 자장, 유약, 번지가 속한다. 전자가 주로 공자에게 칭찬받는 사람들이라면, 후자는 공자에게 비판받는 사람들이다. 조기빈은 전자가 공자에게 칭찬받는 까닭은 군자의 노선을 추구하였고, 후자가 공자에게 비판받는 까닭은 개인의 성품이 아니라 소인의 변혁 노선을 추구하였기 때문이라고 한다. 특히 조기빈은 자공과 소정묘의 관계, 자장과 묵적의 관계를 설정함으로써 소인파 지식인을 공자학파 내부의 분열로 설명하려는 틀을 제시하였다. 자장이 "관을 비뚤게 쓴 것"(『순자』「비십이자」)과 묵적의 "정수리가 벗겨지고 발바닥이 닳은 것"은 다 같이 예에 맞는 몸가짐을 반대한 것이고, 그것은 소인의 성격을 드러낸 것이라고 한다.

군자와 소인을 나누려는 조기빈의 의도는 현대 연구자들에게 의미 있게 받아들여지고 있다.[12] 그러나 군자와 소인을 지나치게 기계적으로 나누어 공자를 비판하는 쪽을 모두 소인으로 설명하는 것은 무리가 있는 것처럼 보인다. 조기빈은 법가나 묵자를 소인파라고 규정하지만, 그들의 문헌 속에서도 군자를 높이고 소인을 미워하는 구절이 나오며,[13] 소정묘와 묵적 사이에는 어떠한 관련성도 확인되지 않는다. 단지 둘 다 모두 천명을 비판하였다는 공통점만 확인될 뿐이다. 그럼에도 불구하고 소정묘와 묵적을 동일한 사상 계열로 보려는 시도는 아마도 조기빈이 유법 투쟁과 유묵 투쟁을 뒤섞었기 때문에 발생한 것 같다. 그리고 공자학파 내부에서 자로 같은 인물을 소인파 지식인으로 분류하는 것도 여전히 문제로 남는다. 안회처럼 공자의 뜻에 맞지는 않았지만, 공자는 그에 대해 남다른 애정을 갖고 있었기 때문이다. 그렇다면 그를 오로지 소인파 지식인으로 몰아 공자와의 차이점만을 부각시키려는 것은 조기빈의 지나친 해석일 수밖에 없다.


## 맺음말

한 시대를 규정하는 이데올로기는 각 부분들을 전체적으로 통합한다는 알튀세르의 지적은 조기빈의 이데올로기적 연구 방법에도 타당하다. 조기빈은 공자의 사상 내에 있는 이질적인 부분들을 공자가 어떻게 이데올로기적으로 통일시키려고 하였는지에 관심을 가지고 있다. 조기빈의 『논어신탐』(2판)을 치밀하게 읽다 보면 우리는 조기빈이 공자를 철저하게 부정하지는 않는다는 것을 확인하게 된다. 그에 따르면 공자는 노예제 귀족 계급 안에서도 '유신파維

新派'에 속하기 때문이다. 그렇다면 공자에게는 부정적인 측면뿐만 아니라 계승해야 할 긍정적인 측면도 있다고 할 수 있다. 조기빈이 공자의 긍정적인 측면으로 든 것이 바로 지식인 등용擧賢을 공자가 주장한다는 점이다. '지식인 등용'이란 문제가 중요한 이유는 이것이 공자가 노예제사회를 옹호한 것이냐, 아니면 봉건사회를 옹호한 것이냐와 관련이 있기 때문이다. 조기빈은 공자가 노예주를 옹호하였다는 것을 그가 주례周禮, 즉 '종법에 따른 체계'에 근거했다는 것을 통해 밝히고 있다. 종법 체계는 친친親親의 원리에 근거한 것인데, 공자는 친친뿐만 아니라 존존尊尊도 주장한다. 존존은 친친의 혈연적 원리에 비해 능력을 중시하는 입장이다. 따라서 존존의 원리가 통용되는 사회는 노예제사회라기보다는 봉건사회가 적당하다고 할 수 있다. 그렇다면 공자는 봉건지주를 옹호하는 셈이 된다. 중국이 공산화된 뒤, 풍우란이 공자를 봉건지주 사상가로 간주한 것도 이 때문이다.

풍우란과는 달리 조기빈은 공자를 노예주를 옹호하면서 '지식인 등용'이라는 개량적 방법을 통해 봉건사회로 넘어가는 과도기적 사상가로 간주하였다. 그러나 유소기劉少奇와 임표林彪를 공자 존숭 사상과 연결시키는 사상 투쟁 과정에서 이와 같은 그의 입장이 문제로 불거지게 된다. 그러자 그는 공자에 대한 자신의 입장을 수정하여, 마침내 공자의 지식인 등용이 새로운 능력 위주의 사회 건설에 목적이 있었던 것이 아니라 지배계급 내부의 문제에 불과했다고 결론짓는다. 그래서 공자는 '서주 노예제가 영구히 지속되기를 바라는 망령된 사상가'로 규정되며, 공자 사상의 특징은 '유신'대신에 '복례'로써만 설명되기에 이른다. 조기빈의 이런 입장 변경이야말로 중국 사회의 경직성을 반영한다고 할 수 있다. 그리고 그가 공자를 노예주 옹호론자로 보고 당시를 노예제사회로 보는 사고방식이 마르크스의 역사관을 일률적으로 적용한 것이 아닌지 의심이 된다. 사실 중국 내에서 이루어진 노예제사회의 시기 규정과 관련된 논쟁은 마르크스의 역사 발전 5단계설에 대한 무비판적인 수용 때문에 발생했다고 할 수 있다. 그러나 중국에 역사 발전 5단계설을 적용하는 것이 의문시되는 현재에 있어 노예제 단계의 존재 여부에 관한 논쟁은 무의미하다고 할 수 있다.

그럼에도 불구하고 조기빈을 정점으로 하는 공자 비판이 갖는 역사적 의의는 간과되어서는 안 된다. "공자는 국가를 경영하는 뛰어난 방안을 계획해냈지만, 그것은 모두 민중을 지배하기 위해서, 즉 권세자들의 입장에서 고안한 방식일 뿐이요, 민중 자신을 위한 내용은 단 한 점도 없다"(「현대 중국의 공자」, 『노신 전집』 제6권)는 노신의 말은 이미 조기빈을 예견하고 있다고 할 수 있다. 공자에 대한 비판은 도도한 공자 존숭에 맞서서 흐르고 있는 또 하나의 잠재된 물줄기라고 할 수 있다. 어떤 사상에도 부정적인 측면과 긍정적인 측면이 공존할 수밖에 없을 것이다. 따라서 어떤 사상을 철저하게 부정하려는 시도는 항상 한계를 내포할 수밖에 없는 것이다. 하지만 철저한 부정은 항상 새로운 변화와 해석을 낳을 수 있는 도전을 제기하기 마련이다. 조기빈의 공자 비판도 바로 이 점에서 부정할 수 없는 역사적 의의를 지닌다고 하겠다. 그의 도움으로 우리는 지고지순한 절대 성인으로서의 공자가 아니라, 자신의 시대를 치열하게 살았던 사상가로서의 공자와 마주칠 기회를 얻었기 때문이다.

현대 중국 격변의 중심, 천안문.
① 오사운동 시 천안문 앞 시위(왼쪽 위 그림) ② 모택동에 의해 '영웅'으로 받들어진
뢰봉(오른쪽 위 그림) ③ 1966년 홍위병 집회(왼쪽 아래 그림) ④ 1976년 모택동 추모
행렬(오른쪽 아래 그림) ⑤ 오늘날의 천안문(맨 아래 그림)

# 5 '인문정신의 위기' 논쟁과 공자 기획

_이경룡

## 머리말

중국에서 1976년 10월 극좌파 사인방이 타도된 뒤 1980년대에
등소평은 개혁개방을 추진하면서 계획경제 안에 시장경제를 도입
하여 발전시켰다. 그리고 1989년 6월에는 지식인들이 천안문에서
민주화를 요구하였다. 천안문 사태를 진압한 뒤 90년대에 중국정
부는 동아시아 국가들처럼 "경제에는 자유가 있지만 정치에는 자
유가 없다"는 권위적 현대화 방식을 채택하여 신보수주의[1] 정책으
로 전환하였다.

중국정부는 극좌파로부터의 사상해방을 위하여 1980년대에 먼
저 전통문화를 선양하는 문화열을 조장하였고, 곧이어 통속적 전
통문화로 회귀하는 것을 막기 위하여 서양 근대 인문학 명저들을
번역하여 보급하였다. 여기에는 지식인들이 독일과 프랑스 근대철
학의 인문정신에 의거하여 극좌파를 비판하고 또한 전통문화 회귀

를 방지하고 나아가 개혁개방 정책을 계몽시키도록 하려는 정책적 기획과 의도가 깔려 있었다. 또한 천안문 민주화 요구가 진압된 뒤 1990년대에는 정부가 의기 소침한 지식인들을 진작시키려고 국학 열을 조장하였다.

특히 문화열에서 비롯된 서양 근대철학의 형이상학적 관심(終極 關懷, ultimate concern)에 근거하여 '인문정신 위기' 담론이 1993년과 1994년에 일어났다. 뒤이어 인문정신 관점의 부정적 비판 태도를 완화시키려는 포스트이즘 관점이 새롭게 등장하였다. 1990년대 지식인들은 인문정신과 포스트이즘에 의거하여 서로 비판하였지만 담론의 주류는 점차 후자로 옮겨갔다. 포스트이즘은 오히려 정부의 신보수주의 경제 정책에 대하여 거리를 유지하면서도 비난하지 않았다. 이에 따라 정부와 지식인들의 긴장 관계는 처음에는 협력하였다가 다시 분리하였고 최근에는 거리를 유지하고 있다. 이러한 담론들은 1989년 천안문 민주화 요구의 좌절을 계기로 1980년대와 1990년대 지식인들의 서로 다른 변화와 추이를 반영하고 있다.

그런데 인문정신이 상실되고 가려서 차폐遮蔽되었다는 위기를 지식인들이 인식하기 시작한 직접적인 계기는 1989년 민주화운동의 좌절이었다. 그러나 정부의 민주화 탄압을 직접 비난하지 못하기 때문에 담론의 발단은 오히려 시장경제 발전에 따른 세속화와 지식인들의 지위 하락이라고 보았다.[2] 담론의 맹점은 중국 전통문화에는 문인정신은 있지만 서양의 인문정신과 다르며 또한 중국에 유입된 서양의 인문정신도 현재 서양의 내용이 아니고 지나간 근대의 일부 내용이었다는 것이다. 1990년대 시장경제가 발전하면서 통속적 대중문화가 일어났고 또한 천안문 민주화 요구가 좌절되면서 1980년대 계몽적 지식인들이 가졌던 문화권력의 주도적 지위는 붕괴되었다. 그리고 문화시장에서 세속문화에 부응하려는 룸펜, 곧 비자痞子작가들이 나타났다. 또한 인문학보다는 자연과학이 더욱 공리적 지식이기 때문에 가치 중립의 기술형 지식인들도 나타났다. 인문정신을 강조하는 지식인들은 이들의 사회적 무책임을 비난하였다. 따라서 90년대 이후 지식계는 더욱 분화되었다.

현재 2000년대 지식인들은 천안문 사건을 반성하면서 현대화 방향과 속도에 관하여 급진과 보수를 다시 이야기하고 있다. 다시 말해 지나간 중국 근대와 현대 역사를 돌아보면서, 급진주의가 보수주의보다 지나치게 격렬하였다거나 또는 오히려 보수주의가 급진주의보다 너무 완강하였다는 서로 상반되게 평가하는 입장과 관점들이 제기되었고, 결국 둘의 평형을 잃었다고 평론하였다.[3] 2000년대 중국 지식인들의 문화적 성향은 신보수주의이다. 1989년 천안문 민주화운동이 좌절되면서 문화적 급진주의가 쇠퇴하고 민족문화 본위에 관심을 갖는 신보수주의가 등장하였다. 1990년 12월 『중국청년보』에 소공진이 처음 신보수주의 관점에 관하여 전통 가치 체계, 이데올로기와 권위 형태를 재인정하고 현대화를 점진적으로 추진해야 한다고 제기하였다. 이택후 역시 신보수주의 입장을 가지고 경제 발전, 개인 자유, 사회주의, 정치 민주 4단계 현대화를 제시하였다. 정부의 신보수주의적 개혁개방정책은 자연스럽게 경제적 자유를 인정하되 정치적 민주를 억압하는 권위주의와 경제적 민족주의로 나타났다.[4] 90년대 국학열, 신유가의 수입, 포스트모더니즘과 포스트식민주의 역시 모두 보수적 성향을 조장하였다.[5] 신보수주의는 오사운동을 비롯하여 문화대혁명 나아가 천안문 사건과 같은 과격한 급진주의의 파괴와 실패를 함께 속죄하려는 심리

상태를 반영한 것이었다.

공자와 유학의 연구도 1980년대 초반부터 정치와 학술을 분리함에 따라 학술 연구 궤도에 올라섰다. 1980년대 공자와 유학 연구의 핵심과제는 마르크스주의 과학 정신에 따라 종래 좌파의 왜곡을 시정하는 평반平反 연구였고, 다시 국제화를 추진하였다. 또한 1985년에는 북경대학이 설립한 '중국문화서원'이 전통문화와 중국과 서양의 문화를 비교하는 주제를 강연하여 문화열을 가열시켰다. 여기에서 공자와 유학 연구는 역사성 연구에서 현대화에 공헌할 수 있는 가치성 연구로 전환되었다. 가치성 연구는 한편으로 홍콩과 대만에서 수입된 신유가를 참조하되 이와는 다른 소위 '대륙신유가'를 만들려는 움직임으로 나타났다.

다른 한편 시장경제 발전에 따라 신의보다 이익을 중시하는 풍조는 사회도덕을 붕괴시켰고, 이는 결국 새로운 도덕 질서 체계의 건립을 요구한다. 물론 인문정신이 도덕관념을 대신하는 것은 아니지만 서양의 인문정신에 따른 현대적 도덕관념을 건립할 것인가 아니면 유가의 전통적 윤리관념을 간단히 손질하여 재건할 것인가 하는 문제가 남아 있다. 서양의 인문정신은 개인주의와 자유주의에 기초를 두었지만 소위 신유가는 여전히 전체적인 집단을 강조하고 있기 때문에 지식인들이 쉽게 수용하지 않으며 유가적 윤리가 중국인의 일상생활에서 뿌리내리기도 어렵다. 이러한 담론은 중국 전통문화와 서양 문화의 상호관계에서 앞으로 나아갈 문화 형태의 방향을 모색하는 것이었다.

중국정부는 사상해방과 개혁개방을 추진하면서 문화열과 국학열을 조장하였다. 여기에는 공자를 비난하거나 숭배하는 비공과 존공에서 벗어나서 공자의 위상을 변화시키고 기획하려는 문화 정책이 담겨 있었다. 그리고 개혁개방 시기에는 형이상학적 관심을 대표하는 인문정신이 개혁개방 정책을 뒷받침하였으나, 천안문 사건 이후에는 시장경제를 수긍하는 포스트이즘이 주요 담론이었다. 소위 인문정신 위기는 개혁개방 시기 지식인들과 정부의 긴장 관계를 이해하는 데 중요한 담론이었다. 이와 관련하여 한국 중문학계에서는 문학적 관점에서 연구하여 좋은 연구 성과를 내놓았다.[6] 이 글에서는 정부와 지식인들의 긴장 관계와 공자 위상의 변화에 대해 살펴보려고 한다.

## 1980 · 90년대 : 시기 구분과 지식인들의 입장

1976년 10월에 극좌파 사인방을 타도한 뒤 중국은 등소평이 영도하는 '신시기新時期'에 들어섰다. 문화대혁명은 정치적 계급투쟁에 치중하였지만 등소평은 1978년부터 '중국적 특색[7]'을 가진 사회주의'를 표방하면서 경제 건설에 치중하여 개혁개방을 진행시켰다. 이것은 종래의 소련식 사회주의 현대화를 견지하되 서구식 자본주의 시장경제체제를 새로 도입하는 것이었다. 그런데 1980년대에 사상해방[8]과 문화열을 거쳐서 1989년에 민주화를 요구하는 천안문 사건이 일어났다. 중앙정부는 정권 위기라고 인식하고 정치 민주화를 억압하면서 경제적 자유를 확대하는 개방정책을 더욱 가속화시켰다.

이와 같은 정치적, 경제적 변화와 함께 문화계와 사상계에서도 변화가 일어났다. 사상해방은 1978년 '진리 표준 문제의 토론'에서 비롯하여 1980년대 일원적 마르크스 사회주의로부터 다원화를 지향하면서 서구 근대철학이 담고 있던 형이상학적 관심의 가치이 성까지도 수용하였다. 1980년대 지식인들은 서양 인문정신을 가지고 정부를 대신하여 개혁개방을 인민들에게 계몽시켰다. 그러나 천안문 사건을 겪은 뒤 1990년대 지식인들은 민주화운동을 진압한 정부를 직접 비판하지 못하기 때문에 정부 비난을 은폐하고, 대신에 1980년대 시장경제 발전에서 비롯된 대중문화의 통속성을 비판하는 문화논쟁을 일으켰다. 가장 먼저 문학비평계에서 1993년과 1994년 소위 이장(二張: 張承志, 張煒)과 이왕(二王: 王蒙, 王朔)에 관한 논쟁이 발단이 되어 '인문정신'에 관한 논쟁이 일어났다. 논쟁에는 중국 대륙의 지식인들과 함께 해외 지식인들도 참가하여 논쟁의 범위와 관점을 확장시키고 심화시켰다.

1980년대와 90년대를 개관하면 정부와 지식인들이 처음에는 서로 협력하였으나 천안문 사건 이후에는 분리되었기 때문에 시기를 구분하는 인식도 서로 다르다. 물론 정부 입장은 사인방이 제거된 뒤부터 '신시기'라고 부르지만 문학을 비평하는 지식인들은 두 시기의 방향성이 다르다고 인식하고 1980년대를 신시기, 90년대를 포스트 신시기라는 뜻의 후신시기後新時期로 구분하였다.[9) 왕녕은 전신시기(前新時期: 1976~1978), 성신시기(盛新時期: 1979~1989), 후신시기(後新時期: 1990~ )로 삼분하였다. 심지어 양양은 1990년대를 삼분하였다. 제1단계는 전환준비시기(1989~1992)로 이택후의 "혁명에게 고별한다"는 대화와 왕원화의 "1980년대 속이 빈 학술사상을 버린다"는 주장이 중심 화제가 되었던 시기이다. 제2단계는 해체실행시기(1992~1996)로, 포스트이즘이 비판적 자세를 갖고 1990년대 중반에 크게 유행하여 1980년대를 주도하였던 관념들을 해체하고 또한 인문정신 주창자들과 자유주의자들의 입장을 어렵게 만들었던 시기이다. 제3단계는 보수적 자유주의 홍성시기 (1997~2000)로, 포스트이즘의 해체와 파괴에 대하여 반성하고 하버마스 등 건설적 포스트이즘에 주목하고 개인화와 다원화를 추구하였던 시기이다.[10] 이러한 시기구분 문제는 당대 문학과 문화에 관한 평론에서 현저하게 나타나고 있다.[11] 시기 구분은 정부와 지식인들의 인식이 서로 상반되었다는 것을 보여준다.

시기를 구분하기 위해서는 정치경제적 체제의 변화와 구체적 사건이라는 시간 좌표를 설정해야 한다. 1976년 10월 사인방이 제거된 이후에 정부의 영도 세력이 바뀌었으며, 문화대혁명의 극좌경화를 비판하면서 사상해방을 진행시켰고 1978년 개혁개방 정책을 실행하고 동시에 문화열을 조장하고 계몽운동을 추진하였다. 따라서 1976년부터 1989년 천안문 민주화운동까지 1980년대는 그 이전의 문화대혁명과 사인방 시기와는 서로 다르게 구별된다. 그리고 1989년 6월 4일 천안문 민주화운동은 정치 위기였는데 바로 정권의 해체, 정부 행정의 장악 실패 그리고 사회의 해체라는 세 가지 위기가 있었다.[12] 이에 따라 민주화를 강력하게 진압한 정부는 1989년 이후 잠시 좌파로 회귀하였다. 그러다가 1992년 등소평의 남순강화부터 1997년까지 외자기업, 향촌鄕鎭기업과 개인경영기업의 개방을 확대하였고 동시에 계획경제체제 가운데 식량을 배급하는 양표를 취소하고 주식시장을 더욱 개방하였다. 또한 강소성 지역 향촌기업의 사유화를 실행하여 개혁개방 정책을 가속화시켜서 시장경제를 발전시켰다. 그리고 1997년부터는 국영기업의 개설을 금지하고 개혁하는 정책을 실행하였다.[13]

1980년대와 90년대 담론과 사건의 배경에는 지식인 정책에 따른 지식인들의 지위와 인식 향상이 있었다. 신중국은 마르크스주의에 의거하여 사회주의 국가를 건립한 뒤에 지식인에 관하여 4차례 조정정책을 거쳐 지식인의 계급 인식을 조정하였고, 다시 현대화를 위하여 공리적 입장에서 지식인들의 지위를 2차례 제고하였다. 먼저 조정정책을 보면 건국 초기 1951년 북경대학 총장 마인초가 건의하여 주은래가 구시기 자산계급 지식인들을 단결시키고 교육하고 개조시켜 노동자계급으로 조정하였다. 지식인들을 먼저 민족을 지지하는 애국적 입장으로 바꾸고, 다시 인민을 위하여 복무하는 인민의 입장으로 고치고, 또다시 노동자工人계급의 일원이라는 인식을 갖도록 개조하였다. 이것이 제1차 조정정책이며 1951년부터 지식인들의 사상을 개조시키고 기존의 조직을 해체시켰다. 제2차 조정정책은 1956년부터 낙후된 농업 국가에서 선진 공업 국가를 건설하기 위하여 이루어졌다. 인재의 필요를 절감하여 좌파적 관점을 버리고 지식인에 대한 정치적 대우, 노동조건의 개선과 생활환경의 개선을 지원하였다. 제3차 조정정책은 1962년에 국가 경제의 곤란을 해결하기 위하여 지식인들의 자기 인식이 자산계급에서 노동자계급으로 이미 전환되었음을 확인해주었던 것이다. 물론 대약진운동과 문화대혁명은 주요대상을 자산계급과 지식인들에게 초점을 맞추었던 극좌경화였다. 그러나 1978년부터 제4차 조정정책에서 등소평과 호요방은 인재 존중과 지식 존중을 내세워 사회주의 건설에 참여시켰다. 강택민은 "지식인은 선진 생산력의 개척자이다"라고까지 찬양하였다. 지식인들의 지위 향상은 정부의 인식 변화에 따른 것인데 먼저 소자산계급에서 노동자계급으로 확인하였고, 다시 노동자계급에서도 선진 생산력의 개척자라고 인식하였던 것이다.[14] 따라서 1949년부터 지식인들은 비록 노동자계급이었지만 봉급 받는 국가 간부가 되어 사상을 개조하였으며, 80년대

에는 엘리트 의식을 강조하면서 현대화를 주도하는 계몽자가 되었다.[15]

위와 같은 조정정책과 인식의 변화 과정에는 좌파 인식이 작용하였다. 예를 들어 소자산계급에서 노동자계급으로 확인하는 개조 과정에서 지식인들을 노동 현장에 투입시켰다. 특히 문화대혁명은 지식의 전승을 단절시켰고 지식인들이 사회적 책임을 자각하는 역할을 억압하였다. 그러나 사인방이 제거된 뒤 1980년대에는 지식인들의 자기 인식과 사회적 책임 의식은 되살아났고 많은 우수한 학생들이 문학, 역사학, 철학이라는 인문학과에 진학하였다.[16] 다시 말해 등소평이 문화대혁명의 극좌 성격을 비판하면서 지식인들을 존중하였고 여기에서 사회적 책임을 자각한 계몽적 지식인들이 다시 사회 주도 세력으로 등장하여 1989년 천안문 민주화운동을 일으켰다. 그러나 정부는 민주화운동을 무참하게 진압하였다.

그러나 민주화운동의 좌절을 겪은 지식인들은 방향을 바꾸어 개혁개방 이후의 경제적 현상을 비판하기 시작하였다. 1990년대에 시장경제가 신속하게 발전하면서 시장경제의 세속화에 동참하여 저속한 작품을 만드는 소위 룸펜 작가들도 출현하였고 동시에 가치 중립을 내세워 사회적 책임을 회피하려는 기술형 지식인들도 나타났다.[17] 특히 1989년 천안문 사건 이후에 계몽적 지식인들 역시 계몽의 책임에서 후퇴하여 순수한 학술 연구로 되돌아갔다. 1990년대 담론과 논쟁의 핵심 화제였던 인문정신은 바로 지식인들이 1980년대에는 사회에 관심과 책임을 갖고 선도적 계몽자 역할을 맡았으나 1990년대에는 오히려 시장경제의 발전 때문에 주도 세력에서 주변 소수로 전락하여 상실한 사회적 책임감에 대한 무관심을 반성하는 것이었다. 사실 이러한 무관심을 비판하는 뒷면에는 1989년 민주화운동의 좌절에 대한 반성이 담겨 있다. 그러나 21세기에 와서도 지식인들이 1980년대와 90년대를 평가하는 공통 인식은 아직도 확실하게 정립되지 않았다.

## 1993년: '인문정신 위기' 대화의 제기

1990년대 논쟁의 중요한 발단은 문학의 위기, 바로 인문정신의 위기였다. 먼저 화동사범대학 중문학과 교수 왕효명이 1993년 2월 석박사과정 연구생들과 나누었던 대화를 『상해문학』 6월호에 「광야 위의 폐허－문학과 인문정신의 위기」[18]라는 제목으로 발표하였다. 이어서 1994년 북경에서 『독서』는 「인문정신 찾기」라는 제목으로 주로 상해 문학비평가 4명이 대화 주제를 설정하고 모두 16명이 참여한 대화를 3기부터 7기까지 모두 5기에 걸쳐 게재하였다. 이들은 1990년대 중국의 사회 변화와 사상 문화의 변화를 놓고 사회도덕과 인문과학까지 논의 범위를 확대시켰다. 1993년과 94년의 인문정신 위기에 관한 대화는 뒤에 장승지와 장위 그리고 왕몽과 왕삭의 논쟁을 일으켜서 '이장이왕' 논쟁이라고 불렀다.[19] 이러한 대화의 후속 논쟁에 많은 문학비평가들과 인문사회과학 학자들도 동참하였으며 해외 거주 중국학자들도 참여하였다. 예를 들어 홍콩 중문대학 중국문화연구소가 출판하는 잡지 『이십일세기二十一世紀』도 1995년 2월 "중국 90년대 문학비평을 평한다"라는 주제로 조의형과 서분의 평론[20]을 실었다. 이로써 1989년 천안문 민주화운동의 좌절 뒤에 잠시 후퇴하였던 중국 국내외의 많은 학자들이 인문정신의 위기를 논쟁의 발단으로 삼아 여러 학문적 관점과 입장에서 시장경제체제 아래 중국 현대화를 반성하고 비판하는 논쟁에 참여하여 논쟁의 깊이와 범위를 확대하였다.

　인문정신 위기에 관한 논쟁과 함께 중국 내 지식인들은 새로운 논쟁을 불러일으켰다. 1988년 9월 재미학자 여영시는 홍콩 중문대학에서 중국 근현대사상사의 급진과 보수에 관하여 강연하였는데, 무술변법을 주장하다가 순절하였던 담사동을 비롯하여 신문화운동과 문화대혁명 모두 급진주의가 지나치게 강렬하였다고 평론하였다. 강의화는 1992년 4월 여영시와 나눈 대담에서 오히려 보수주의가 더욱 완고하였다고 반박하였다. 대담 이후에 국내외 많은 학자와 지식인들이 논쟁에 참여하였고 사실상 이택후는 여영시 견해에 동조하였다.[21] 급진과 보수의 논쟁은 인문정신 위기에 관한 논쟁까지도 포함시켰다. 2000년에는 지식인들의 다양한 입장들을 정리하여 논문집 3책을 출판하였는데, 1989년 천안문 사건과 90년대 문화논쟁 이후 지식인들이 1980·90년대 현대화에 관하여 평론하면서 가장 논란이 되고 있는 급진주의, 보수주의, 자유주의와 민족주의에 관한 논문들을 정리한 것이었다.[22] 현재까지도 지난 1990년대 문학과 문화에 관한 논쟁을 회고하거나 평가하는 작업들이 지속되고 있다.

　먼저 인문정신 위기 논쟁의 발단을 살펴보면 1993년 2월 좌담에서 왕효명은 문학 위기를 지적하면서 인문정신의 위기라고 여기고 개혁개방 이후의 상업화에 원인을 돌렸다. 그리고 문학의 신성한 기능은 사람들이 생존 상황에서 일어나는 정서적인 감수를 음미하면서 심미적 욕구를 만족시키는 것이며 또한 이성적인 의혹을 탐구하면서 맑게 깨어나도록 하는 것이라고 보았다. 따라서 문학 위기는 대중문화의 소질이 저하되어서 정신생활에 대한 흥미를 상실

했다는 것을 보여주는데, 이것은 바로 중국인들의 인문정신 위기를 폭로한 것이라고 평론하였다.[23]

이들의 대화는 당대 문학이 문학의 신성한 기능에 대한 신앙심도 상실하고 인간의 생존 가치에 대한 엄숙한 비판의식마저도 포기한 뒤에 오는 문화적 폐허에 대하여 조롱하고 비웃는 것이라고 비난하였다. 대중의 인기를 크게 얻었지만 룸펜문학이라고 비난받던 작가 왕삭이나 포스트모더니즘 기법으로 중국의 진부한 예교禮敎를 표현한 장예모 감독 모두 이상주의의 연속된 실패 때문에 허무주의에 빠졌고 형이하학적인 자위적 쾌감으로써 실패의 허탈감을 채우려는 것이라고 평하였다.[24] 왕효명은 선봉先鋒문학, 신사실주의 작가와 룸펜소설 세 가지 모두 인간의 생존적 정신 가치를 추구하였던 이상주의에서 후퇴한 것이라고 평론하였다. 다시 말해 문학이 인간의 생활에 대한 감응 능력을 강화시키고 발전시킨다는 입장에서 후퇴하였다고 보았다. 또한 서양의 현대주의 또는 포스트모더니즘 관념들에 부응하려는 작가들 역시 실제 현실이 마치 그런 것 같은 착각을 낳게 하는 자기 기만이며 인문정신의 위기라고 혹평하였다.[25]

이들의 대화에서 인문정신에 대한 정의는 아직 명확하지 않았다. 다만 개략적 방향은 생존에 관하여 비판의식을 가지고 정신적 가치를 추구하는 심미 의식이며 형이상학적 이상주의라고 보았다. 장이무는 왕효명이 말했던 인문정신의 의미는 본질과 근원을 추구하는 광의의 형이상학적인 의미이자 일종의 가치관념이었지만, 또한 인문정신의 상실은 문학작품 창작의 상상력 상실이라고 말했기 때문에 결과적으로 인문정신의 의미를 애매하게 설정하였다고 평론하였다.[26] 도동풍은 왕효명이 격분하면서 제기하였던 인문정신 위기의 배경과 원인을 분석하면서, 왕효명이 먼저 인문정신을 세속정신에 상대시켰고, 당시 세속화 풍조에 동조하여 인기를 얻는 룸펜작가들이 나타났는데 결국 대중문화가 흥성하면서 엄숙한 엘리트 문화는 상대적으로 쇠퇴하는 문화 현상을 비판하였다고 평가하였다.[27]

그렇지만 1990년대 중반기에 유행하였던 포스트이즘의 관점을 가진 지식인들은, 1990년대 전반기에 인문정신 위기를 제기하였던 견해를 비판하고 오히려 1980년대 이택후와 왕원화 등이 주장하였던 인성人性과 주체성 철학사상이 몰락하는 황혼이라고 평론하였다.[28]


## 1994년 : '인문정신 찾기'의 논의와 해석

1994년 『독서』 제3기 「인문정신 찾기」 좌담에서 장여륜은 인문정신에 대하여 철학적 의미를 부여하여 형이상학적 관심이라는 종극관회를 제시하며 이렇게 정의하였다. "철학이 애지愛智의 학술로서 추구하는 것은 인생의 지혜이며 형이상학의 학술로서는 반드시 절실한 형이상학적 관심(종극관회)을 가져야 한다. 이런 지혜와 종극관회가 철학적 진리의 주요한 특징과 내용을 이루며 구현된 것이 바로 인문정신이다."[29] 주학근은 중국 근현대사상사를 연구할 때에 연구자와 연구 대상이 일치하는 인문지리 환경이 중요하다고 주장했다. 예를 들어 지식인들이 변두리로 내몰리는 주변화, 오사운동의 반전통, 급진주의와 보수주의 같은 여러 문제의 제기와 해석이 모두 해외에서 수입되었고 일부 중국학자들도 이에 따라 연구할 뿐이며 스스로 제기하고 해석하지 못하는 학계 현황이야말로 인문정신의 상실과 몰락이라고 비판하였다. 여기에 더하여 진사화는 공자 육경은 전통적 인문학과의 기본 틀이 되었고 공맹학파는 본래 학통을 정치적 정통성 위에 건립하였으나, 한무제 시기에 이르러 도통道統과 정치적 정통이 합일되어 문화적 전제 권력이 되었다고 보았다. 그런데 이러한 오랜 문화 전통이 붕괴된 뒤 20세기 전반기에 지식인들은 서양의 학술 전통을 가지고 정권에 참여하여 인문정신을 회복시키려고 시도하였으나 실패하였고, 후반기에는 언론 통제 때문에 현실과 거리를 둔 채 순수하고 초연한 학술 연구로 도피하여 인문정신을 건립하지 못하였다고 비판하였다. 주학근은 장여륜, 왕효명, 진사화의 대화 내용에서 "인문정신이 원칙적으로는 보편성을 갖고 실천적으로는 개별성을 띤다"고 정리하였고, 따라서 인문정신의 재건은 탐색 과정이며 곧 찾기(심사, 尋思)라고 이름붙였다.[30]

그런데 여기에서 장여륜은 지혜와 형이상학적 관심 곧 종극관회를 동시에 언급하였지만 이후에 벌어진 「인문정신 찾기」 대화에서는 주로 종극관회가 인문정신이라고 이해하였고 가치이성, 형이상학, 종교정신, 초월 등으로 해석하였다. 도동풍은 이러한 여러 논의에서 인문정신을 나타내는 용어의 빈도를 계량하여 종극관회가 가장 많았고 상반된 반의어는 세속주의였다고 평론하였다. 그리고 1990년대 세속주의는 개혁개방 이후에 나타난 상품경제와 시장경제를 의미하며 인문정신을 손상시키는 큰 죄수로 보았다고 평가하였다.[31]

『독서』 제4기 「인문정신 찾기: 발자취를 찾아서」에서는 중국의 인문정신이 언제부터 상실되고 몰락되었으며 또는 가려지고 덮여져 차폐되었는지에 관하여 대화를 나누었다. 고서천은 20세기에 중국의 인문정신이 상실되었다기보다는 오히려 20세기에 중국의 고대 인문정신을 발굴하거나 서양 인문정신을 수용하면서 새롭게 생성되었지만 결국에 가려지고 덮여져 차폐되었다고 보았다. 원진도 중국 근대에서 도덕 구국론道德救國論이 자주 주장되었지만 종극 관회는 상실되었고 왕국유, 채원배, 진인각 등이 실현시켰던 인문정신 역시 당시 주류 문화에 의해 가려지고 덮여져 차폐되었다고 해석하였다. 고서천도 현재 인문정신의 차폐가 일반적으로 신문화 운동에서 비롯되었다고 보는데, 사실상 적어도 19세기 중엽 또는 명말까지도 거슬러 올라간다고 주장하였다. 청대에도 제도화된 예교는 인문정신을 질곡시켰고 19세기 중엽 공자진과 유리초 등의 인문주의 저술 역시 차폐되었다고 보았다. 이천강도 여기에 동의하면서 오사운동 시기에 진독수, 구추백, 곽말약 등은 정치 운동 가운데 인문사상을 추구했다고 보았고, 따라서 오사운동이 인문정신을 단절시켰다는 신유가들의 견해에 반대하였다.

장여륜은 근대사상사가 망해가는 나라를 구원하려는 구국救亡과 계몽의 이중주 곧 민족주의와 민주주의의 이중주라고 보는 관점에 대하여 실제로는 구국 하나뿐이며 민족의 현실적 공리에 치중하였다고 보았다. 따라서 인간 해방을 경시하였기 때문에 가치이성을 실현시키려는 인문정신이 상실되었다고 평가하였다. 원진도 청말에는 경세치용과 구국 사조가 주류라서 형이상학적인 궁극적 관심은 쓸모 없는 것처럼 경시되었다면서, 민족 운명에 관한 사색이 인간 운명에 관심을 압도하고 차폐시켰다고 보았다. 결론적으로 말하자면 개혁개방 이후에 관하여 이천강은 1980년대 후기부터 일어난 문화열에서도 지식인들이 공리적인 정치 주장을 내세우는 정치인으로 바뀌어서 결국 인문정신을 차폐시켰다고 보았다. 원진은 1990년대 상업사회의 향락형 소비주의가 성행하면서 인문정신을 침식시켰다고 주장하였다.[32]

개혁개방 이후 지식인들의 지위 향상과 의식 변화에 관한 대화를 보면, 신시기의 지식인들은 오사운동 시기 신문화운동의 정신을 이어받아 인도주의와 자유사상을 기초로 삼은 엘리트 의식을 회복 하였다. 사회적 지위는 1980년대 문화열을 거치면서 변두리에서 계몽자라는 중심 지위를 회복하였지만, 천안문 사건 이후 1990년 대 초에는 엘리트 의식의 허망함을 반성하였다고 보았다. 여기에 서 신시기 지식인들은 계몽적 입장에서 민주제도와 시장경제의 현 대화를 추진하면서 유토피아적 정서와 급진적 태도를 농후하게 갖 고 있었다. 그러나 1989년 천안문 민주화운동이 좌절된 이후 1990 년대에 개혁개방이 진행될수록 지식인들이 더욱 상업화 사회에 의 지하게 되면서 이러한 정서와 태도는 쇠퇴하였기 때문에 새로운 인문정신을 탐색해야 한다고 주장하였다.[33]

새로운 인문정신의 탐색에서 중요한 관점은 문화적 선택이다. 다 시 말해, 이미 포기했던 중국 유가의 인문적 관심을 주류 문화로 회 복할 것인가? 아니면 20세기 초부터 서양 인문정신을 중국에서 실 천하면서도 유가 전통을 완전히 부정시키지 못하였는데 결국 중국 에 적용시키기 어렵다고 보고 포기해야 할 것인가? 그런데 줄곧 서 양 인문정신을 참조해왔던 중국 지식인들에게 커다란 문제는 현재 서양에서마저도 인문정신이 위기에 처했다는 것이다. 따라서 중국 전통의 인문정신을 발굴하는 것이나 서양의 인문정신을 수용하는 것이나 모두 현재 중국의 현실적 곤경을 해결할 수 없다는 것이다. 특히 유가의 경세치용이 역대 왕조 정권에 이용되면서 정권의 입장을 지지하였기 때문에 유가적 인문정신이 독립적 비판의식을 상실했다는 것이다. 그리고 송명 신유학이 심성본체론에 치중하였지만 내성외왕內聖外王의 실천 노선을 갖고 있었기 때문에 역시 비판의식을 상실하였다. 따라서 다만 중국 전통문화에서 인문정신의 원소들을 발굴할 수 있을 뿐이며, 인문정신을 실천할 때 우선 "비판하고 부정하는" 태도부터 회복해야 한다는 것에 모두 동의하였다.[34] 그리고 1980년대 후기부터 해체주의(disconstruction)가 유입된 뒤에 중국에서 문화 비판에 많이 이용되고 있지만 중국 사회의 실제 발전 단계가 여기에 해당하는 것은 아니라고 했다. 그러므로 이렇게 단순히 서양의 각종 사조를 참조할 것이 아니라 현재 중국의 문화 건설은 중국 전통문화에 대한 이해 능력을 증진시켜야 하며, 동시에 서양의 학술사상에 대하여 경계하고 배척하는 허망한 태도를 버리고 진정한 대화를 통하여 창조적 전환을 시도해야 한다고 했다. 결국 이러한 두 방향의 문화 건설이 현재 중국의 인문정신을 건립할 수 있다고 보았다.[35]

위의 여러 대화에서 지식인들은 천안문 민주화 운동의 실패를 공개적으로 토론하지 못하고 숨겼는데, 이를 다시 살펴볼 필요가 있다. 지식인들은 가치이성 곧 인간의 해방과 자유를 중시하여 천안문에서 민주화운동을 일으켰다고 해석하였다. 정부는 현대화 과정에서 먼저 가난한 국가를 존망에서 구하겠다는 도구적 이성을 가지고 지식인들의 민주화운동을 잔혹하게 진압하였다. 따라서 천안문 사건은 인간의 가치이성과 정부의 도구적 이성이 서로 충돌한 것이었다. 여기에서 개혁개방의 세속주의는 인간의 형이상학적 관심을 상실시켰고 정부의 도구적 이성은 인간의 가치 이성을 좌절시켰다고 평가할 수 있다. 따라서 근대사에서 중국정부가 세속주의를 강조하면서 채택한 실용주의 정책들과 구국을 내세운 공리주의 정책들은 모두 도구적 이성이며 인문정신을 부정하고 차폐시키는 것이었다.[36]

이렇게 보면 신시기 중국정부가 현대화를 내세운 개혁개방 정책 역시 개인의 형이상학적 관심을 차폐시키는 것이며 민주화운동을 진압했던 이유도 여기에 있다. 쉽게 말하면 정부가 개혁개방 정책을 통하여 시장경제의 세속주의를 확대시키는 것은 인간의 가치이성과 형이상학적 관심을 억압하는 것이며, 주장이 다른 지식인들을 탄압하기에 이른다는 것이다. 결국 정부가 먼저 시장경제체제를 확대시키는 정책은 정치적 민주화를 억압하고 차폐시키는 결과를 가져온다. 따라서 개혁개방 정책은 정치적 민주화의 개혁보다는 경제적 발전의 개방을 더욱 강조한다고 보았다.

인문정신에 근거하여 신시기의 현대화를 평가하려는 두 가지 입장을 검토해보면 다음과 같다. 먼저 인문정신에서 보면 1980년대 이성주의는 인문정신과 유토피아적 이상을 갖고 있었기 때문에 긍정하였지만, 1990년대 새로운 신이성주의는 인문정신을 약화시키므로 개혁개방의 현대화를 왜곡시킨다고 비판하였다. 한편 인문정신 위기의 배경이 세속화에 있다고 비판하는 견해와 다른 입장도 있다. 도동풍은 개혁개방과 현대화 과정에서 세속화는 피할 수 없을 뿐만 아니라, 세속화는 바로 중국공산당의 일원적 준종교적 신성성을 해체시키는 순기능도 갖고 있다고 보았다. 따라서 세속화는 피할 수 없고 순기능도 갖고 있는 역사적 과정이므로, 인문정신의 도덕적 이상주의와 심미주의에 따라 세속화를 오해해서도 부정해서도 안 되며, 다만 세속화를 개선하고 우량화시켜야 한다는 것이다.[37]

1990년대에 논쟁하였던 인문정신의 지적 배경에는 바로 사상해방 이후 1986년부터 이루어진 많은 서양 인문학 명저들의 번역과 보급이 있었다. 따라서 지식인들의 담론은 소위 마르크스 사회주의 과학정신에서 독일과 프랑스 근현대 인문정신으로 전환되었고 인문정신이 지식인들의 토론에서 주류가 되었다. 이러한 서구적 인문정신은 중국의 고전적 의미도 아니고 홍콩과 대만의 신유가적 의미도 아니었다. 그리고 1989년 천안문 사건을 거친 뒤 90년대 지식인들은 오히려 미국과 영국의 포스트이즘을 많이 수용하였다.[38] 따라서 1990년대 인문정신 논쟁은 정부가 비록 예상하지 못하였을지라도 적어도 서양 인문학 명저의 번역과 보급을 조장하였다는 관점에서 보면 이미 기획되었던 현대화 논쟁이었다. 또한 1984년부터 일부 지식인들이 주도하였던 문화열을 정부가 적극적으로 조장하였는데 이러한 정부 입장 역시 전통문화의 논쟁을 통하여 개혁개방의 현대화가 자칫 전통문화로 회귀하는 것을 막으려는 의도를 깔고 있었다.

## 1980년대 문화열의 급진과 1990년대 국학열의 신보수

조의형은 1995년 2월에 「'포스트학' 과 중국 신보수주의」를 발표하여 1993년과 94년의 인문정신 논쟁을 가열시켰다. 그는 먼저 서양에서조차 과격한 급진이라고 평가하는 포스트구조주의, 포스트모더니즘과 포스트식민주의 등, 소위 급진적 '포스트학' 을 중국에서 1993년과 94년에 출현한 신보수주의자들이 비판 없이 이론적 근거로 삼고 있다는 것을 아주 이상하게 여기고 문제를 제기하였다.[39] 조의형이 신보수주의자들이라고 평가하였던 장이무, 정민, 오현 그리고 허기림 등이 반박하면서 논쟁이 가열되었다. 조의형은 먼저 1990년대에 출현한 입장들을 정리하여 전통문화로 회귀하는 입장에 대하여 신국학新國學 또는 포스트국학後國學 또는 오사운동의 회고 등을 예로 들면서, 이들은 모두 1980년대의 엘리트 입장을 버리고 대중문화 또는 민간문화를 인정했다고 말했다.[40] 1980년대 엘리트 계몽문화는 엘리트적, 서양중심적, 반전통적이며 오사운동을 계승하겠다는 것이었기 때문에 급진이라고 평가되지만, 1990년대에 와서는 대중문화를 인정하고 전통문화로 회귀하고 반서양중심의 문화 취향을 갖고 있기 때문에 오히려 보수 또는 '신보수'라고 인정하였다. 한마디로 말해 이들의 태도는 1980년대 급진에서 90년대 보수로 전환되었다. 보수로 돌아선 이들은 1980년대에 반전통의 태도를 갖고 문화열을 반대하였던 급진적 태도에 대하여 죄인으로서 회개하였다고 보았다. 따라서 이들의 입장을 '신보수주의'라고 불렀다. 그리고 엘리트 지위를 상실한 신보수주의자들에게, 중국문화를 비판해야 하며 서양을 타자로 보아서는 안 되며 반드시 중국 자체를 타자로 보아야한다고 충고하였다.

전통문화로 회귀하였기 때문에 신보수주의라고 평론한 조의형의 관점에 대하여, 정민은 백화문 운동의 정치적 혁명성을 지적하면서, 문화를 정치운동의 부수물로 보려는 종래 관점에서 탈출하려는 것이며 결코 전통문화로 회귀하려는 것이 아니라고 반박하였다.[41] 허기림도 1980년대에 대한 참회는 조금 납득하지만 전통문화로의 회귀와 세속문화의 인정은 납득할 수 없다고 반박하였다.[42] 그리고 나다필은 신유가가 유가 전통을 계승하면서 강조하는 것은 문화와 정치 권력의 분리이었지만 왕조 정권이 중시하는 유가문화

는 정권의 합법성을 보호하려는 것이기 때문에 서로 다르다고 반박하였다.[43]

조의형은 여러 반박에 대하여 다시 반론을 발표하였다. 첫째, 포스트모더니즘 이론이 주류 문화가 되어버린 대중문화를 변호하는 입장을 취하고 있다는 관점에서 보면 보수적이라고 주장하였고, 둘째, 포스트모더니즘 이론은 다원적인 것이 공존하고 그것들을 동등하게 평가한다는 입장에서 보면 포폄이나 비판 또는 가치를 거부하는 것이야말로 보수적이라고 반론하였다. 그리고 보수를 폄하하는 것은 아니지만 급진과 보수의 구별은 다만 현재 유행하는 주류 문화에 대한 태도에 따라 결정된다고 보았다.[44] 조의형이 이렇게 애매하게 정의하였던 급진과 보수에 관하여 다시 비판을 받았다. 먼저 도동풍은 급진과 보수의 구분은 사회 변혁에 대한 태도이며, 보수주의는 역사 발전의 연속성을 강조하는 이성적 사회역사관의 입장에서 점진적 개량을 추진하지만, 급진주의는 근본적이며 철저한 개조를 위하여 비이성적, 열광적, 정서적 색채를 띤다고 보았다. 중국에서 중체서용中體西用은 보수적이고 전반적 서양화 곧 전반서화全盤西化는 급진적이며, 또한 포스트학에서 볼 때 현상을 인정하면 보수이지만 주류적 의식 형태를 해체하면 급진이라고 설명하였다. 현재 중국 대륙에서 전형적인 보수주의는 민족주의와 결합되어 전통문화를 찬양하는 것으로 바로 근대 이래로 문화민족주의의 연속이며, 양수명이 대표적 학자라고 보았다. 문화민족주의는 구국을 위하여 먼저 중국문화의 세계적 의의를 논증한 뒤에 다시 중국적 의의를 제시하거나 또는 먼저 미래 의의를 논증한 뒤에 다시 현실 의의를 논증하는 두 노선을 택하였다고 보았다. 기본적인 공통점은 서양의 물질문화가 중국의 정신문화와 결합하여야 세계문화를 이룰 수 있다는 전제이다. 이러한 문화민족주의는 세계주의의 얼굴을 한 민족주의이며 일본의 대동아공영권처럼 극단적 국가주의로 발전할 수 있는 위험을 갖고 있는데, 현재 21세기가 중국문화의 세기라고 보는 주장도 역시 그렇다고 평론하였다.[45]

보수와 급진은 특히 1989년 천안문 민주화운동이 좌절된 뒤 90년대 논쟁의 변화를 조망하는 중요한 척도가 되었다. 1980년대에 현대화를 추진하려던 계몽주의는 급진적 색채를 갖고 있었고, 당시 사회주의 전통에서 유래한 새로운 신전통문화는 보수적인 입장을 갖고 있어서 둘은 서로 대립하였다. 그러나 1989년 급진적 민주화운동이 실패하고 시장경제가 발전한 뒤부터 문화적 급진주의는 쇠퇴하고 오히려 신보수주의와 신이성주의가 일어났다. 1990년대의 신보수주의는 80년대의 전반적 서양화와 반전통을 내세웠던 문화급진주의에 대한 반발이며, 신이성주의는 시장경제와 세속문화의 충격에 대한 반발에서 출발하였다고 보았다.

양춘시는 1990년대의 주요한 사조를 신보수주의와 신이성주의로 구분하고 급진과 보수의 관점에서 평가하였다. 먼저 1990년대의 신보수주의는 셋이 있다. 첫째, 국학 부흥파 또는 홍콩과 대만에서 수입한 신유가학이다. 이들은 유가적 중국 전통문화의 가치 취향이었던 집단이성을 내세워서 현대화를 추진하려는 의도를 갖고 있다. 둘째, 1980년대 신계몽운동을 주도했으나 1989년 민주화 좌절을 반성한 뒤에는 문화급진주의에서 문화보수주의로 전향하여 사회적 혼란을 피하면서 질서 있는 개혁을 주장한 이택후, 왕원화 등이다. 셋째, 사이드(A. Said)의 『오리엔탈리즘(Orientalism)』이 보여준 포스트식민주의에 영향을 받은 청년학자들은 전반적 서양화 입장에서 민족문화 본위로 입장을 전환하여 신보수주의가 되었다. 그러나 포스트식민주의 역시 현대화 과정에서 서양문화를 수용하면서 민족문화가 쇠퇴하게 되어 결국에는 서양의 패권주의를 돕는 것이라는 비판을 받았다. 양춘시는 민족주의가 신보수주의의 정신적 지주가 되지만 사실상 함정이라고 평론하였다. 현대화는 서양화를 의미하며 민족주의의 반발을 받게 되는데, 그렇다고 개혁개방의 현대화를 포기할 수 없는 것이 이론의 함정이라고 지적하였다.

양춘시는 신이성주의가 1993년 인문정신 위기 논쟁에서 유래했지만 사실상 1980년대의 이성 정신에서 나온 것이라고 보았다. 신이성주의는 시장경제가 초래한 감성적 소비 물결 앞에서 이성 정신을 지켜서 세속문화를 초월하는 엘리트 문화를 유지하려는 것이다. 그러나 실제로는 이러한 입장이 1990년대 시장경제에 적응하지 못한 것이고 또한 1980년대의 계몽정신마저 버렸기 때문에 건전하지 않다고 비판하였다.[46]

## 문화열과 국학열의 이론적 점검

중국정부는 1980년대에 개혁개방 정책을 추진하면서 문화열을 부추겼고 90년대에는 국학열을 조장하였다.[47] 1980년대 중반에 호요방과 조자양이 조장했던 문화열에 관하여 장입문은 세 가지 원인을 들었다. 첫째, 대외에 개방하여 서양의 과학기술과 기업 경영을 들여올 때 동시에 문화관념과 가치관념도 함께 들어와서 사회적, 사상적으로 모순과 충돌이 발생하게 되어 문화문제를 토론하였다. 둘째, 문화대혁명 이후에 경제 건설과 과학기술 지식을 중시하면서 지식인도 중시하여 지위가 향상되었다. 셋째, 중국의 현대화는 소련식 경제 건설과 농업집단화를 버리고 아시아에서 한국, 싱가포르, 홍콩, 대만 그리고 일본을 학습하게 되었다. 따라서 지식인들의 존중과 경제건설 방식의 변경에 따라 문화를 연구하게 되었다.⁴⁸⁾ 여기서 주목할 것은, 1984년부터 호요방의 지원 아래 북경대학 철학과의 양수명, 풍우란, 장대년, 탕일개 등이 중국문화를 연구하여 우수한 전통을 계승하겠다는 취지를 가지고 '중국문화서원'을 개원하였고, 1985년 1월 이택후, 방박, 대일, 주백곤, 탕일개, 두유명 등이 강좌를 개설하여 중국문화와 비교문화를 강연하였다는 사실이다. 이때부터 문화열은 중국 전역에서 중요한 담론이 되었다. 각 대학들도 뒤를 이어서 동방문화서원(인민대학), 중국사상문화연구중심, 동방문화비교연구중심(북경사범대학), 중국사상문화사연구실(청화대학) 등 연구기관을 개설하였다. 더 나아가 1986년 '문화: 중국과 세계' 편집위원회는 서양 근대의 중요한 인문과학 저술에 대한 체계적 번역을 기획하였고, 이를 통해 이삼 년 동안에 번역한 많은 번역서들이 문화열을 더욱 가열시켰다.⁴⁹⁾

한편 국학열은 1993년 8월 북경 『인민일보』가 북경대학의 '국학' 연구를 보도하면서 시작되었는데, 11월 북경 중앙TV도 국학열을 보도하였다. 북경대학은 학술잡지 『국학연구』를 발행하였고 '국학연구총서'를 기획하였으며, 북경대학의 중국전통문화연구중심은 '중화문화강좌'를 개설하였다. 1994년에는 부총리 이람청이 중국의 우수한 문화전통을 선양하는 것이 사회주의 정신문명 건설에 급선무라고 밝히고 대중에게 알리도록 지시하였다.⁵⁰⁾

1980년대 문화열은 개혁개방 정책에 따른 충격을 완화시키고 동시에 문화의 발전 방향을 모색하기 위하여, 먼저 전통문화 연구를 조장하고 뒤이어 서양 인문 저술들을 번역하여 서양 근대 문화이론을 집중 소개하였다. 그러나 1989년 천안문 민주화운동이 진압된 뒤 1993년『상해문학』과 1994년『독서』두 잡지가 일으킨 인문정신 위기 논쟁이 전국에 확산되면서 정부는 다시 국학열을 조장하였다. 문화열과 국학열 모두 정부의 정책적 조장과 상관관계를 갖고 있다. 그런데 문화열은 주로 서양의 문화이론을 소개하였고 국학열은 전통문화로 회귀하여 서로 연관성을 갖고 있지만 출발한 배경과 동기는 달랐다.

1980년대 중반부터 일어난 문화열에서는 마르크스주의파,[51] 전반적 서양화파 그리고 신유가학파 등 셋이 문화의 발전 방향을 탐색하였다.[52] 특히 신유가학파에 대한 비판을 보면 중국 현대화에 대한 공헌 가능성을 낮게 평가하고 있다. 신유가학파 가운데 당군의, 모종삼, 서복관 그리고 전목의 철학사상이 중심이 되어 홍콩과 대만에서 유입되었다. 그리고 1990년대 문화논쟁에서는 인문정신의 원류를 신유가들이 해석한 윤리주의에서 찾는 경우도 있었다.[53] 특히 모종삼이 해석한 유학의 인문정신은 기독교와 회통會通시킨 것이었는데 신유가 윤리사상이 반드시 중국의 고전성을 고집하는 것은 아니었다.[54] 그렇지만 중국의 진정한 인문정신은 1980년대 이후 형성되는 상공업 문명 관념과 시장경제와 상응한 현대 관념에서 점차 형성될 것이라고 기대하고 있다. 그리고 1990년대 논쟁에서 인문정신이 위기에 처했다는 인식은 사실상 전통 시기 소농경제와 계획경제에 상응한 낡은 구관념체계의 붕괴를 오해한 것이라고 평가하였다.[55]

이러한 입장에서 소위 전통유가의 인문정신을 비판하였다. 첫째, 인성론에서 보면 유가의 성선론은 사회적 현상을 설명하는 데 한계를 갖고 있다. 성선론은 인간 내부의 모순에서 사유 행위와 사회 발전의 원동력을 설명하지 않기 때문에 유가의 도덕적 심성론은 왕왕 인생의 현실을 회피하였을 뿐만 아니라 인문문화에는 거짓된 위인문정신을 많이 담고 있다. 둘째, 유가의 전통문화 체계에서 고전적 인문정신은 서양처럼 자연세계와 천국에 주의하지 않고 개인의 인생에 집중하였기 때문에 과학 정신이나 종교 정신과는 거리가 멀고 오히려 도덕 정신이나 예술 정신에 가깝다. 셋째, 중국의 고전적 인문정신은 농업 문명에 기초하여 주체성과 이성이 조숙하였지만 집단을 중시하고 개인을 경시하였으며 또한 그저 실용적인 평면에 머물렀기 때문에 경험과 상식을 돌파하지 못하였으며 서양처럼 초월성과 창조성의 발전을 억압하였다. 넷째, 중국의 고전적 인문정신은 일원적이었기 때문에 서양의 강력하고 다원적인 문화를 수용하기 어렵다고 비판하였다.[56] 결국에 신유가 학설과 주장이 중국 현대화에 적용하기에는 부족하기 때문에 적극적으로 수용할 수 없다는 것이다. 이러한 비판을 거치면서 인문정신 위기 논쟁은 신유가학파의 인문정신과는 다르게 전개되었다.

1990년대 국학열의 관심과 방향은 1920년대의 옛것을 정리하거나 전통적 국학을 계승하려는 연구와 다르며 또한 1980년대 문화열에 따라 일어난 전통문화 연구와도 다르게 전개되었다. 1989년 민주화운동의 좌절을 겪은 뒤 1990년대 국학열을 1920년대 국학 연구와 구분하고 또한 1980년대 문화열과도 구분하려는 연구 관점이 생겼고, 이 관점을 반영하여 후국학後國學[57]이라고 불렀다. 1980년대 문화열이 대중문화에서는 기공, 풍수, 운명 관상 등 신비주의 문화와 전통적 정치 모략, 병법 등 실용적 책략과 결합하여 전통문화를 부흥시키려는 추세로 나타났다. 1990년대 국학열 가운데 중국 고전문명의 적통 계승자를 자임하는 연구자들은 현대 언어로 고전을 재해석하고 또 전통 언어가 현대 언어에서 중심 지위를 갖도록 재건하려는 의욕을 가지고 국학을 연구하였다. 후국학의 방향은 두 가지가 있다. 첫째, 1980년대에 공허한 이론들을 격정적으로 전개했던 연구 태도를 반성하고 냉정한 실증적 학술 연구[58]를 통하여 중국적 특수성을 예증하면서 진인각, 왕국유, 장태염의 학통을 계승하겠다는 것이다. 둘째, 이들의 학술적 학맥을 계승하기보다는 오히려 이들의 인생 역정에서 중국적인 특수한 본질을 찾는 것에 흥미를 느끼고 그러한 학자적 인격을 찬미하는 것이다. 다시 말해 이들이 어려웠던 정치 상황을 겪으면서도 지켰던 학술 태도와 인생 태도를 찬미하는 것인데, 사실 숨겨진 의미는 1989년 민주화운동이 좌절된 뒤 연구자들 자신의 입장을 공감하려는 것이다.

후국학은 두 가지 약점을 갖고 있다. 첫째, 실증 방법으로 무한한 역사적 사료에서 순수한 경험을 추출하여 축적하면 끝내 절대 보편적 진리의 지식에 도달할 수 있다는 실증주의를 믿고 있다. 이렇게 경험을 맹신하는 연구 태도는 중국의 전통적 연구 방법의 재현도 아니며 다만 실증주의의 환각에 불과하다. 따라서 경험을 맹신하는 태도는 바로 경험을 초월하려는 인문정신과 마찬가지로 환각이다. 왜냐하면 둘 모두 언어 자체가 명료하고 투명하지 못하다는 것을 간과했으며 결국 언어의 이미지와 지식의 관계를 소홀히 한 것이다. 둘째, 중국문화의 고전적 특수성을 고집하면서 연구한다는 것 역시 서양의 보편성을 중심으로 삼고 있기 때문에 오히려 서양문화의 패권과 권력을 강화시키는 것에 불과하다.[59]

1990년대에 크게 유행하였던 인문정신의 추구와 후국학 연구는 서로 이원적 관점과 상반된 방향을 갖고 있다. 다시 말해 형이상학적 관심을 의미하는 인문정신의 추구는 경험을 초월하여 서양적 보편성을 찾고, 나아가 현대성을 건립하려는 것이다. 그러나 후국학은 경험을 믿고 중국적 특수성에 안주하고 고전성을 재건하려는 것이다. 그렇지만 두 가지 시도는 각각 문제를 초월하려는 의도를 갖고 있다. 첫째는 오사운동 이래 현대성에 관한 문제와 모순을 초월하려는 것이고, 둘째는 현재 글로벌화와 시장화에 따른 포스트모더니즘과 포스트식민주의를 초월하려는 것이다. 이 두 문제를 초월하여 현재 중국의 문화 현상에서 안신입명할 수 있는 길을 찾겠다는 어떤 상상적인 희망을 갖고 있다.

그런데 이러한 두 가지 시도는 두 가지 관점에서 비판되어야 한다. 첫째, 인문정신을 추구하여 서양문화에 가까이 다가가서 거리를 좁히려는 급진적 자유주의는 서양에 비하여 성숙하지 못한 중국의 현대 언어를 가지고 담론하는데 결국에는 서양문화의 반제품을 만드는 것에 불과하다. 또한 후국학 역시 오사운동 이래의 문화적 보수주의를 연속시키는 것이며, 설사 중국 고전성의 적통 계승자라고 자임하더라도 결국에는 서양의 보편성에 대한 중국의 특수성을 예증하는 특이한 문화 반제품을 만드는 것이다. 이렇게 보면 사실상 급진적 자유주의와 문화적 보수주의 사이에는 내부적으로 상호 의존 관계를 갖고 있다. 둘째, 1990년대 이후에 가속화된 시장경제와 대중문화에서 지식인들은 계몽적 역할과 주도자 지위를 상실하고 변두리로 몰락하였다. 인문정신과 후국학 모두 여기에 대하여 초조하게 반발하면서 다시 주도적 지위를 회복하려는 의도를 갖고 있는데, 이런 태도는 1990년대 이후의 새로운 문화 상황에 관대하게 적응하지 못했다는 결점을 보여주었다.[60]

이와 같이 1980년대 문화열은 개혁개방 정책을 위하여 서양의 인문학 명저들을 많이 번역하였는데, 이것은 중국이 소련식 현대화를 포기하고 대안으로서 독일과 프랑스 등 서유럽식 현대화를 채택했다는 것을 의미한다. 다시 말해 1980년대 지식인들이 서양 인문정신을 갖고 계몽자 역할을 하면서 정부의 개혁개방 정책을 뒷받침해주었다는 것이다. 1980년대 문화열에서 중국 고전문화를 연구하는 것 역시 서양 현대 언어로 중국 고전을 재해석하여 현대 중국 언어에 삼투시키려는 것이었다. 이렇게 기획된 문화열에서는 표면적으로는 급진적 서양화와 보수적 중국화가 서로 대립하지만 실제로는 모두 서양화를 의도하는 것이었으며, 중국화에는 보조적 역할을 기대하는 데 그친 것이었다.

그러나 1980년대 지식인들이 서양 인문정신을 실천하면서 이를 1989년 6월 천안문 민주화운동으로 표출하자 정부는 운동을 탄압하였고 정치적 민주화를 제한하였다. 이를 계기로 정부는 경제적 자유에만 중점을 두고 시장경제체제의 개방을 가속화하였지만, 지식인들은 인문정신의 실천이 정치적 민주화에 있다면서 개혁을 강조하였다. 결국 개혁과 개방은 균형을 잃었고 정부와 지식인들 역시 서로 분리되었으며, 정부가 경제적 개방을 가속화시키는 과정에서 지식인들은 민주화 개혁을 주도하는 계몽자 역할을 상실하였다. 1993년 이후 인문정신 위기 담론에는 또 다른 의도가 있었는데, 인문정신의 위기는 곧 개혁개방의 위기라는 것을 암시하면서 지식인들이 다시 계몽의 주도적 지위를 회복하겠다는 것이 그것이었다.

1990년대 국학열이 일어난 중요한 계기는 1993년 이후 인문정신 위기 논쟁이었다. 다시 말해 지식인들이 다시 계몽자로서 주도적 지위를 회복하려들자 정부는 국학열을 조장하여 지식인들을 분화시키려는 일종의 정치적 기획을 시도했던 것이다. 그런데 정부가 조장한 국학열은 지식인들의 담론을 1980년대의 형이상학적 관심 곧 인문정신에서 1990년대의 포스트이즘 곧 후학後學으로 전환시키는 결과를 가져왔는데, 이런 전환 결과는 정부도 예상하지 못하였다. 다시 말해 이는 1980년대와 90년대의 사회경제적 상황이 달라졌고 지식인들의 담론 내용도 바뀌었다는 것을 보여준다. 정부는 1989년 천안문 민주화운동을 진압한 뒤 1990년대 들어 시장경제체제 개방을 확대하고 가속화했다. 이에 따라 국내에서는 상업적 소비를 지향하는 통속적 대중문화가 조금씩 생겨났고, 대외적으로는 미국이 주도하는 경제적 글로벌화에 따라야 했고 WTO에도 가입해야 했다. 결국 1993년 인문정신 위기 담론에서 비롯된 1990년대 문화논쟁에서 현실적인 문제는 경제적 글로벌화와 시장경제였으며, 담론의 이론적 관점은 주로 포스트모더니즘과 포스트식민주의에 초점을 두고 있었다.

이와 같이 1980년대 지식인들은 독일과 프랑스의 근대철학에 근거한 인문정신을 가지고 계몽자로서 정부의 개혁개방 정책을 지지하였지만, 1990년대 지식인들은 영국과 미국에서 유행했던 포스트이즘 곧 후학 관점에서 대중문화의 통속성을 비판하였는데, 이것은 우회적으로 정부의 경제적 개방정책을 비판한 것이었다. 1980년대에 유행했던 인문정신을 여전히 신봉하던 문학평론가들은 1990년대 들어 통속적 대중문화가 유행하면서 형이상학적 관심이 쇠퇴하는 문화 현상에 대하여 1993년에 인문정신 위기라는 문제를 제기하였다. 그런데 인문정신 위기에 관한 논쟁이 점차 전개되면서, 일부 지식인들은 후학 입장에서 형이상학적 인문정신 자체에 대하여 문제를 제기하고 비판하였다. 이에 다시 일부 지식인들은 중국 현대사회의 발전이 아직 영국이나 미국의 수준에 도달하지 못하였으므로 후학 입장에서 인문정신을 비판하거나 대중문화를 긍정하는 것은 지나친 관점이라고 반성을 촉구하였다. 따라서 1990년대 문화논쟁을 통하여 지식인들의 담론 관점은 1980년대 인문정신에서 90년대 후학으로 전환되었다. 또한 이러한 전환은 1990년대 초기에 정부가 국학열을 조장하였던 의도와는 달리 전개되었던 것이다.

1990년대 문화 담론의 관점이 전환되었다는 입장에서 보면 90년대 문화논쟁 가운데 오사운동에 관한 논쟁은 다만 1980년대와 90년대 급진자유주의와 문화보수주의 논쟁에 경험적 근거를 제공하는 역사적 자료였을 뿐이다. 또한 1980년대와 90년대 문화논쟁에서 홍콩과 대만의 신유가 학술을 수입하여 참여시켰지만 다만 조연에 불과했으며 논쟁의 주류는 되지 못하였다. 사실상 중국 대륙의 주류 지식인들은 신유가 학술이 유가 정신을 가지고 현대화를 추진하려는 입장에 대하여 상당한 경계심을 드러내며 이론적 비판을 가하였다.


## 왜곡된 공자에 대한 시정과 공자 위상의 기획

1976년 10월 사인방이 타도된 뒤에 몇 차례 공자학술대회가 열리면서 공자 연구가 다시 시작되었다. 먼저 공자에 관한 국내 학술대회의 성격을 살펴보면, 좌파가 왜곡시켰던 공자를 시정하려는 평반平反 시기와 국제 학술대회를 통하여 공자 학술을 국제화시키면서 중국의 현대화와 관련된 연구를 진행시켰던 시기로 크게 구분할 수 있다. 방박은 1978년 8월 12일 광명일보에 「공자 사상의 재평가」[61]라는 글을 실었는데 커다란 반향을 불러일으켰다. 제1차 공자학술대회는 1978년 10월 말 산동대학에서 공자와 유학의 평가 문제를 토론하였다. 여기에서 사인방이 공자를 전면적으로 부정한 것은 잘못이라고 시정하였다. 핵심 주제는 공자와 봉건전제주의의 관계를 재점검하는 것이었지만 토론은 심화되지 않았다. 제2차 학술대회는 1980년 10월 말에서 11월 초 사이 곡부사범학원에서 열렸고, 토론의 핵심은 역시 공자와 봉건전제주의의 관계를 검토하는 것이었다. 중국 봉건전제주의의 핵심 내용은 삼강三綱인데 공자는 이를 직접 언급하지 않았으며, 법가『한비자』「충효편」이 처음 제기하였고 뒤에 한대 동중서가 발전시켰고 예기 위서緯書『함문가含文嘉』에서 "군위신강, 부위자강, 부위부강"이라는 삼강을 명시하였다고 고증하였다. 다시 말해 공자는 중국의 봉건전제주의와 내부적인 관련이 있기 때문에 봉건전제주의를 비판하려면 공자를 비판해야 한다는 좌파 견해에 대하여, 먼저 삼강이 공자와 관련이 없다는 고증을 제기하여 공자와 봉건전제주의와의 관계가 약하다고 공자를 변호하고 누명을 풀어주었다. 따라서 이 학술회의에서는 공자묘를 재정비하고 공자 동상을 재건하여 여론을 환기시켜서 중국공자기금회를 창립하는 계기로 삼을 것을 결정하였다. 제1차와 제2차 학술대회의 개최 목적은 좌파가 왜곡하였던 공자의 누명을 벗기고 시정해주는 것으로, 바로 등소평 정권이 시도하였던 사상 해방의 일환이었다.

제3차 학술회의는 1983년 4월 말에 곡부사범학원이 열었는데, 첫째 주제는 공자 학술의 내용을 구분하여 알맹이精華는 계승하고 껍질精粕은 버리며 또한 알맹이와 껍질의 혼잡을 걸러내야 한다는 것이다. 둘째 주제는 공자를 무조건 존숭하는 존공尊孔과 무조건 비판하는 비공批孔의 시기는 모두 흘러갔으므로 마르크스-레닌주의 과학 사상에 의거하여 연구해야 한다는 것이다. 셋째 주제는 1962년 곡부 학술회의에서 공자를 비판하기 시작하여 문화대혁명 기간에 크게 유행하였던 소위 "봉건전제주의를 만들어 파는 공자 가게를 타도하자打倒孔子店"는 구호는 호적이 1921년 6월 16일「오우문록吳虞文錄」의 서문을 쓰면서 처음 제기하였다는 것을 고증하였으며, 이 당시 구호의 핵심 의의는 잘못된 자산계급 민주주의를 타도하는 것에 있었다고 밝혔다.

제4차 학술대회는 곡부사범학원이 1984년 9월 말에 열었는데, 공자 탄신 2,535주년을 기념하여 공자 동상 개막식을 거행했고 중국공자기금회를 만들어 중국공자연구회를 준비했다. 이 회의에서는 공자와 유학을 국제화시키는 것을 주요 목표로 삼았다. 국제화를 주창하면서 공자 연구는 새로운 시기로 접어들었다. 제5차 학술회의는 중화공자연구소가 1985년 6월 북경에서 국제학술토론회로 개최하였다. 주제는 중국 특색을 가진 사회주의 물질문명과 정신문명을 건설하는데 공자 학술 가운데 민주적 정화를 선양하고 봉건적 껍질을 반대한다는 것이었다. 이로부터 곡부의 중국공자기금회, 북경의 중화공자연구소가 전국적인 연구 중심이 되었다. 제6차 학술회의는 중국공자기금회가 싱가포르 동아철학연구소와 협력하여 1987년 8월 말에서 9월 초 사이 곡부에서 유학국제학술토론회로 개최하였다. 핵심 주제는 첫째, 서양의 선진 문명을 거절해서는 안 되며 또한 중국의 미래를 중국 전통문화사상에 맡겨서도 안 된다는 것을 분명히 밝혔다. 둘째, 유학은 중국의 개혁개방 정책 실행, 동아시아 공업국의 문화사상 건립, 그리고 서양 발달국가 모두에 대하여 문화적 가치와 현실적 의의를 갖고 있다는 것을 선언하

였다. 한편 학술회의에서 공자에 관한 연구를 위하여 논문과 저작 목록도 편집할 것을 결정하였다.[62]

1989년 6월 천안문 민주화운동이 진압된 뒤 10월에 북경에서 중화공자학회(중화공자연구소 개칭)가 유학국제학술토론회를 개최하였다. 주제는 유가학설과 중국 전통문화가 현대화와 갖고 있는 관계를 연구 발표하는 것이었다. 10월에 곡부와 북경에서는 중국공자기금회가 유네스코와 협력하여 공자와 유학의 역사적 지위와 현대사회의 영향에 관하여 국제학술대회를 개최하였다. 1989년 10월의 두 차례 국제학술대회는 바로 공자와 유학이 중국 현대화에 어떠한 공헌을 할 것인가를 토론하여 중국 현대화에 접목시켰다는 의의를 갖고 있다.[63] 이와 같은 학술대회는 무조건 비판하였던 비공 풍조로부터 공개적으로 공자에 대한 왜곡을 시정하여 학술적 연구를 고무시키는 작용을 하였다. 따라서 1990년대 전반기에만 중국에서 공자와 유학에 관하여 출판된 저서가 300권이 넘으며 세기말까지 적어도 600권이 넘게 출판되었다. 연구 논문도 1990년대 후반 매년 800여 편이 발표되어 국학열 가운데 유학열을 일으켰다. 그리고 공자 연구도 역사성 기술에 치중하였던 연구 태도에서 현대화 내지 당면 문제에 대한 가치성 평가 연구로 전환되었다.[64]

이처럼 공자 연구의 변화는 사인방이 타도된 뒤 1978년 학술회의부터 공자의 전면부정을 시정하였고 정치와 학술을 분리시키려고 시도하였다. 그리고 이후의 학술대회는 비공 또는 존공의 구호를 내세워 정치적으로 이용하였던 비학술적 입장을 버리고 정식 학술적 규범에 귀납시켰다. 따라서 1990년대 공자에 관한 연구는 학술적 연구 규범을 강조하여, 청말 복벽파 또는 오사운동 시기와 문화대혁명처럼 감정적으로 쉽게 비판할 수 있는 여지를 제거하였

다. 등소평이 정권을 장악한 뒤 실시한 좌파 사상에서 해방시키는
학술 정책은, 먼저 공자에 대한 왜곡을 시정하는 것이었고 나아가
공자와 유학을 개혁개방 정책에 적합하도록 유도하는 것이었다.
다시 말해 1980년대와 90년대 정부는 개혁개방 정책에 맞추어 공
자와 유학을 새롭게 기획하였던 것이다.

  그런데 공자의 전통적인 교조적 도덕관념은 오사운동 시기의 비
판과 문화대혁명 시기의 부정을 거치면서 중국인들의 일상생활에
서 상당히 제거되었다. 더구나 개혁개방 정책에 따라 시장경제가
발전하면서 일상생활에서는 마르크스사회주의 사회도덕조차 붕괴
되어갔다. 따라서 날로 갈수록 시장경제의 일상생활에서 새로운
사회도덕과 개인의 가치 추구가 요구되었다.[65] 그리하여 1990년대
몇몇 학자들은 공자와 유학 연구를 회고하면서 공자와 유학의 가
치관을 다시 일상생활에 삼투시켜야 한다고 주장한다.[66] 아울러 유
가 도덕의 지나친 교조화는 사회주의가 이룩한 도덕 질서마저도
퇴보시킨다는 위험을 경고하였다.[67] 주목해야 할 문제는 중국 대륙
학자들의 공자와 유학 연구가 홍콩과 대만의 신유가에 대하여 취
한 입장이다. 특히 신유가는 한국, 대만, 싱가포르, 홍콩, 일본 등 동
아시아 공업국의 성공적 현대화를 설명하려는 유가 자본주의[68]와
함께 중국 대륙에 도입되어 크게 유행하였다. 그러나 이택후 등 대
륙학자들은 대륙에서 독자적인 신유가 학자들이 탄생하기를 희망
하였으며 결단코 홍콩과 대만의 신유가와는 달라야 한다고 했는데,
여러 학자들도 이러한 학술적 희망에 대하여 공감하였다.[69] 이러한
학술적 의도는 1980년대와 90년대의 연구를 지나서 21세기에는 현
대화되는 중국 대륙의 현실에 근거하여 신유가들이 새롭게 탄생할
것을 기대하는 것이었다. 따라서 21세기에 탄생할 신유가의 연구

과제는 공자와 유학이 중국인들의 일상생활에서 어떻게 다시 뿌리를 내릴 것이냐 하는 문제에 집중할 것이다. 그런데 1980년대 이래 정부는 공자와 유학 연구에서 알맹이와 껍질을 선별하는 기준이 바로 마르크스사회주의 과학 사상이며, 연구 목적은 반드시 중국 특색을 가진 사회주의 물질문명과 정신문명을 건설하는 데 공헌해야 한다고 단정하였다. 이렇게 보면 1978년 사상해방부터 정부가 조장하였던 공자와 유학 연구 역시 개혁개방 정책에 적합하도록 기획한 것이었다. 따라서 21세기에 탄생할 중국 대륙 신유가들 역시 정부가 기획한 공자의 인격과 모습을 만들 것이다. 이와 관련하여 공자와 유학에 관한 자유로운 학술 연구는 정부와 긴장 관계를 낳고 마찰을 일으킬 것이다.

## 맺음말

중국은 1980년대 개혁개방 정책을 추진하면서 지식인의 계급적 존재와 의식을 향상시켰지만, 1989년 천안문 민주화운동을 진압한 뒤 지식인들의 계몽적 엘리트의 자기 인식과 사회적 책임의 자각 의식을 억압하고 학술적 연구에 몰두하도록 조정하였다. 동시에 1978년 이래로 사상해방, 문화열, 독일과 프랑스 근대 인문학 명저 번역, 천안문 민주화운동 진압, 인문정신 위기 논쟁, 대중문화의 통속화 비판, 포스트이즘(후학), 국학열, 공자의 왜곡 시정, 유학열 등 일련의 과정에서 정부는 조장하고 억압하는 문화 정책을 전개하면서 지식인들에게 보조적 조연 역할을 요구하였다. 다시 말해 1978년 개혁개방 정책을 실행하면서 정부는 소련식 현대화를 버리고 지식인들에게 독일과 프랑스 근대철학의 인문정신을 허용하였고, 1989년 천안문 민주화운동을 진압한 뒤에는 경제적 자유를 허용하되 정치적 민주화를 억압하여 동아시아 국가들의 권위주의적 현대화 방식을 채택하였고 동시에 미국식 경제 글로벌화에 적응하려고 변화하였다. 따라서 지식인들 역시 정부와 긴장 관계를 가지면서도 호응하여 정부 정책을 돕는 보조 역할을 수행하였다. 주목해야 할 것은 정부가 "우수한 전통문화를 선양한다"라는 취지를 내세워서 1980년대 문화열과 1990년대 국학열 모두를 조장하고 기획하였으며, 문화열과 국학열을 정책 실행을 위하여 지식인들을 동원하는 지렛대로써 이용하였다는 점이다.

중국 정부는 현대화 정책과 문화 정책을 장악한 채 결코 지식인들에게 맡기지 않았으며, 다만 지식인들에게 보조적 역할을 주문하였을 뿐이다. 다시 말해 1978년 진리 표준 문제를 비롯한 사상해방을 통하여 사인방의 극좌 사상을 부정하였고 동시에 개혁개방 정책을 실행하였다. 1984년 공자와 유학 연구의 국제화를 추진하였고, 호요방과 조자양은 1985년 북경대학의 전통문화서원을 비롯하여 여러 대학의 전통문화 연구를 지원하며 "전통문화를 선양하자"는 구호를 내세웠다. 1986년부터 독일과 프랑스의 근대 명저들을 번역하여 보급하였고, 지식인들은 형이상학적 관심에 근거하여 소위 인문정신을 주장하였다. 이와 같이 정부는 1980년대 개혁개방을 실행하면서 동시에 문화열을 조장했다. 지식인들 역시 서양 근대의 인문정신을 갖고 계몽자로서 정부의 개혁개방 정책을 지원하였다. 그러나 1989년 6월 지식인들이 정치적 민주화를 요구하는 천안문 사건을 일으키자 정부는 강력하게 진압하였고 정부와 지식인들은 서로 분리되었다. 정부는 경제적 자유를 인정하되 정치적 민주화를 억압하는 권위적 정책으로 돌아섰다.

그러나 1992년 등소평의 남순강화를 시작으로, 1997년 외자기업, 향촌기업, 개인기업의 개방을 확대해 경제적 개방을 가속화시켰다. 1990년대 중국은 비약적 경제 발전을 보이면서 통속적 대중문화도 자라났다. 1992년 북경대학의 국학 연구를 신문들이 보도하고, 이듬해 학술 잡지 『국학연구』가 출간되면서 1990년대 국학열은 시작되었다. 1994년 부총리 이람청은 우수한 전통문화를 선양하여 사회주의 정신문명을 건설하자고 주장하여 국학열을 조장하였다. 그런데 1993년 상해에서 시작하여 이듬해 북경에서도 지식인들이 인문정신 위기를 주제로 삼아 논쟁을 시작해, 1990년대 통속적 대중문화를 비판하고 아울러 1980년대 급진적 민주화운동을 반성하였다. 따라서 1980년대 문화열과 90년대 국학열 모두 조작적 기획에 따라 정부가 조장하였고, 지식인들은 정부의 문화정책에 대하여 순기능 역할을 수행하였다. 지식인들은 사상해방을 거쳐 1980년대 개혁개방에 맞추어 인문정신을 보급하였고, 1990년대에는 권위적 현대화 정책에 따라 신보수주의 경향으로 돌아섰고 동시에 통속적 대중문화를 수긍하는 포스트이즘을 갖게 되었다.

1980년대와 90년대에 걸쳐 지식인들의 대표적인 관점과 입장은 독일과 프랑스 근대철학에 근거한 형이상학적 관심 곧 종극관회를 반영한 인문정신이었다. 또한 지식인들은 인문정신이 1910년대 신문화운동부터 중국 현대화를 추진하였던 사상적, 문화적 기초였으며 중국 근현대사를 관통하고 있다고 보고 정당성을 인정하였다. 인문정신은 가치 이성을 가지고 인생의 궁극적 가치를 추구하며 현실생활을 심미하고 반성하는 기능을 갖고 있다고 보았다. 따라서 1980년대 개혁개방 정책 실행 과정에서 이를 경제적 자유와 정치적 민주화를 주장하는 사상적 근거로 삼고 실천하였다. 그러나 1989년 천안문 민주화운동이 좌절되고 1990년대 시장경제체제의 확대에 따라 통속적 대중문화가 성장하자, 1993년과 1994년 상해와 북경의 지식인들은 인문정신의 위기이며 상실이라고 대중문화의 통속성을 비판하였다. 이것은 우회적으로 정치적 민주화를 억압하는 정부의 신보수적 현대화 정책을 비판하는 것이었고 동시에 개혁개방의 시장경제 도입을 비판하는 것이었다. 그러나 일부 지식인들은 영국과 미국에서 유행했던 포스트이즘 관점에서 인문정신 관점을 비판하면서 대중문화가 사회주의 계획경제에서 벗어나 다양성을 보여주었다고 긍정하였다. 따라서 담론의 주류도 인문정신에서 포스트이즘으로 점차 전환되었고, 이들은 오히려 시장경제와 대중문화의 발전을 부정하지 않았다. 인문정신 관점에서 보면 정부와 지식인들의 상호관계는 1980년대에 협조 관계였으나 천안문 진압 사건부터 90년대에는 협조 관계가 결렬되었다. 하지만 포스트이즘 관점은 정부와 거리를 유지하면서 독립성을 얻으려고 하였다. 이와 같이 상호관계에서 보면 중국 근현대사에서 등장하는 급진주의와 보수주의 역시 정부와 지식인들 간의 긴장 관계에서 결정되었다. 심지어 천안문 민주화운동이 좌절된 뒤에 지식인들은 지나친 급진주의의 잘못된 결과였다고 반성하고, 민주화를 좌절시켰다는 죄의식까지도 표현하였다.

정부가 1980년대에 기획적으로 조장하였던 문화열 가운데 공자와 유학의 연구는, 먼저 비공의 이론적 배경이었던 봉건전제주의와 공자는 서로 무관하다는 근거를 제시하여 좌파가 왜곡했던 공자를 시정하였다. 동시에 공자를 무조건 존숭하는 존공도 경계하였다. 1990년대에 정부가 조장하였던 국학열에서는 공자와 유학

가운데 민주적인 알맹이와 봉건적인 껍데기를 선별하여 계승하겠다고 연구 방향을 결정하였다. 이와 같이 정부가 문화 정책을 장악하고 공자와 유학을 비롯한 전통문화 연구를 개혁개방 정책에 부합하도록 기획하고 조장하였다. 그러나 1980년대 인문정신을 신앙하였던 주류 지식인들은 오사운동 시기 봉건전제적 전통문화를 부정하는 태도를 견지하였다. 또한 홍콩과 대만에서 수입된 신유가와 동아시아 국가들의 성공적 현대화를 설명하였던 유가적 자본주의조차도 비판하고 경계하였다. 특히 1989년 천안문 민주화운동이 좌절된 뒤 정부가 국학열을 조장하였으나, 주류 지식인들은 오히려 진인각, 왕국유, 장태염 등 학자들이 정치적 압박에도 불구하고 정치와 무관하게 냉정한 실증 연구를 진행하였다는 태도에 공감하였고 이들의 인격을 찬미하였다. 주류 지식인들의 이러한 태도는 천안문 사건 이후 정부와 지식인들의 상호관계가 결렬되었다는 심리 상태를 반영한 것이었다. 다시 말해 주류 지식인들은 정부의 기획된 전통문화 연구에 냉담한 태도를 보여주었다. 이것은 정부 정책에서 서서히 벗어나 독립성을 가진 지식인들이 대두하기 시작했다는 뜻이었다.

　주류 지식인들은 정부가 기획하고 조장하는 공자와 유학 연구와는 다른 연구 방향을 제시하였다. 1910년대 신문화운동을 비롯하여 1960년대 문화대혁명을 거치면서 유가문화의 도덕적 덕목은 일상생활에서도 상당히 제거되었고, 더구나 1980년대와 90년대에 개혁개방 정책의 시장경제로 인해 통속적 대중문화가 등장한 뒤에는 사회주의적 도덕체계조차도 붕괴되었다. 따라서 21세기에 적합한 새로운 도덕질서가 요구되고 있다. 그러나 공자와 유학의 도덕관념이 봉건전제주의와 내부적 관련이 있다는 혐의가 아직도 해소되지 않았고, 또한 현대화는 서양의 가치관을 수용하는 것이기 때문에, 공자와 유학의 도덕관념이 그대로 일상생활에 적용되기는 어렵다고 평론하였다. 지식인들은 다만 21세기의 현대화된 중국인들의 일상생활에 뿌리 내릴 수 있는 도덕적 덕목을 제시할 중국 신유가의 탄생을 기대하고 있다. 다시 말해 이것은 21세기 중국에서 시민계층이 성장한 뒤에 민주화까지 실현시키는 과정에서 시민계층이 신앙할 수 있는 중국 신유가의 탄생을 기대하는 것이다.

주

## 총론 공자, 탁고적 미래 기획

1) 吳虞, 「家族制度爲專制主義之根據論」, 『新靑年』 第2卷第6號, 1917, pp.569~570.(쪽수는 汲古書院 영인본에 따름)
2) 邵元冲, 「孔子之人格與時代精神」, 『中央日報』 1934. 8. 27.
3) 「國內要電－擧國慶祝孔誕」, 『申報』, 1934. 8. 28.
4) 北京師範大學毛澤東思想紅衛兵井岡山戰鬪團, 「燒火孔家店－討孔宣言」, 『討孔戰報』, 1966. 11. 10.
5) 楊克林 編著, 『文化大革命博物館』(上冊), 天地圖書有限公司, 新大陸出版社有限公司, 2002(再版), p.158
6) 「中國人民大學孔子硏究院成立」, 『光明日報』, 2002. 12. 3.
7) 스웨덴 스톡홀름 대학과 중국국가대외한어교학영도소조판공실(中國國家對外漢語領導小組辦公室)이 2004년 6월 21일 중국어 교육과 문화, 학술 교류 추진을 주요 내용으로 하는 협정을 체결하여 유럽 최초의 공자학원을 설립함으로써 공자학원의 세계화 계획은 본격화되었다.(「斯德哥爾摩大學設"孔子學院"」, 『人民日報』(海外版) 2004. 6. 30) 한국에서도 공자아카데미가 2004년 12월 서울시 강남구 역삼동에서 문을 열었다.
8) 노신(魯迅)은 「광인일기」에서 공자의 사상과 예교질서를 다음과 같이 비판했다. "생각만 해도 나는 머리 꼭대기에서 발끝까지 오싹해진다. 놈들은 사람을 먹어치운다. 그러고 보면 나를 먹지 않는다는 보장도 없다. 놈들이 하는 말은 전부가 독이다. 웃음 속에는 칼이 있다. 놈들의 이빨은 모두 희고 번쩍번쩍한다. 그것이 사람을 먹는 연장인 것이다."
9) 신문화운동의 선구자 진독수는 "파괴하라! 우상을 파괴하라! 허위의 우상을 파괴하라! 우리들의 신앙은 진실한 것과 합리적인 것을 표준으로 해야 한다. 종교, 정치, 도덕에 있어 옛날부터 전해 오는 허식과 사람을 기만하는 비합리적 신앙은 모두 우상이며 전부 파괴해야 한다"고 강력하게 외쳤는데, 그의 공격의 핵심은 공자와 그로 상징되는 예교질서였다.(陳獨秀, 「偶像破壞論」, 『新靑年』 5-2, 1918, p.106)
10) 「中國人民大學孔子硏究院成立」, 『光明日報』 2002.12.3
11) 동북공정은 「동북변강지구역사여현상계열연구공정(東北邊疆地區歷史與現狀系列

研究工程)」, 단대공정은 「하상주단대공정(夏商周斷代工程)」, 문명탐원공정은 「중국고
대문명(중화문명)탐원공정(中國古代文明(中華文明)探源工程)」을 지칭한다.
12) Leo Lee Ou-fan, "The Romantic Temper of the May Fourth Writes", B. I.
Schwartz ed., *Reflections on the May Fourth Movement: A Symposium*, p.81 참고.
13) 「中國人民大學孔子研究院成立」, 『光明日報』, 2002. 12. 3.
14) 근년 중국은 애국주의를 의도적으로 고양시키는 한편 사회주의 정신문명 건설
을 강조하고 있다. 개혁개방 이래 중국사회가 직면한 사회 통합력의 약화에 대응하
려는 목적에서 이와 같은 움직임이 진행되고 있다. 그런데 애국주의라는 것도 따지
고 보면 중국의 강성함과 문화에 대한 자부심에서 연원하는 것이며, 새로운 사회주
의 정신문명을 건설하는 유효한 방법의 하나로 전통문화의 창조적 계승이 강조되
고 있다.
15) 하지만 반드시 순기능만 존재했던 것은 아니었으므로 일상의 공자가 야기하는
국민 통합과의 갈등 측면도 고려할 필요가 있다. 효제윤리(孝悌倫理)와 장유(長幼)의
서열을 근간으로 구축된 신분제적 통합 질서이면서 국가와 사회의 범주가 분리되
지 않는 예교질서는 근대적 국민 통합과 대립하고, 충돌하는 측면이 이론적으로는
훨씬 강하다고 판단된다. 따라서 국민통합의 순기능적 작용과 함께 갈등적 요소로
서의 작용이 균형감 있게 분석되어야 한다.

## 1부 일상의 공자

### 1 대중매체 속의 공자와 가족

1) 상해시가 제시한 통계에 의하면 1929년 상해의 경우, 자살 사건 총 1,989건 중
가족 갈등으로 인한 자살이 1,101건, 실연으로 인한 자살이 32건, 혼사 문제로 인한
자살이 4건 등 가족문제로 인한 자살이 57.6%로 가장 높은 비율을 차지하였다.
1930년 역시 1,932건의 자살 사건 중 가족문제로 인한 자살이 44.3%에 해당하는
852건으로 기록되었다. 이를 통해 당시 사회적으로 가족으로 인한 갈등이 얼마나
심각한 문제로 대두되었는지 짐작해볼 수 있다. 李默 編著, 『百年家庭變遷』(南京: 江蘇
美術出版社, 2000, p.85) 참조.
2) 이 글에서 다루고자 하는 연구 대상은 1920년대 후반에서 30년대 중반 시기에
나온 신문, 잡지, 소설에 국한시키고자 한다. 항전 시기 이후 1930년대 후반에 이르
면 가족은 중국민족을 단결시키는 힘의 구심점으로 이해되기 시작하며 특히 소설
속에서 대가족의 가장은 단순히 전제적이고 보수적인 성향보다는 매우 복합적인
성격을 지닌 인물로 묘사되고 있다. 더욱이 오사 시기 작자들에 의해 비판받았던
전통윤리인 '효'나 '충'은 다시 새롭게 긍정적인 의미로 해석되기도 한다. 따라서
가족이라는 문제를 통해 근대 이후 '전통'과 '근대'의 가치관들이 충돌하면서 공
존하는 양상을 분석하기 위해 여기에서는 1930년을 전후로 한 시기의 자료들을 논

의의 대상으로 삼고자 한다.

3) 청말민초 무정부주의가 제기하였던 '가족혁명론(家族革命論)'에 관한 논의는 조세현, 「청말민국초 무정부주의와 가족혁명론」(『중국현대사연구』제8집, 1999)을 참조.

4) 孫鳴琪, 「改良家庭與國家有密切之關系」, 『新靑年』제3권 제3호, 1917. 5. 1.

5) 吳虞, 「家族制度爲專制主義之根據論」, 『新靑年』제2권 제6호, 1919. 2. 1.

6) 左學訓, 「優美愉快的家庭」, 『少年中國』, 제1권 제2기, 1919. 8.

7) 黃薳, 「規範家庭爲社會進步的中心」, 『少年中國』제1권 제4기, 1919. 10.

8) 吳弱南, 「論中國家庭應該改造」, 『少年中國』제1권 제4기, 1919. 10.

9) 孟眞, 「萬惡之原(一)」, 『新潮』제1권 제1호, 1919. 1.

10) 孟眞, 「萬惡之原(一)」, "吾所謂獨身主義, 乃極純潔之生活, 非如英后伊利沙白之獨身."

11) 高曼女士 著 · 震瀛 譯, 「結婚與戀愛」, 『新靑年』제3권 제5호, 1917. 7. 1.

12) 平伯, 「現行婚制底片面批評」, 『新潮』제3권 제1호, 1921. 1.

13) 崔薄, 「救濟無愛的夫婦唯一的方法「離婚」」, 『共進』, 1922. 11. 25.

14) 1920 · 30년대 중국에서는 여성의 교육 기회가 확대되고 사회 진출이 증가함에 따라 개인주의 풍조가 대두되면서 이혼, 독신이 유행하고 만혼 현상이 나타났다. 특히 산업노동자나 전문직 여성들 사이에서 가사노동을 기피하는 현상이 나타났는데, 이 때문에 한편에서는 상대적으로 여성들의 '모성'을 강조하는 담론이 제기되기도 하였다. 이에 관한 논의는 천성림, 「1920 · 30년대 중국지식인의 '모성' 담론과 '모성 보호' 인식」(『중국사연구』제24집, 중국사학 회, 2003. 6)을 참조.

15) 不孤, 「夫婦之間」, 『宇宙風』제18기, 1925. 6. 1.

16) 『생활주간』은 제7권 제32기(1932. 8. 13)부터 제37기(1932. 9. 17)에 이르기까지 중우(仲雨)라는 기자가 미국통신란에 미국의 가정생활과 환경에 대해 시리즈로 기사화한다. 부모와 자식 간의 애정을 기본으로 하면서도 상호 간의 개인주의에 대한 보장, 물질문명의 혜택 등의 조건이 인간의 삶을 안락하고 행복하게 해줄 수 있다는 것이 기사의 주된 요지였다.

17) 精英, 「文明家庭的夫人究竟要做什么事?」, 『生活週刊』제2권 제46기, 1927. 9. 18.

18) 소반은 또한 소가족제도는 할머니들이 손자들을 지나치게 보살핌으로써 발생하는 낭비벽이나 의존성, 나태함 등의 문제에서도 효율적으로 대처할 수 있는 장점을 지니고 있다고 지적하기도 하였다. 「中國家制」, 『生活週刊』제6권 제35기, 1931. 9. 22.

19) 김혜경 · 정진성, 「"핵가족" 논의와 "식민지적 근대성"」, 『한국사회학』제35집 제4호, 2001, p.223.

20) 김혜경 · 정진성, 위의 논문, p.217.

21) 『신월월간』에서 우생학의 소개와 관련하여 번역된 논문으로는 「自然淘汰與中華民族性」(Ellsworth Huntington · 潘光旦 譯, 제1권 제8호, 1928. 9. 10부터 4회간 연

재),「優生學與婚姻」(J. Robinson · 高方 譯, 제1권 제9호, 1928. 11. 10) 등이 있으며, 반광단의 논문으로는 「性 · 婚姻 · 家庭的存廢問題」(제2권 제11기, 1930. 1. 10),「優生結婚與法律」(제3권 제9기, 1930. 10) 등이 있다.

22)『신월월간』제4권 제2기(1932. 9. 1)는 이혼 문제를 특집으로 다루면서 「離婚是一件必要之事」(Rebecca West · 劉英士 譯),「離婚是不近人情的」(H. G. Wells · 潘光旦 譯),「結婚與耐性」(Warwick Deeping · 潘光旦 譯) 등의 논문들을 번역하여 소개하였다.

23) 반광단(『中國之家庭問題』,『民國叢書』, 上海:上海書店, 1990)과 맥혜정(『中國家庭改造問題』,『民國叢書』, 上海:上海書店, 1990)은 소가족제도가 대가족이 동거하면서 발생하는 가족 간의 갈등을 해결해줄 수 있고 자유연애와 남녀평등을 실현하는 기회가 될 수 있으며 자녀들에게 효율적인 교육을 시킬 수 있는 장점이 있다고 지적한다. 하지만 부모가 연로하여 생활력이 없고 보살펴줄 사람이 없을 때 문제가 발생하는 것과 가족 간에 협심하는 공동체 정신이 부족하게 되는 것, 가족구성원이 적은 만큼 가족의 생산성이 높지 않다는 것을 들어 소가족제도의 단점을 지적한다. 그들이 주장하는 절충주의 가족제도는 할아버지—아버지—아들의 직계 3대가 한 집에 사는 가족 형태로서 부모에 대한 효순, 자식에 대한 자애라는 전통 미덕과 가족윤리를 유지할 수 있는 기틀을 마련하였던 것이다.

24) 김혜경 · 정진성, 앞의 논문, p.216.

25) 豊子愷,「家庭四題」,『宇宙風』제10기, 1925. 2.

26) "老糊塗的聽得帶一個洋字就好像見了七世寃家!"(茅盾,『春蠶』,『茅盾 全集』제8권, 北京: 人民文學出版社, p.319)

27) 曹書文,『家族文化與中國現代文學』, 北京: 中國社會科學出版社, 2002, p.124

28) "覺慧把祖父的瘦長的身子注意地看了好幾眼, 忽然一个奇怪的思想來到他的腦子里: 他覺得躺在他面前的并不是他的祖父, 他只是整整一代人的一个代表. 他知道他的祖孫兩代永遠不能够互相了解的, 但是他奇怪在這个瘦長的身體里面究竟藏着什么東西, 會使他們在一處談話不象祖父和孫兒, 而象兩个敵人."(巴金,『家』, 北京: 人民文學出版社, 1992, p.73)

29) "他曾親眼看見四叔到"金陵高寓"去. 他知道這个空虛的大家庭是一天一天地往衰落的路上走了. 沒有什么力量可以拉住它. 祖父的努力沒有用, 任何人的努力也沒有用. 連祖父自己也已經走上這條滅亡的路了. 似乎就只有他一个人站在通向光明的路口. 他又一次誇張地感覺到自己的道德力量超過了這个快要崩潰的大家庭."(巴金,『家』, 앞의 책, p.355)

30) 중간 세대의 무능력하고 타락한 모습은 한국 근대소설에서도 찾아볼 수 있다. 염상섭의『삼대』에서 2세대 조상훈이 자신의 이상주의적 가치관이 사회적으로 수용될 수 없다는 것을 깨닫게 되면서 개인의 쾌락을 위해 돈을 낭비하게 되었던 것, 현진건의『타락자』에서 근대적인 새로운 삶을 갈망하는 주인공 '나'가 전통적인 가족주의와 충돌하면서 좌절하게 되자 방화나 기생 오입 등의 불건강한 방법을 통해 닫힌 세계로부터 탈출을 모색하는 것 등은 모두 대가족적 권위 체계로부터 비롯

318

된 비극으로 해석될 수 있다. 제2세대의 과도기적이면서 타락자적인 성격에 관한 논의는 강경구의 「가족, 돈과 권력과 성의 삼중주─파금의 『가(家)』와 염상섭『삼대』의 비교 연구」(『중국학보』 제40집, 한국중국학회, 1999)와 장미영의 「현진건 소설에 나타난 가족 중심의 인물 양상 연구」(『현대문학이론연구』 제1집, 1992)를 참조.

31) 노영희, 앞의 논문, p.15.

32) "坐在這樣近代交通的利器上, 駛馳于三百萬人口的東方大都市上海的大街, 而却捧了『太上感應篇』, 心里專念着文昌帝君的 "萬惡淫爲首, 百善孝爲先"的誥誡, 這矛盾是很顯然的了."(茅盾, 『子夜』,『茅盾小說選集』1, 成都: 四川文藝出版社, 1994, p.7)

33) "我是一點也不以爲奇. 老太爺在鄕下已經是 '古老的僵尸', 但鄕下實際就等于幽暗的 '墳墓'. 僵尸在墳墓里是不會 '風化' 的. 現在旣到了現代大都市的上海, 自然立刻就要 '風化'. 去罷! 你這古老社會的僵尸! 去罷! 我已經看見五千年老僵尸的舊中國也已經在新時代的暴風雨中間很快的很快的在那里風化了!"(茅盾, 『子夜』, 앞의 책, p.23)

34) 강경구, 「모순의 『농촌삼부곡』 탐색」, 『중어중문학』 제22집, 한국중어중문학회, 1998, p.185.

35) 이 말은 『맹자(孟子)』 「등문공하(滕文公下)」에 나오는 것으로 원문의 내용은 다음과 같다. "부모의 명령과 중매인의 말을 기다리지 않고 구멍을 뚫어 서로 들여다보고 담을 넘어 만난다면 부모와 나라 사람들이 모두 그를 천하게 여길 것이다(不待父母之命, 媒妁之言, 鑽穴隙相窺, 踰牆相從, 則父母國人, 皆賤之)."

36) 오사 시기 여성 작가였던 빙심(氷心)의 『두 가정(兩个家庭)』이라는 작품 속에서도 중국 여성이 처한 문제의 구제책으로 서양의 교육제도를 제시하고 있다. 빙심은 '행복한' 가족과 '불행한' 가족을 대비시키면서 불행한 가족이 불행해질 수밖에 없는 원인을 마작으로 시간을 허비하고 아이에게 관심을 두지 않는, '교육받지 못한 아내'에 두고 있는 것이다. 하지만 샤오메이 천은 이 작품 속에서 강조되고 있는 여성 교육의 유일한 목적은 여성으로 하여금 '현모양처'로서 가정에서 의무를 더 잘 수행하도록 하는 데 있다고 지적한다. 이는 오사 시기 작가들이 제거하려고 노력하였던 유교 이데올로기의 답습에 지나지 않는다는 것이다. 이에 관한 논의는 『옥시덴탈리즘』(정진배·김정아 옮김, 강, 2001, p.230)을 참조.

37) 강형신, 「노사(老舍) 연구─『이혼(離婚)』을 중심으로」, 숙명여자대학교 중문과 석사학위 논문, 1987, p.73.

38) "什么使張大哥這樣快活呢? 拿着紙包上廚房, 這好像和 "生命", "眞理", 等等帶着刺兒的字眼離得過遠. 紙包, 瞎忙, 廚房, 都顯着平庸老實, 至好也不過和手紙, 被子, 一樣的味道. 可是, 設若他自己要有機會到廚房去, 他也許不反對. 火光, 肉味, 小猫喵喵的叫. 也許這就是眞理, 就是生命."(老舍, 『離婚』,『老舍選集』第1卷, 四川人民出版社, 1982, p.281)

39) "這个怪物吃錢, 吐公文. 錢到哪儿去? 沒人知道. 只見有人買洋樓, 汽車, 小老婆. 公文是大家能見到的唯一的東西."(老舍, 『離婚』, 앞의 책, p.145.)

40) "熱情像一篇詩, 愉快像一些音樂, 貞純像個天使." (老舍, 『離婚』, 앞의 책, p.356)

41) 심수(心水)는 「關於民法上離婚的硏究」(『생활주간』 제6권 제4기, 1931. 1. 17)에서 이혼에 관련된 민법을 조목조목 설명하고 있는데, 협의 이혼(協議離婚)이 아닌 경우 이혼을 청구할 수 있는 사유로 중혼자(重婚者), 간통한 자, 상대방에서 학대를 가한 경우, 배우자가 불치병이나 정신적으로 문제가 있는 경우, 3년 이상 생사 확인이 안 된 경우, 3년 이상의 형벌을 받고 수감 중인 경우 등이 명시되었다고 전한다. 하지만 왕지견(汪志堅)은 「對於簡易離婚的疑問」(『생활주간』 제7권 제27기, 1932. 7. 9)에서 당시 사회에 남녀평등이 제대로 이루어지지 않은 상태에서 법률적으로 너무 쉽게 이혼을 허락할 경우 사회적, 경제적, 교육적으로 독립할 능력이 없는 구식 여성들은 이혼 후에 매우 불리한 처지가 될 수밖에 없다고 지적한다. 법률이나 사회제도 자체는 이미 근대사회에 맞는 면모를 갖추어가고 있었으나 그것이 현실적으로 실행되기에는 너무도 많은 장벽들이 존재하고 있었던 당시의 상황을 엿볼 수 있다.

42) 장공건(蔣公健)은 「三民主義和法律」(『생활주간』 제6권 제9기, 1931. 5. 20)에서 법률은 민족정신을 일으키는 기제가 되며 법률 개혁을 통해 중국민족을 개량할 수 있고 불평등한 사회 조건들을 폐지할 수 있다고 언급하였다. 특히 민족을 개량하는 데에는 혼인 자유와 남녀평등이 선결 과제라는 견해를 주장하였다.

43) 심수(心水)는 「關於民法上離婚的硏究」(『생활주간』 제6권 제4기, 1931. 1. 17)에서 이혼 수속에 관한 법규와 이혼을 청구할 수 있는 사유, 이혼 판결 이후 보상 문제 등에 대해 상세하게 소개하면서, 당시 새롭게 공포된 민법은 법률적으로 남녀 간의 평등 정신을 중시한 것이라고 설명한다.

44) 『생활주간』에서 이에 관한 글로는 吳繼彬의 「遂行結婚的實際」(제8권 제9기 1933. 3. 4), 韜奮의 「漫筆」(제8권 제11기, 1993. 3. 18), 克士의 「戀愛和貞操」(제8권 제11기, 1993. 3. 18), 周萍子의 關於「戀愛和貞操」的讀後感(제8권 제11기, 1993. 3. 18), 錫斌의 「我也談談戀愛和貞操」(제8권 제22기, 1933. 6. 3), 心病의 「展開戀愛與貞操的本質」(제8권 제23기, 1933. 6. 10), 克士의 「附在展開戀愛與貞操的本質之後」(제8권 제23기, 1933. 6. 10), 蔡慕暉의 「大有商量的餘地」(제8권 제24기, 1933. 6. 17), 黃養愚의 「應先決定標準」(제8권 제24기, 1933. 6. 17), 吳景超의 「戀愛與婚姻」(제8권 제31기, 1993. 8. 5.), 葉秀의 「我對戀愛與貞操的解釋」(제8권 제32기, 1933. 8. 12), 澤民의 「戀愛的原料與加工」(제8권 제34기, 1933. 8. 26), 克士의 「論戀愛的本質和持續」(제8권 제34기, 1933. 8. 26) 등을 들 수 있다.

45) 亦靑, 「戀愛的責任問題」, 『生活週刊』 제7권 제38기, 1932. 9. 20.

46) "我是我自己的, 他們誰也沒有干涉我的權利!" (魯迅, 『傷逝』, 『魯迅全集』 제2권, 北京: 人民文學出版社, 1981, p.112)

47) "加以每日的 "川流不息" 的吃飯; 子君的功業, 仿佛就完全建立在這吃飯中. 吃了籌錢, 籌來吃飯, 還要喂阿隨, 飼油鷄; 她似乎將先前所知道的全都忘掉了, 也不想到我的構思就常常爲了這催促吃飯而打斷. 卽使在坐中給看一點怒氣, 她終是不改變, 仍然毫無感觸似的大嚼起來." (魯迅,

『傷逝』, 앞의 책, p.119)

48) 한국 근대소설 현진건의 『빈처』에서 작중인물 '나'가 현실과 이상을 적극적으로 조화시키고자 하는 의지를 갖지 못하고 현실로부터 도피하는 지식인의 나약한 면모를 보여주고 있다는 점에서 『상서』의 연생과 유사한 성격을 갖는다고 할 수 있겠다. 『빈처』의 '나'는 신식 결혼생활을 원했지만 경제적인 무능력함 때문에 스스로를 탓하면서 구식 아내에 대해 가졌던 불만을 스스로 해소하고자 아내의 가치를 새롭게 찾아보려고 노력하는 무기력한 남편상을 보여준다. 장미영은 경제 활동에 관심을 보이지 않으면서 독서와 사색이라는 정신 활동의 가치로만 우월성을 인정받고자 하였던 남편상을 '현대판 선비'로 규정하고, 이상만 추구하고 근대사회의 체제와는 조화될 수 없는 남성의 모순된 심리는 현실 사회에서 적응하지 못하고 퇴보된 남편의 모습으로 드러났다고 지적한다. 이에 관한 논의는 장미영, 앞의 논문, pp.13~17 참조.

49) "她以後所有的只是她父親—兒女的債主—的烈日一般的嚴威和旁人的賽過冰霜的冷眼." (魯迅, 『傷逝』, 앞의 책, p.126)

50) 노신은 「노라는 집을 나간 후 어떻게 되었는가」라는 글에서, 노르웨이 작가 입센의 희곡작품 『인형의 집』에서 묘사된 노라의 형상을 통해, 가정에서 남녀 간에 평균적인 분배가 이루어져야 하며 사회에서 남녀는 서로 동등한 세력을 가져야 한다고 역설하면서 변화하기 힘든 중국사회를 비판한다. 이에 관한 문장은 『투창과 비수』(유세종·전형준 편역, 솔, 1997, pp.92~101)를 참조.

51) 宋永毅, 「倫理與心理」, 『中國現·當代文學研究』, 1987. 12, p.223.

52) "看看醉猫似的爸爸, 看看自己, 看看兩個餓得像老鼠似的弟弟, 小福子只剩了哭. 眼淚感動不了父親, 眼淚不能喂飽了弟弟, 她得拿出更實在的來. 爲敎弟弟們吃飽, 她得賣了自己的肉. 摟着小弟弟, 她的淚落在他的頭髮上, 他說: "姐姐, 我餓!" 姐姐! 姐姐是塊肉, 得給弟弟吃!"(老舍, 『駱駝祥子』, 『老舍文集』 제3권, 北京: 人民文學出版社, 1982, p.161)

53) "有時候他恨女兒, 假若小福子是個男的, 管保不用這樣出丑; 旣是个女胎, 干嗎投到他這里來! 有時候他可憐女兒, 女兒是賣身養着兩个弟弟! 恨吧疼吧, 他沒辦法. 赶到他喝了酒, 而手里沒有錢, 他不恨了, 也不可憐了, 他回來跟她要錢. 在這種時候, 他看女兒是个會掙錢的東西, 他是作爸爸的, 跟她要錢是名正言順."(老舍, 『駱駝祥子』, 앞의 책, p.164)

54) 홍경태, 「노사 『낙타상자』의 근대성 연구」, 고려대 중문과 석사학위 논문, 2000, p.21.

55) 박은숙은 『자야』에서 인물들의 활동이 종과 횡 두 축으로 전개된다고 지적하면서 종적인 묘사는 구세력과 신세력과의 대립과 모순 혹은 위 세대와 자녀세대간의 단절, 대립 관계로 나타나며 횡적인 인간관계는 이익타산에 따라 합작 혹은 대립의 양상으로 나타난다고 분석하였다. 『자야』에서의 중심 테마를 '돈'에 얽힌 관계로 보고 '돈' 모티프를 통해 종적, 횡적인 인간관계의 갈등과 대립을 논의한 내용은 「중국 현대소설에서의 경제의식—모순의 『자야』를 중심으로—」(『현대소설연구』 제

14집, 한국현대소설학회, 2001)을 참조.

56) "然而老趙是 '寡人有疾, 寡人好色', 我們用女人這圈圈兒去, 保管老趙跳不出!"…… "外邊人稱讚老趙對于此道之精, 有過這么兩句話: 是寶石, 他一上眼就知道眞假, 是女人, 他一上身就知道是不是原生貨! 他就愛玩个原生貨. 只要是大姑娘, 他是一槪收用, 不分皁白. 他在某某飯店包月的房間, 就專門辦的這襠公事. 他常到某某屋頂花園巡閱, 也爲的是要物色人才! 要勾上他一點兒也不難, 只要……" "只要……只要什么?" 馮雲卿慌忙間, 立刻站了起來, 聽得很有興味的神氣也在他眉宇間流露出來了. "只要一位又聰明又漂亮又靠得住的大小姐, 像令愛那樣的." (茅盾, 『子夜』, 앞의 책, p.167)

57) 박은숙, 앞의 논문, p.130.

58) 강경구, 「모순의 『농촌삼부곡』 탐색」, 『중어중문학』 제22집, 1998, p.208.

59) "洋鬼子怎么就騙了錢去, 老通寶不很明白. 但他很相信老陳老爺的話一定不錯. 幷且他自己也明明看到自從鎭上有了洋紗, 洋布, 洋油, 這一類洋貨, 而且河里更有了小火輪船以後, 他自己田里生出來的東西就一天一天不價錢, 而鎭上的東西却一天一天貴起來. 他父親留下來的一分家産就這么變小, 變做沒有, 而且現在負了債. 老通寶恨洋鬼子不是沒有理由的!"(茅盾, 『春蠶』, 『茅盾全集』 제8권, 北京: 人民文學出版社, 1989, pp.315~316)

60) 신진호, 「모순의 『농촌삼부곡』 연구」, 연세대 중문과 석사학위 논문, 1989, p.63.

61) 손애경, 「모순의 『농촌삼부곡』 연구」, 숙명여대 중문과 석사학위 논문, 1990, p.61.

62) "人窮了也要有志氣"(老舍, 『秋收』, 앞의 책, p.348)

63) "然而世界到底變了"(茅盾, 『春蠶』, 앞의 책, p.315)

64) 왕진중(王臻中)은 통보 영감의 비극이 지닌 의미를 '불변(不變)'과 '돌변(突變)' 사이의 충격으로 인한 것이라고 지적한다. 「論茅盾短篇小說的藝術特點」, 『文學論評叢刊』 6集, 中國社會科學出版社, 1980, p.108.

65) "春蠶的慘痛經驗作成了老通寶一場大病, 現在這秋收的慘痛經驗便送了他一條命. 當他斷氣的時候, 舌頭已經僵硬不能說話, 眼睛却還是明朗朗的; 他的眼睛看着多多頭似乎說: 眞想不到你是對的! 眞奇怪!"(茅盾, 『春蠶』, 앞의 책, p.368)

66) 강경구는 통보 영감의 현실을 지키려는 삶이 없으면 다다두의 변화하고자 하는 의지 역시 성립될 수 없으며 다다두가 통보 영감과 결합될 때 비로소 진정한 소설적 인물이 될 수 있다고 설명한다.(앞의 논문, pp.192~193 참조) 고점복 역시 통보 영감의 죽음으로부터 전통에서 근대로, 과거에서 현재로, 현재에서 미래로 전환이 이루어졌다고 보면서 통보 영감과 다다두, 혹은 전통과 근대라는 대립항은 상극과 상생의 과정을 거쳐야만 진정한 의미의 전환이라고 지적한다. 「모순의 『농촌삼부곡』 연구」(고려대 중문과 석사학위 논문, 2001. p.90) 참조.

67) 고점복, 앞의 논문, p.97.

68) "因爲他們尙來有一个家. 而且還是 "自由自地" 過得去的家, 他們就以爲做人家的意義無非爲

要維持這"家", 現在要他們折算了這家去過"浮尸"樣的生活, 那非但對不起祖宗, 并且也對不起他們的孩子~小寶. "家", 久已成爲他們的信仰. 剛剛變成無産無家的他們怎樣就能忘記了這久長生根了的信仰呵!"(茅盾, 『殘冬』, 앞의 책, p.382)

69) 종계송(鍾桂松)은 『농촌삼부곡』의 예술적 가치는 당시 사회적, 경제적 생활에서 극도로 충돌하고 있었던 모순들을 작품 속에서 고도로 집중시켜 이를 화해미(和諧美)로 승화시킨 것에 있다고 지적하였다. 『茅盾散論』, 上海: 復旦大學出版社, 2001, p.159.

## 2 공자와 여성

1) 『중국근현대사연구』 제18집, 2003. 6.

2) '여성주의' 란 feminism의 번역어 중 하나이다. feminism이란 용어에 대해 과거에는 '여성해방론' '여권주의' 등으로 사용하는 경우가 많았는데 이들은 역사적으로 나타난 다양한 페미니즘의 다양성을 포괄하지 못한다는 비판 아래 최근 국내 여성학자들 사이에서는 '여성주의' 란 용어가 널리 사용되고 있다. 중국에서도 여성해방을 둘러싼 여러 가지 사조의 총칭으로서 '여성주의' 라는 말이 사용되고 있다. 이 글에서는 편의상 좁은 의미에서의 여권운동을 페미니즘, 여성의 입장에서 세계를 바라보는 관점을 여성주의로 구분하여 사용한다.

3) 최영진, 「유교와 페미니즘, 그 접점의 모색」, 한국유교학회 편, 『유교와 페미니즘』, 철학과 현실사, 2001, p.66.

4) 劉華鋒, 「孔子的婦女觀探析」, 『中華女子學院山東分院學報』 2004-3.

5) 敏之, 「誰的『婦女園地』」, 『婦女園地』(『申報』 副刊), 1934. 2. 18.

6) 峙山, 「孔子與婦女」, 『婦女共鳴』 4-9, 1935.

7) 『사기』와 유가사상의 관계에 대해서는 來新夏, 「儒家思想與『史記』」, 復旦大學歷史系·復旦大學國際交流辦公室 合編, 『儒家思想與未來社會』, 上海人民出版社, 1990 참고. 이 글의 저자와 마찬가지로 필자 또한 『사기』의 기본 사상은 유가라 생각하며 다만 사마천 당시의 한조 유가가 갖는 독특한 성격 때문에 반고의 비판을 받은 것으로 본다.

8) 가지 노부유키, 이근우 옮김, 『침묵의 종교 유교』, 경당, 2002, p.151.

9) Jean Bethke Elshtain, *Public Man, Private Woman: Women in Social and Political Thought*, Princeton U. P., 1993.

10) 이상화, 「중국의 가부장제와 공·사 영역에 관한 고찰」, 『여성학논집』 14·15 합집, 1997, pp.196~197 참조.

11) 胡發貴, 『儒家文化與愛國傳統』, 上海社會科學院出版社, 1998, pp.80~89 참조.

12) 이상화, 앞의 글, p.203 참조.

13) 근대 이전 중국인의 여성관을 개관한 것에 徐復觀, 「陰陽五行及其有關文獻的研究」, 『中國人性論史』(先秦篇), 臺北: 商務印書館, 1982, pp.509~575, 杜芳琴, 『女性觀念之衍

變』, 天津, 1988, 김인숙,「魏晉時代 儒敎의 女性關」,『史學志』, 단국대, 28, 1995 참조.

14)『동아일보』2001년 11월 2일, 2002년 4월 16일자 기사 참조.

15) 劉華鋒, 앞의 글, 廖小鴻,「'女子'— '小人' 辨: 談孔子的婦女觀」,『中華女子學院山東分院學報』2003-4 등 참조.

16)『문화일보』기획 시리즈「유교는 과연 죽었는가: 유교, 여성과 사회의 적인가」(1999. 7. 15) 참조.

17) 仁井田陞,「중국법사에서 주부의 지위와 열쇠」,『국가학회잡지』제61권 4·5호, 1943(가지 노부키, 이근우 옮김,『침묵의 종교 유교』, 경당, 2002, p.287에서 재인용) 가지 노부유키는 특히 가정 내에서는 모친이 존경받는 입장에 있었음을 강조한다. 1940년대에 탕양례(湯良禮)는 "(중국에서) 부인은 오히려 항상 가족 속의 폭군이었다. 어머니 또는 의붓어머니의 권리는 세상이 다 아는 일이다. 아내는 남편에게조차 공포의 대상이었고 여성에게 발언권이 있는 나라라는 점에서 중국과 견줄 수 있는 나라는 세상 어디에도 없다. …… 중국의 부인은 사랑, 아름다움, 지혜에 근거하지 않고 단순히 아내의 위치에서 내쳐지지 않는다는 이유만으로 강고한 사회적 지위를 쌓아올린 것"(탕양례,『중국사회의 조직과 전망』, 育生社, 1940, 가지 노부유키, 앞의 책, p.286에서 재인용)이라고까지 극언하였다.

18) 佐藤愼一,「儒敎とナシヨナリズム」,『中國·社會と文化』1989-4, p.34 참조. 내셔널리즘의 주장이란 논리적인 설득성을 갖기보다는 정념에 호소하는 것이므로 정치사상으로서 분석하기가 쉽지 않다. '내셔널리즘'에 대한 일본의 번역어로서 중국에도 전하여진 '민족주의'라는 용어에 대한 정의는 학자에 따라 매우 다양하다. 중국에서는 '국민주의' '국가주의' 등과 혼용하고 있으며 최근에는 사료 용어로 '애국주의'라는 용어가 자주 사용되고 있다.

19) 뉴욕『亞細亞』잡지, 1937. 4. 宋仲福 等著,『儒學在現代中國』, 中州古籍出版社, 1991, p.127에서 재인용.

20) 岳慶平,『家國結構與中國人』, 香港: 中華書局, 1989.

21) 胡發貴, 앞의 책, p.3.

22) 梁啓超,「新民說」제6절 '論國家思想',『新民叢報』제4호, 1902. 3. 24.

23) Elisabeth Croll, *Feminism and Socialism in China*, 김미경·이연주 역,『중국여성해방운동』, 서울: 사계절, 1985, p.176.

24)『第二次中國敎育年鑑』·『第一次中國敎育年鑑』(羅蘇文,『女性與近代中國社會』, 上海: 人民出版社, 1996, p.354에서 재인용).

25) 呂美頤,「20世紀二三十年代職業女性簡論─從上海女子商業貯蓄銀行談起」, 중국사학회 주최 제3회 국제학술대회 발표 논문집『通過中國婦女看中國歷史』, 2002, 6, p.104 참조.

26) 包遵彭·李定一, 吳相湘 編,『中國近代史論叢』제2집 제6책, p.5.

27) 李興華,『民國敎育史』, p.725 참조. 남경정부 시기 여성 교육 정책에 대해서는 지

현숙, 「北平市의 中學男女分校令(1935년) 실시를 통해 본 賢母良妻教育」,『동양사학연구』72집, 2000. 10 참조.

28) 規中, 「婦女的職業技能」,『婦女園地』1934. 2. 2, 玆九,「關於托兒所與兒童公育」,『婦女園地』, 1934, 5, 27 등 참조.

29) 規中, 앞의 글, 碧遙,「談女學生」,『婦女園地』, 1934. 5. 13 등 참조.

30) 社英,「中日女子參加職業之比較觀」,『婦女共鳴』27기, 1930. 5. 1.

31) 社英,「女子職業性質之研究」,『婦女共鳴』29기, 1930. 6. 1.

32) 社英,「從事職業爲婦女唯一之出路」,『婦女共鳴』2-2, 1933. 2.

33) 社英,「知識婦女界之家庭責任談」,『婦女共鳴』35기, 1930. 9. 1.

34) 雲,「悼唐群英女士」,『婦女共鳴』6-6, 1937.

35) 陳公魯,「新婦女厭棄家庭的危機(轉載)」,『婦女共鳴』35기, 1930. 9. 1.

36) J. L. Buck, *Land Utilization in China*, Chicago, 1937, pp.373.(Croll, p.195에서 재인용)

37) 장개석에 따르면 신생활운동은 바로, "예의렴치의 규율생활을 제창하여 예의렴치의 소행이 일상생활 즉 의식주행(衣食住行)에 스며들게 하려는" 것이었다. 이를 통해 일반 국민의 일상생활로 하여금 "정제(整齊)" "청결" "간단" "소박" "신속" "확실"케 하여 생활의 군사화, 생산화와 아울러 예술화라는 목표를 달성할 수 있게 한다는 운동이다.(蔣介石,「新生活運動綱要」) 신생활운동의 구체적인 내용 및 유교와의 관련에 대해서는 졸고「신생활운동의 성격: 전통사상을 중심으로」,『중국사연구』제9집, 2000 참조.

38) 李敬齊,「新生活運動中婦女應有的認識」,『新生活運動須知』, 新生活叢書社, 1935.

39) 구체적인 복장단속에 대해서는 宸,「取締婦女奇裝異服」,『申報』1934. 6. 14 참조. 퍼머를 했다가 남편에게 혼나 자살한 여자도 있었다.(「兩婦人自殺之相驗」,『申報』, 1934. 5. 24.)

40) 蘇丹,「新女性姿態」,『婦女園地』34기,1934. 10. 7.

41) 峙山,「孔子與婦女」,『婦女共鳴』4-9, 1935.

42) 장개석의 대표적 적계(嫡系)인 Central Club(中央俱樂部)의 속칭.

43)陳立夫,「新生活運動與父母的責任」, 蕭繼宗 主編,『革命文獻』第68輯 新生活運動史料, 臺北: 中央文物供應社, 1975 참조.

44) 潘公展,「上海市教育局長潘公展講演女子教育」,『女子月刊』1-1, 1933. 12.

45) 前山加奈子,「近代中國女性と國家とのかかわり:ジェンダ-的視點からの再檢討の試み」, 井桁碧 編著,『「日本」國家と女』, 東京: 青弓社, 2000 참조.

46) 劉輝・荊溪寧 等著,『著名家族檔案』, 時事出版社, 1999, pp.36~38 참조.

47) Tseung Pao-swen, "The Chinese Women Past and Present" in Sophia H. Chen, *Symposium on Chinese Culture*, Shanghai, 1931, p.339. (Croll, p.177에서 재인용)

48) Tseung Pao-swen, 앞의 글, pp.343~344(Croll, p.178)

49) 曾寶蓀,「結婚與幸福」,『婦女雜誌』16-1, 1930. 1.

50) 許重熹,「婦女對於母教問題應有的認識」,『女子月刊』1-7. 악비의 어머니는 중일전쟁 이후 더욱 주목받는다. 송미령(宋美齡)도 '악모(岳母)'를 이상적 여성상으로 제시했다.(宋美齡, '婦女節慶祝大會致詞', 秦孝儀 編,『蔣夫人語粹』, 臺北: 中央月刊社, 1969. p.19.)

51) 炯女士,「賢妻良母」,『申報』, 1934. 2. 21, 碧雲,「德國賢妻良母制的復活」,『婦女園地』, 1934. 5. 20, 碧雲,「賢妻良母制之發生及其崩壞」,『女聲』3-4, 1934. 11. 30.

52)『婦女共鳴月刊』3권4기, 1934. 4

53) 心勉,「新婦女運動與新生活運動」,『女子月刊』2-4, 1934.

54) 李峙山,「一年來婦女運動之回顧」,『婦女共鳴』3-12, 1934.

55) 劉蘭靜,「婦女職業與婦女生活」, 沈慧蓮,『首都婦女新運年刊』, 南京: 首都新運促進會婦女工作委員會 編, 1937, p.2.

56) 宋美齡,「新生活運動與婦女」,『革命文獻』第68輯 新生活運動史料, p.110.

57) 宋美齡,「新生活與婦女」, 沈慧蓮, 앞의 책, p.22.

58) 傅岩,『婦女的新生活』(新生活叢書), 南京: 正中書局, 1935-7. pp.1~2.

59) 新運總會婦女指導委員會指導委員李德全女士講辭「國難與婦女」, 沈惠蓮, 앞의 책, p.48.

60) 沈慧蓮,「民族復興運動聲中婦女界應有的認識和覺悟」, 앞의 책, p.35.

61) 傅岩, 앞의 책, p.12.

62) 唐國楨,「國難時期的婦女運動和新生活」, 沈慧蓮, 앞의 책, p.32

63) 任培道,「現段階的婦女運動」, 沈慧蓮, 앞의 책, p.16.

64) 중일전쟁 시기 여성계의 활동에 대해서는 많은 연구가 있으므로 여기에서는 구체적으로 다루지 않는다. 呂芳上,「抗戰時期婦女的婦運工作」, 張玉法, 李又寧 編,『中國婦女史論文集』, 臺灣商務印書館, 1981. 梁惠錦,「抗戰時期的婦女組織」,『國史館館刊』復刊 第2期, 1987. 何思瞇,「新生活運動促進總會婦女指導委員會之硏究」,『國史館館刊』復刊 第9기. 臺北, 1990, 段瑞聰,「日中戰爭期の新生活運動」,『近きにありて』(34), 1998. 11 등 참조.

65) 宋美齡,「中國婦女抗戰的使命」,『重慶中央日報』, 1941 .7. 1.

66) 여지사와의 관계에 대해서는「黃仁霖回憶錄(2) 參加革命工作-勵志社運動 1928~1936」,『傳記文學』41-2,「黃仁霖回憶錄(3) 推行新生活運動」,『傳記文學』41-3 참조.

67)「蔣委員長演講: 爲什摩要信仰耶蘇」,『大美晩報』, 1938. 4. 18.

68) 楊百元,『三民主義與婦女』, pp.35~36, 대북: 國父遺敎硏究會印行, 1980.

69) '中國婦女抗戰的使命',『蔣夫人語粹』, 秦孝儀 編, 臺北: 中央月刊社, 1969. p.19.

70)『革命文獻』68, p.434.

71) 이들은 '부상병의 어머니(傷兵之母)'라는 아호를 얻었다.

72) 이 시기 여성들이 활약에 대해서는 談社英,『新運四十年』, 臺北: 1952, 梁惠錦, 앞의 글 참조.

73) 양독생을 비롯한 당시 많은 지식인들은 통치 계급을 '상등사회', 하층 민중은 '하등사회' 그리고 자신들은 '중등사회'의 대표자로 인식하면서, 자신들은 '하층 사회'를 계몽하여 '상등사회'를 혁명할 의무가 있다고 생각하였다. 楊篤生, 「新湖南」 (張楠·王忍之 編, 『辛亥革命前十年間時論選集』1-下, 香港: 三聯書店, 1978, pp.612~648) 참조.

74) Gerda Lerner, "Placing Women in History: Definition and Challenge", *The Majority Finds Its Past: Placing Women in History*, New York: Oxford University Press, 1979, pp.147~148.

75) 앞의 책, p.164.

## 3 누드 모델 사건

1) 劉海栗, 「人體模特兒」, 上海『時事新報』雙十增刊, 1925. 10. 10.

2) 『上海美術專科學校二十周年紀念一覽』, 上海市檔案館藏, 檔號Q250-286.

3) 劉海栗, 「人體模特兒」, 上海『時事新報』"雙十增刊", 1925. 10. 10.

4) 劉海栗, 「人體模特兒」, 上海『時事新報』雙十增刊, 1925. 10. 10.

5) 「上海 正俗社가 劉海栗에게 보내는 편지」, 上海市檔案館藏, 檔號Q250-72.

6) 「劉海栗이 上海 正俗社 이사장 朱葆三에게 보내는 편지」, 上海市檔案館藏, 檔號Q250-72.

7) 「危知事가 美專 나체화를 엄금하다」, 『申報』, 1926. 5. 13.

8) 郁慕俠, 『上海鱗爪』(上海滬報館, 1933), 上海書店出版社, 1998, p.38.

9) 「孫傳芳復劉海栗函」, 上海市檔案館藏, 檔號Q250-72.

10) 袁志煌·陳祖恩 編, 『劉海栗年譜』, 上海人民出版社, 1992, p.80.

11) 「美專停止裸體畫之函牘」, 『申報』, 1926. 7. 15.

12) 「美專停止裸體畫之函牘」, 『申報』, 1926. 7. 15.

13) 呂明灼, 「再論五四批孔」, 『齊魯學刊』第3期, 1999, pp.4~12.

14) 柳詒征, 「論中國近世之病根」, 『學衡』第3期.

15) 郁慕俠, 『上海鱗爪』(上海滬報館, 1933), 上海書店出版社, 1998, p.38.

16) 羅家倫, 「婦女解放」, 『新潮』第2卷 第1期.

17) 姜懷素, 「請禁裸體畫」, 『新聞報』, 1925. 9. 26, 敎育版.

18) 劉海栗, 「人體模特兒」, 『時事新報』, 1925. 10. 增刊, 第1版.

19) 邢建榕, 「上海美專"模特兒風波"檔案史料選」, 『檔案與史料』, p.1~8.

20) 劉海栗, 「人體模特兒」, 『時事新報』, 1925. 10. 增刊, 第1版.

21) 同上.

22) 『陳獨秀著作選』第1卷, p.236.

23) 同上.

24) 周作人, 『談虎集上卷·重來』. 俞金堯, 「中世紀晩期和近代早期歐洲的寡婦改嫁」, 『歷史硏

究』, 2000. 第5期, pp.138~49에서 재인용.

25) 同上.

26) 袁志煌・陳祖恩. 編,『劉海栗年報』, 上海人民出版社, 1992. 3, p.71.

27) 邢建榕,「上海美專"模特兒風波"檔案史料選」,『檔案與史料』, pp.1~8.

28) 同上.

29) 同上.

30) 同上.

31) 『申報』, 1926. 7. 11, 第15版.

32) 「孫傳芳復劉海栗函」, 1926. 6. 3, 上海市檔案館藏.

33) 袁志煌・陳祖恩. 編,『劉海栗年報』, 上海人民出版社, 1992. 3, p.78.

34) 上同.

35) 邢建榕,「上海美專"模特兒風波"檔案史料選」,『檔案與史料』, p.1~8.

36) 袁志煌・陳祖恩. 編,『劉海栗年報』, 上海人民出版社, 1992. 3, p.78.

37) 袁志煌・陳祖恩. 編,『劉海栗年報』, 上海人民出版社, 1992. 3, p.78.

38) 邢建榕,「上海美專"模特兒風波"檔案史料選」,『檔案與史料』, p.1~8.

39) 상해시당안관(上海市檔案館)의 미전 관련 당안(檔案) 중에는(檔案 Q250-72)에는 상해의 다섯 개 미술단체의 연합 성원서가 있는데, 유해율의 손에서 나온 것이다.

## 2부 기획된 공자

### 1 근대 상해 문묘의 기능 변화

1) 문묘가 지닌 이상과 같은 상징적 의미에 대해서는 黃進興,「道統與治統之間: 從明嘉靖九年(1530)孔廟改制論皇權與祭祀禮儀」,『優入聖域: 權力・信仰與正當性』(臺北: 允晨文化實業股份有限公司, 1994) 참고.

2) 이하의 문묘의 설치 과정에 대해서는 「文廟沿革」,『上海研究資料』(上海通社 編, 上海: 上海書店, 1984);「文廟的滄桑史」,『上海市大觀』(屠詩聘 主編, 上海: 中國圖書雜誌公司, 1948) 등 참고.

3) 국가 제사로서 제공전례의 성격과 문묘의 관방적 성격에 대한 설명은, 黃進興, 앞의 글; 同氏,「孔廟的解構與重組: 轉化傳統文化所衍生的困境」,『優入聖域: 權力・信仰與正當性』참고.

4) 魯迅,「在現代中國的孔夫子」(1935),『魯迅全集』第6卷(北京: 人民出版社, 1981), p.316.

5) 孫培青,『中國教育史』(上海: 華東師範大學出版社, 1993), pp.361~362.

6) 이상과 같은, 명대 이후 지방 관학의 운영 상황에 대한 개괄적인 설명에 대해서는 오금성(吳金成),「중국의 과거제와 그 정치・사회적 기능」,『과거―역사학대회 주제토론』(역사학회 편, 서울: 일조각, 1981), pp.17~18 참고.

7) 孫培青, 앞의 책, p.461.

8) 熊月之 主編,『上海通史』第2卷(上海: 上海人民出版社, 1999), p.261, p.269.

9) 상해 도시화의 진전에 대해서는 전인갑,『20세기 전반기 상해 사회의 지역주의와 노동자』(서울: 서울대학교출판부, 2002), pp.23~31 참조.

10) 熊月之 主編, 앞의 책, p.271.

11) 이철원,「상해 조계와 근대 중국 사회문화의 변화」,『외대사학』제9집, pp.59~60.

12) 김유리,「청말 서원의 학당 개편과 근대 학제의 수립」(서울대학교 박사학위 논문, 2001), pp.109~113.

13) 島田虔次, 앞의 논문, p.28.

14) 姜書閣,『中國近代敎育制度』(上海: 商務印書館, 1934), p.15.

15) 蔡元培,「對于新敎育之意見」(1912. 2. 11),『蔡元培全集』第2卷(北京: 中華書局, 1984), pp.130~137.

16) 姜書閣, 앞의 책, p.16.

17) 임시교육회의에서 논의된 안건에 대해서는 我一,「臨時敎育會議日記」,『敎育雜誌』4-6(1912. 6) (舒新城 編,『中國近代敎育史資料』上冊, 北京: 人民敎育出版社, 1985, pp.292~305에서 재인용) 참고.

18)「丁祭之豫備」,『申報』1913. 3. 12;「本會紀事」,『孔敎會雜誌』1-2(1913. 3)

19) 이러한 여론에 대해서는「孔敎新聞」,『孔敎會雜誌』1-1(1913. 2) 참고.

20)「本會紀事」,『孔敎會雜誌』1-1(1913. 2) 참고.

21) 공교 국교화 문제를 둘러싸고 1913년부터 1922년까지 단속적으로 전개된 중화민국의 헌법 기초, 심의 과정의 내용과 결과에 대해서는 肖啓明의 아래 논문 참고.「天壇憲法草案における孔敎の國敎化問題」,『中國硏究月報』593, 1997;「民國初年の國會における國敎案審議について」,『東洋學報』第79卷, 1997.

22) 공교회 측의 '공교 국교화'와 원세개의 '존공' 사이의 거리에 대해서는 肖啓明,「袁世凱の尊孔と康有爲の孔敎」,『歷史學硏究』722(1999. 4)참고.

23)「大總統發布尊崇孔聖令」(1913. 6. 22),『中華民國史檔案資料滙編』第3輯 文化(中國第二歷史檔案館 編, 南京: 江蘇古籍出版社, 1991) (이하『檔案資料』), pp.1~2.

24)「敎育部關于定孔子誕辰爲聖節致各省都督等電」(1913. 9. 17),『檔案資料』pp.2~3.

25)「大總統發布尊孔典禮令」(1913. 11. 26),『檔案資料』, pp.5~6.

26) 湯志鈞 主編,『近代上海大事記』(上海: 上海辭書出版社, 1989), p.770.

27)「大總統發布規復祭孔令」(1914. 2. 7),『檔案資料』, p.6.

28)「崇聖典例」와「孔子廟奉祀官規則」의 내용은 각각「大總統發布崇聖典例令」(1914. 2. 20),『檔案資料』;「內務部擬訂孔子廟奉祀官規則致大總統呈」(1916. 12. 9),『檔案資料』참고.

29)「政治會議議長李經羲爲規復文廟祀孔呈幷大總統批」(1914. 2. 11),『檔案資料』, p.7.

30) 屠詩聘 主編, 앞의 책, 下, p.35.

31)「政治會議議長李經羲爲規復文廟祀孔呈幷大總統批」(1914. 2. 11),『檔案資料』.

32)「春丁祀孔之豫備」,『申報』1915. 1. 28.

33) 屠詩聘 主編, 앞의 책, 下, p.35.

34)「祀孔紀盛」,『申報』, 1914. 3. 3.

35) 1919년의 공자탄신일 행사 예로는,「慶祝孔誕紀」,『申報』, 1919. 10. 21 참고.

36)「廢止春秋祀孔舊禮」,『申報』, 1928. 2. 22.

37)「紳學界上丁祀孔禮節」,『申報』, 1928. 2. 29.

38)「內政部公布孔子紀念日」,『申報』, 1928. 10. 8.

39)「湘省熱烈擧行孔誕紀念」,『申報』, 1928. 10. 19.

40)「今日孔子聖誕」,『申報』, 1931. 8. 27;「上海孔敎靑年會擧行慶祝孔聖典禮」,『申報』, 1931. 8. 28.

41) 이하 민중교육관 건립 과정과 초기 운영에 대해서는 上海市立民衆敎育館 編輯,「本館大事記」,『上海市立民衆敎育館槪況』(上海: 上海市立民衆敎育館, 1933) 참고.

42)「公園講話: 民衆敎育館與文廟公園」,『上海硏究資料』, pp.471~472.

43) 上海市立民衆敎育館 編輯,「本館大事記」참고.

44)「市立圖書館全部開放」,『申報』, 1933. 1. 9.

45) 上海市立民衆敎育館 編,「本館事業摘要」,『上海市立民衆敎育館槪況』(上海: 獨立出版社, 1946) 참고.

46)「國民黨中央執行委員會轉請國民政府明令公布祀孔辦法函」(1934. 6),『檔案資料』第5輯 第1編 文化(二), pp.530~531.

47)「今日孔子誕辰 各界擧行紀念大會」,『申報』, 1934. 8. 27.

48) 상해 공자묘의 정제전례는 1908년 정제가 대사로 승격된 뒤 그리고 1914년 북경 정사당에서 새로운 전례가 만들어지면서 약간의 변화가 있었다. 그러다가 1924년 상해 공자묘 악무주임 범은심(范隱深)이 시세의 변화에 맞추어 새로이「상해사공보(上海祀孔譜)」를 편집하여 그 다음해 여름에 쇄소국에서 간행했다. 본문에서 간략히 소개한 내용은 이것을 따랐다.「상해사공보」내용에 대해서는「文廟沿革」,『上海硏究資料』, pp.185~186 참고.

49)「汪精衛在國民黨中央黨部擧行的孔子誕辰紀念會上提唱尊孔的講演詞」(1934. 8. 27);「戴傳賢在中央黨部擧行的孔子誕辰紀念會上談尊孔意義」(1934. 8. 27), 두 자료 모두『檔案資料』第5輯 第1編 文化(2), pp.537~546.

## 2 공자탄신기념과 문화민족주의

1) 張艶國,「尊孔與袁世凱復辟」,『湖北大學學報(哲學社會科學版)』29-1, 2002. 1.

2)「諭飭憲政編查館會同民政部限制糾結社會事」, 沈桐生 等輯,『光緖政要』第33卷, 上海崇義堂, 1908, p.2508.

3) 대표적으로 陳獨秀,「憲法與孔敎」,『新靑年』第2卷 第3號, 1916;「尊孔與復辟」,『每週

評論』第4號, 1918;「復辟與尊孔」,『新青年』第3卷 第6號, 1917;「舊思想與國體問題」,『新青年』第3卷 第3號, 1917 등이 있다.

4) '子見南子'는『논어』「옹야편」에 나오는 구절이다. 공자가 남자(南子)를 만난 것을 제자인 자로가 좋아하지 않자, 공자가 잘못된 일이 없다고 맹세하는 내용이다. 여기 나오는 남자라는 인물은 송나라 출신으로 위나라 영공의 부인이었는데, 결혼 전부터 이복오빠와 깊은 관계로 있다가 결혼 후까지 관계를 지속하였다고 한다. 말하자면 음탕한 여인의 대명사였던 것이다. 그래서 자로가 좋아하지 않았던 것인데, 연극에서도 이를 모티브로 미색에 혹해 꼴불견인 모습으로 공자가 그려졌다.

5) 趙春珊,「關于孔子: 曲阜二師(子見南子案)」, 中國人民政治協商會議 鎭平縣委員會 文史資料研究委員會,『鎭平縣文史資料』第5輯, 1988. 9, pp.121〜131.

6) 남경국민정부 출범 초기에는 공자의 '존왕충군(尊王忠君)'의 이념이 현대 정치의 보편적 가치인 자유 평등의 원칙에 위배되고 훈정 시기(訓政時期)의 교육에도 무익하며 삼민주의(三民主義)와도 크게 다르다는 입장에서, 1928년 당시 교육 당국이 공식 교과서에서 공자의 성스러움을 폄하하거나 각 교육기관의 공자제례를 금지시키고 경학 교육까지 폐지하는 등의 비공 경향을 나타냈다. 그러나 장개석이나 대계도(戴季陶) 같은 보수적인 주류 인물들은 공자의 사상이나 전통문화를 국민교육과 연결시키려는 의도를 보이기도 하였다.

7) '批林'의 '林'은 임표(林彪)이고 '批孔'의 '孔'은 물론 공자이다. 林彪는 1971년 당시 제2인자(국방부장)로 있다가 쿠데타 음모의 사전 발각으로 군용기를 타고 소련으로 도주하던 중 몽고 상공에서 추락사한 것으로 알려져 있다. 사건 뒤 임표의 집을 수색해 보니 임표가 문혁 이전뿐만 아니라 공자 타도를 연일 외치던 문혁 기간 중에도 유교를 긍정하는 글을 쓰고 있었다고 한다. 사실 여부를 떠나 당시 이것은 이제까지처럼 입으로만 유교를 부정하는 것으로는 부족하고 이제부터는 유교적 가치를 조금이라도 긍정할 가능성을 갖고 있는 세력을 철저히 가려내어 말살하지 않으면 안 된다는 논리로 이어졌다. 그 연장선에서 사인방은 공자에 빗대어 주은래(周恩來)를 공격하기도 했다.

8) 공자가 죽은 이듬해(BC 478년) 노(魯)나라 애공(哀公)이 공자의 옛집을 공묘로 개축하고 세시에 따라 제사를 지내 존숭의 뜻을 나타낸 이래, 전통시기 중국에서는 '석전례'라 하여 국가적으로 공자에게 제사 지내는 '사공전례'가 꾸준히 이어져왔다.

9) 趙駿河,「中國歷代 釋奠儀禮의 史的 考察」,『東洋哲學研究』第20輯, 1999. 6, 179〜180.

10) 공자의 생일에 관해서는 2천 년 동안 논란이 끊이지 않았으나, 지금은 대체로『春秋穀梁傳』의 "冬十月庚子, 孔子生"이라는 기록에 따르고 있다. 여기서 "十月庚子"는 주대의 역법에 따른 것인데, 이를 하력(夏曆)으로 환산하면 10월은 8월에 해당되고, 경자일은 27일이다.(匡亞明 著,『孔子評傳』, 濟魯書社, 1985, p.33)

11) 보고와 강연의 내용이 신문 자료 등에 원문 그대로 남아 있는데, 총 19건의 보

고 및 강연 내용을 확인할 수 있었다. 아래는 이를 종합적으로 정리하여 서술하였다. 일부 각급 정부 및 당부의 공식 성명서를 포함하고 있고 필자가 명시된 글의 '논자'들은 대개 국민정부의 요인들이었는데, 오철성(吳鐵城), 소원충(邵元冲), 왕정위, 대계도, 원야추(袁野秋), 동행백(童行白), 반공전(潘公展), 마초준, 주음당(周蔭棠), 장형(張炯) 등이 있다.

12) 千聖林,「新生活運動의 性格: 傳統思想을 중심으로」,『中國史研究』第9輯, 2000. 5.

13) 원문은 "子曰我欲載之空言, 不如見之于行事之深切著明也"이다. 대략 "공자께서 말씀하시기를, 내가 헛된 말로 기록하려고 했으나, 그보다는 차라리 행한 일의 시시비비를 거론함으로써 그 결과 그 일을 더욱더 절실하고도 명백하게 할 수 있었다"로 풀이될 수 있다.

14)『논어』의 원문은 "子貢問政 子曰足食足兵民信之矣, 子貢曰必不得已而去於斯三者何先 日去兵, 子貢曰必不得已而去於斯二者何先 日去食 自古皆有死民無信不立"이다. 풀이하자면, "자공이 정치를 어떻게 해야 하는지를 묻자, 공자 가라사대 식량이 충족하고 군비가 충족하며 백성의 믿음이 있으면 된다. 다시 자공이 하나를 버려야 한다면 무엇을 먼저 버려야 하느냐고 묻자, 공자 가라사대 군비를 먼저 버린다. 다시 자공이 또 하나를 버려야 한다면 무엇을 버려야 하냐고 묻자, 공자 가라사대 식량을 버린다. 식량이 없으면 죽는 자가 많으나 믿음이 없으면 애초에 (정치가) 성립되지 않는다"는 뜻이다.

15) 원문은『논어』「자로(子路)」편의 "冉有曰, 旣庶矣, 又何加焉. 曰富之. 曰旣富矣, 又何加焉, 曰敎之"이다. 풀이하자면, "염유(冉有)가 말하기를 '이미 번성하거늘 더 무엇을 하오리까' 하니, 공자가 말하기를 '부유하게 하라' 하셨고 '이미 부유하면 더 무엇을 하오리까' 하니 '가르쳐라' 하셨다"는 뜻이다.

16) 해당 원문은 "天地革而四時成, 湯武革命, 順乎天而應乎人, 革之時大矣哉"인데 풀이하자면, "천지가 변혁되어 사시를 이루고 탕왕과 무왕이 혁명하듯 천지가 바뀌며 하늘에 순응하고 백성에게 응하니 혁(革)의 때가 크다"는 뜻이다.

17) 胡適,「寫在孔子誕辰紀念之後」(『獨立評論』117, 1934. 9.),『胡適文集 第1卷 讀書與胡說』, 北京燕山出版社, 1995. 6, p.218.

18) 대계도는 '중국의 문명은 요순우탕(堯舜禹湯)에서 비롯되어 문무주공공자(文武周公孔子)로 전승된 이후 아무도 이를 잇지 못했는데, 손문이 바로 공자 이후 단절된 문명을 계승하여 그것을 부흥시켰다'고 주장하였다. (戴季陶,「國民文化復興的開始」,『中央黨務月刊』第73期, 1934. 8.)

19) 정문상(鄭文祥),「민국기 상해 문묘의 기능 변화와 '공자'」,『중국사연구』제32집, 2004.10, p. 263.

20) 唐賢興 · 唐麗萍,「南京國民政府時期國家整合的失敗與現代化計劃的受挫」,『江蘇社會科學』1998-5, p.107.(復印報刊資料,『中國現代史(K5)』1998-12)

21) 박순영,「문화적 민족주의: 그 의미와 한계」,『철학』37, 1992와 이에 대한 논평

인 김여수, 「논평: 문화적 민족주의와 보편성」, 『철학』 37, 1992를 참조하였다.

22) 胡適, 「寫在孔子誕辰紀念之後」(『獨立評論』 117, 1934. 9.), 『胡適文集 第1卷 讀書與胡說』, pp.217~224.

## 3 공자 비판의 정치학

1) 상해 문묘나 가정현(嘉亭縣) 공묘 등 공자 사당들은 90년대 이전만 해도 서시(書市)나 공원 등의 용도로 활용되면서 매우 초라한 모습이었지만, 오늘날에는 그러한 초라한 모습을 연상할 수 없을 정도로 개수, 보수가 이루어져 있다. 그 개수, 보수는 1990년대로 접어들면서 거의 비슷한 시기에 이루어졌음을 확인할 수 있다.

2) 개혁개방 직후 중국사회의 향후 진행 방향과 관련해서 계몽적 입장의 관심을 보였던 엘리트 지식인들의 이른바 문화열(文化熱) 속에서 전통적 유교사상을 현대적 수요에 부응케 할 수 있다는 현대신유가들이 관심을 모으기 시작했다.(한국철학사상연구회 논전사분과 엮음, 『현대 중국의 모색: 문화전통과 현대화 그리고 문화열』, 동녘, 1992; 羅義俊 編, 『評新儒家』, 上海人民出版社, 1989) 그러한 관심은 대체로 오늘날까지 지속되고 있는데, 특히 두유명(杜維明)은 신유가의 관점을 적극적으로 소개하고 '유학제삼기발전'론을 주장해 왔다.(杜維明, 『現代精神與儒家傳統』, 三聯書店, 1997)

3) 대부분의 개설, 전론이 취하는 관점은 이 점에서 대동소이하다. 진춘밍 · 시쉬엔, 『문화대혁명사』, 나무와 숲, 2000; 高皐 · 嚴家其, 『文化大革命十年史 1966-1976』, 天津人民出版社, 1986; 張麗波 · 于德寶, 『中華人民共和國歷史紀實 極左哀秋(1973-1976)』, 紅旗出版社, 1994; 王年一, 『大動亂的年代』, 河南人民出版社, 1996; 姬田光義, 「<批林批孔>運動についての實證的研究 -その政治的側面を中心に-」, 『中國現代史の爭點』, 日中出版, 1975.

4) 宋仲福 · 趙吉惠 · 裴大洋, 『儒學在現代中國』, 中洲古籍出版社, 1991, pp.330~351.

5) 중공은 비림정풍 직전에 진백달(陳伯達)에 대한 비판을 통해 당내 단결을 강화하려는 이른바 빈진정풍(批陳整風)을 진행했다. 「我的一点意見」(1970.8.31.), 『中共黨史教學參考資料』, 1983. 4, p.280; 「中共中央關于傳達陳伯達反黨問題的指示」(1970. 11. 16), 같은 책, p.287.

6) 「中共中央通知(1971. 9. 18)」, 中國人民解放軍政治學院訓練部, 『中共黨史教學參考資料("文化大革命"時期)』, 1983. 4.

7) 진춘밍 · 시쉬엔, 앞의 책, pp.304~305.

8) 高文謙, 「糾正"文化大革命"錯誤的一面旗幟」, 『文獻和研究』1984年 11期.

9) 張偉瑄 · 劉五一, 肖星 主編, 『共和國風雲四十年 1949-1989(上)』, 中國政法大學出版社, 1989, pp.568~588.

10) 진춘밍 · 시쉬엔, 앞의 책, pp.315~317.

11) 張麗波 · 于德寶, 앞의 책, pp.7~8.

12) 汪東林,「梁漱溟先生在「批林批孔」運動中」, 梁漱溟, 『我的努力與反省』, 考古文化, 2002, p.444.

13) 「中國共産黨第十次全國代表大會新聞公報(1973. 8. 29)」, 『共和國風雲四十年 1949-1989(上)』, pp.594~597.

14) 中共中央黨史研究室 著, 胡繩 主編, 『中國共産黨的七十年』, 中共黨史出版社, 1991, p.443; 「中國共産黨第十次全國代表大會」, 肖效欽 · 李良志, 『中國革命史』, 紅旗出版社, 1984, p.172.

15) 安藤正士 · 太田勝洪 · 辻康吾, 『文化大革命と現代中國』, 岩波新書, 1986, p.140.

16) 趙生暉, 『中國共産黨組織史綱要』, 安徽人民出版社, 1987, p.397.

17) 진춘밍 · 시쉬엔, 앞의 책, p.317

18) 「毛主席在外地巡視期間同沿途各地負責同志的談話紀要」(1971年8月中旬至9月12日), 中國人民解放軍政治學院訓練部, 『中共黨史教學參考資料("文化大革命"時期)』, 1983. 4.

19) 「新年獻詞」, 『人民日報』, 『紅旗』, 『解放軍報』1973年 元旦 社論.

20) 「元旦獻詞」, 『人民日報』, 『紅旗』, 『解放軍報』1974年 元旦 社論.

21) "郭老從柳退, 不及柳宗元, 名曰共産黨, 崇拜孔二先", 『共和國歷程』, 北京, 光明日報出版社, 1997. 1, p.1330.

22) "勸君少罵秦始皇, 焚坑事業要商量. 祖龍魂死秦猶在, 孔學名高實秕糠. 百代都行秦政法, 十批不是好文章. 熟讀唐人封建論, 莫從子厚返文王", 같은 책.

23) 王年一, 앞의 책, p.495.

24) 당시 토론회에서는 공자를 진보적으로 평가하는 사람도, 반동적으로 평가하는 사람도, 또는 양자를 겸했다고 보는 견해도 있었다. 범문란(范文瀾), 여진우(呂振羽), 후외로(候外盧) 등은 공자를 진보적으로 보는 입장에 있었고, 풍우란(馮友蘭)의 경우는 마지막의 견해에 동조하는 입장이었으며, 양영국은 공자를 반동적 인물로 평가하는 견해를 강하게 주장했던 경우였다.

25) 中共研究雜誌社編委會, 『共匪<批孔>資料選輯』, 臺北, 中共研究雜誌社, 1971, p.422.

26) 「林彪與孔孟之道」, 『紅旗』1974年 第2期.

27) 『中華人民共和國歷史紀實 極左哀秋(1973-1976)』, pp.10~11.

28) 『中華人民共和國歷史紀實 極左哀秋(1973-1976)』, pp.13~18.

29) 『參考消息』1974. 1. 5, 『舊共和國往事 老新聞』, pp.65~66.

30) 민두기(閔斗基), 「중공에 있어서의 공자 비판과 진시황의 재평가」, 『중국근대사론 I』, 1976, pp.222~242. 당시 혹자는 그것을 문화대혁명 '극좌파'와 임표 잔재 세력에 대항하기 위해 주은래 등 '실무파'들이 전개했던 운동으로, 또 혹자는 중앙과 성, 군부에서 실권을 확보해가면서 문화대혁명에 대한 비판적 입장을 보이고 있던 주은래에 대항하기 위해 문혁파들이 추진했던 것으로 풀이하기도 했다.

31) 王年一, 앞의 책, pp.501~532.

32) 추이 즈위안, 「마오쩌뚱 문화대혁명 이론의 득과 실」, 『중국은 어디로 가고 있

는가』, 창비, 2003.

33) 이 점에서 모택동의 "대민주" 이론은 러시아혁명이 관료체제로 퇴화할 것이라고 경고했던 로자 룩셈부르크(Rosa Luxemburg)의 이론과 유사하다고 지적된다. 추이 즈위안, 앞의 논문, pp.71~72.

34) 王力, 『現場歷史: 文化大革命紀事』, 牛津大學出版社, 1993, p.67.

35) 모택동이 정치적으로 주은래를 견제하기는 했지만 여전히 그를 신뢰했다는 사실을 지적할 필요가 있다.

36) "大事不討論, 小事天天送. 此調不改動, 勢必出修正", 張麗波 · 于德寶, 『中華人民共和國歷史紀實 極左哀秋(1973-1976)』, 紅出版社旗, 1994. 2., p.3.

37) 金春明, 『文化大革命論析』, 上海, 上海人民出版社, 1985.

38) 김춘명(金春明)은 "비림비공을 전개한 모택동의 의도는 문화대혁명의 이론과 실천을 진일보시켜 긍정하기 위한 것이고 문화대혁명에 관한 회의 및 배척과 반대를 억압하고 잘못된 좌경 방침을 옹호하면서 계속 진행하기 위한 것이었다는 것을 말해준다"고 설명하고 있다. 진춘밍 · 시쉬옌, 앞의 책, p.331.

39) 강의화(姜義華)는 중국에서 민주화 주장과 보수주의 정치는 서로 대응하며 교차적으로 출현해왔다고 정리하면서, 그 역사적 연장선상에서 비림비공을 계기로 모택동의 전면전제론이 출현했음을 설명하고 있다. 姜義華, 「20世紀中國思想史上の政治的保守主義」, 山田辰雄 編, 『歷史のなかの現代中國』, 勁草書房, 1996.

40) 「孔子和林彪都是政治騙子」, 『學習與批判』1974年 第2期(『共和國歷程』pp.1379~1380에서 전재).

41) 하남성 산간의 마진무공사중학에서 한 여학생이 영어 시험에 답안을 쓰는 대신 해학시를 써놓고 자신은 중국인인데 외국어를 공부할 필요가 있는가라고 주장해 비판을 받고 자살한 사건이 발생했는데, 이 사실을 안 강청은 이를 수정주의 교육 노선의 결과라고 주장하며 비판을 가했다. 『中華人民共和國歷史紀實 極左哀秋(1973-1976)』, pp.33~34.

42) 1973년 요녕성 대입시험에서 장철생(張鐵生)이라는 학생은 백지답안을 제출하면서 답안 뒤에 불만을 나타내는 편지를 적었는데, 요녕성 서기인 모원선(毛遠新)은 이를 정략적으로 이용했고 장철생은 '반조류의 영웅'이 되었다. 『中華人民共和國歷史紀實 極左哀秋(1973-1976)』, pp.26~27.

43) 북경의 한 초등학교 여학생이 일기장에 선생님에 대한 시각을 적었는데 강청 집단은 이를 두 개의 노선, 계급 간의 문제로 확대 해석하고 정치적으로 활용했다. 「一個小學生的來信和日記摘抄」, 李明 主編, 『共和國歷程大寫眞(1949-1993)』, 上, 檔案出版社, 1994. 1. pp.598~602.

44) 컬러텔레비전 브라운관의 설비 도입을 진행하는 과정에서 시찰단이 외국 기업으로부터 선물받은 유리달팽이를 문제삼아 주은래의 국무원과 관련 부문에 대해 비판을 전개했다.

45) 북경 연극대회에 참가한 신편 산서 전통극인「삼상도봉」에 대해, 강청은 도봉이 유소기 부인인 왕광미가 사청운동 중 지도했던 하북 당산의 도원대대라고 우기면서 그것을 유소기 복권을 위한 의도라고 비판했다.「奉行孔孟之道的政治庸人－評晋劇「三上桃峰」靑蘭的形象」,『人民日報』1974. 3. 11.

46) 高皐 · 嚴暇其,『文化大革命十年史 1966-1976』, 天津人民出版社, 1986. 9, p.513.

47) 신민주주의론은 자본주의를 거쳐야만 비로소 사회주의에 진입할 수 있다는 마르크스-레닌주의의 역사발전 단계론을 중국에 적용하려고 했던 것이며(王占陽,『毛澤東的建國方略與當代中國的改革開放』, 吉林人民出版社, 1993, p.143), 과도시기의 총노선이 제기된 이후 모택동은 신민주주의론과 그 이론적 기초인 마르크스-레닌주의의 역사 발전 단계론을 점차 폐기해갔다고 지적된다. 추이 즈위안, 앞의 논문, 2003, pp.58~59.

48) 汪澍白,『毛澤東思想的中國基因』, 商務印書館, 1990.

49) 이택후(李澤厚)는 그의 사상이 중국 고대의 실용 이론과 병가(兵家)의 변증법 영향을 상당히 받았다고 지적했다. 李澤厚,『馬克思主義在中國』, 三聯書店, 1988, p.49.

50)「新民主主義論」,『毛澤東選集』第2卷, 人民出版社, 1966, pp.623~679.

51)「中國共産黨在民族戰爭中的地位」,『毛澤東選集』第2卷, 人民出版社, 1966, p.499.

52) 고병익은 유교 전통을 교(敎)의 측면과 학(學)의 측면으로 구분한다. 고병익,「근대 중국에서의 유교의 동향」,『동아시아사의 전통과 변용』, 문학과지성사, 1996, p.267.

53) 1920년대의 동서문화논쟁, 인생관논쟁, 1930년대의 중국본위문화운동, 1950년대 말 이래 현대신유가의 등장 등 새로운 체제 속에서 유교 전통을 재생하려는 지식인들의 움직임들이 전개되었지만, 그것을 통해 유교 속에서 새로운 체제를 위한 대안적 가치가 충분히 제시되지는 못했다고 할 수 있다.

54) 宋仲福 · 趙吉惠 · 裵大洋,『儒學在現代中國』, 中州古籍出版社, 1991, pp.345~351.

55) 이러한 역사 전통에 대한 비판적 계승의 노력을 주목할 때, 중국 사회주의의 성격을 유교 전통과 직접 연결해서 "유교사회주의" 등으로 설명해 보려는 입장에 대해서는 보다 신중한 검토가 필요하다고 생각된다. 溝口雄三,「<儒敎ルネサンス>に際して」,『方法としての中國』, 東京大學出版會, 1989, pp.174~195; 이상옥(李相玉),「유가사상의 측면에서 본 중국 정치이데올로기-공산혁명 이후 유학적 전통과의 상관성을 중심으로」,『동양철학연구』제20집, 1999. 6.

## 4 이데올로기적『논어』독해

1) 시게자와 도시로, 이혜경 역,『역사 속에 살아 있는 중국 사상』, 예문서원, p.16.

2) 1960년대에 이데올로그였던 관봉도 비림비공 시기에는 하방당해 학문 활동을 하지 못했다. 그러나 그는 고체(古棣)라는 필명으로 2001년에『공자비판상하』를 출판하였다. 그는 이 책에서 계급적인 관점을 옹호하지만, 조기빈 식의 기계적인 적

용을 비판하고 있다. 그는 또한 이 책에서 양백준(揚伯峻)의 『논어역주』가 가지는 문제점을 상세히 지적한다. 이는 양백준의 책이 현재 중국에서 가장 영향력이 있는 것으로 간주하기 때문이라고 생각한다.

3) 「子路」25: 子曰 君子易事而難說也. 說之不以道, 不說. 及其使人也, 器之. 小人難事而易說也. 說之雖不以道, 說也, 及其使人也, 求備焉.

4) 이 논점은 조기빈을 비판하는 학자들에게서 공통적으로 보인다. 심경호는 이 점을 조기빈의 '자교(自校)'라고 한다.(「『반논어』 서평」, 『시대와 철학』 제13호, p.290) 장작요(張作耀)는 "세민(世民) 두 글자가 함께 쓰이지 않으면 기휘할 필요가 없다."는 주장을 들어 조기빈의 기휘설(忌諱說)을 비판한다. 그리고 애민이라는 글자는 『논어』에는 나오지 않지만, 『좌전』에도 나오고 전국시대에는 빈번히 쓰였다고 한다.(「『논어신탐』 초변(初辨)」, 『중국철학』, pp.282~283)

5) 관봉은 『공자비판상하』에서 유교무류를 계급을 구분하지 않았다고 하는 해석도 비판하지만, 족류를 구분하지 않고 군사 교육을 했다는 조기빈의 해석도 비판한다. 공자가 가르친 것은 육예에 대한 교육이었다는 것이다.

6) 심경호, 앞의 글, pp.291~292.

7) 심경호, 앞의 글, 같은 쪽. 장작요, 앞의 글, 같은 쪽.

8) 장작요, 앞의 글, pp.283~289.

9) 不降其志, 不辱其身, 伯夷叔齊與. 謂柳下惠少連, 降志辱身矣, 言中倫, 行中慮, 其斯而已矣. 謂虞仲夷逸, 隱居放言, 身中淸, 廢(發)中權.

10) 關鋒·林聿時, 『春秋哲學史論集』, 인민출판사, p.510. 관봉은 2001년에 『공자비판상하』를 내면서, 인과 민에 대한 구분은 인정하지만, 민을 오로지 노예로만 볼 수 없고, 노예를 포함한 개별 농민이나 수공업자로 보아야 한다고 주장한다.

11) 조기빈은 예의를 지엽적인 것으로 보느냐 아니면 근본적인 것으로 보느냐(「자장」 12)에 따라 자유와 자하가 나뉜다고 본다. 그러나 이 둘은 모두 예악을 옹호하였기 때문에, 군자를 옹호하는 쪽에 속한다고 한다. 그는 오히려 자유의 언행을 종합하여 공자의 복례 노선에서 가장 보수적인 학파라고 한다.(『반논어』, pp.676~686 참조)

12) 이러한 관점은 관봉에 의해서 반박되고 있다. 관봉은 『공자비판상하』에서 소인이 모두 신분적인 관념이 아니라 도덕적인 관념을 가지고 있다고 비판한다

13) 『鄧析子』 「轉辭」: 惡言不出口, 苟語不留耳, 此謂君子也. 『墨子』 「修身」: 君子之道也, 貧則見廉. 富則見義, 生則見愛, 死則見哀.(장작요, 앞의 글, pp.295~296 참조)

## 5 '인문정신의 위기' 논쟁과 공자 기획

1) 王岳川, 「當代文化硏究中的激進與保守之維」, 『知識分子立場─激進與保守之間的動蕩』, 長春, 時代文藝出版社, 2000年, p. 432.

2) 陶東風, 「'人文精神' 遮蔽了甚麼?」, 『二十一世紀』, 제32기, 1995년 12월호, p.132.

3)余英時,「中國近代思想史上的激進與保守-香港中文大學25周年紀念講座第四講」; 姜義華·陳炎,「激進與保守—一段尚未完結的對話」; 許紀霖,「激進與保守之間的動蕩」,『知識分子立場-激進與保守之間的動蕩』, 長春, 時代文藝出版社, 2000. 여영시는 1988년 9월 홍콩 중문대학 강연회에서 중국 근대사상사에서 급진주의가 보수주의보다 지나치게 강렬하여 문화대혁명과 같은 재난이 일어났다고 평론하였다. 그러나 강의화는 오히려 보수주의가 더 많이 출현하였다고 보았다. 허기림은 급진주의와 보수주의 모두 지나치게 강렬하여 평형을 잃고 혼란을 일으켰다고 평가하였다.

4) 王思睿,「今日中國的新保守主義」,『知識分子立場-激進與保守之間的動蕩』, 長春, 時代文藝出版社, 2000, pp.410-415.

5) 楊春時,「新保守主義與新理性主義-90年代人文思潮批判」,『知識分子立場-激進與保守之間的動蕩』, 長春, 時代文藝出版社, 2000, pp.486~489.

6) 백원담 편역,『인문학의 위기』, 서울, 도서출판 푸른숲, 1999.

7) 陶東風,「90年代文化論爭的回顧與反思」,『中國文化辭皮書(1995-1996)』, 桂林, 漓江出版社, 1996. 10, p.181; 馬敏·張三夕 主編,『東方文化與現代文明』, 武漢, 湖北人民出版社, 2001. 9, pp.58~59. '중국 특색'이라는 함의에 관하여 도동풍은 시장경제와 세속화는 서양에서 유래한 용어이며 사실상 중국에는 없었기 때문에 중국 특색이란 용어는 사실상 공허하다고 평론하였다. 장삼석은 현대화 과정에서 국가마다 다른 상황을 강조하는 것은 현대화에 장애가 되며 중국의 국정(國情)을 중국 특색에 첨가시킬 수 없다고 주장하였다.

8) 李承貴,『20世紀中國人文社會科學方法問題』, 長沙, 湖南教育出版社, 2001. 2, p.424. 이승귀는 1970년대 말 80년대 초에 진행된 사상해방은 1950~70년대 마르크스주의 방법의 교조화와 비마르크스주의 방법의 배척을 검토하여 전통적 연구방법, 과학주의 방법 그리고 인문주의 방법에 대하여 합법적 지위를 부여하는 것이라고 해명하였다.

9) 張頤武,「闡釋'中國'的焦慮」,『二十一世紀』, 홍콩, 香港中文大學, 中國文化研究所, 1995. 4, p.128; 王寧,「繼承與斷裂: 走向後新時期文學」,『文藝爭鳴』, 1992년 제6기, pp.9~10; 徐賁,「甚麼是中國的'後新時期'?」,『二十一世紀』, 1996. 8, pp.74~77쪽.

10) 楊麗,『90年代文學理論轉型研究』, 北京, 中國社會科學出版社, 2001. 12, pp.1~2쪽, 17~19.

11) 陳思和,「試論90年代文學的無名特徵及其當代性」, 白燁 選編,『2001中國年度文論選』, 桂林市, 漓江出版社, 2002, p.274. 진사화는 90년대 시장경제의 발전에 따른 대중문화의 세속화, 지식인 지위의 하락, 공통되고 통일된 주제가 없는 문화 상태를 '신상태(新狀態)'로 보고 '무서(無序)' 또는 '무명(無名)'이라고 부르고 있다. 陳思和,「前言」,『中國當代文學史教程』, 상해, 신화서점, 1999, 9, p.14. 양람(楊嵐)과 장유진(張維眞)은 90년대 문화현상에 관하여 개혁개방 이후에 사회철학이 흥기하고 인문정신이 위기에 몰리는 문화의 무질서 시기 곧 '문화무서기(文化無序期)'라고 평가하였다. 楊嵐.

張維眞,『中國當代人文精神的構建』, 北京, 人民出版社, 2002. 6, p.12.

12) 徐賁,「甚麼是中國的 '後新時期'?」,『二十一世紀』, 1996. 8, p.77.

13) 卞悟,「二十世紀末中國的經濟轉軌和社會轉型」,『二十一世紀』, 2002. 8, 제72기, p.4.

14) 饒定軻 等 主編,『當代中國知識分子研究』, 武漢, 華中師範大學出版社, 2000, pp.1~32.

15)「人文精神尋思錄之三: 道統, 學統與政統」,『讀書』, 1994. 5, 51.

16) 趙毅衡,「'後學' 與中國新保守主義」,『二十一世紀』, 1995년 2월 제27기, p.9. 조의형은 80년대 성행하였던 문화열이 1989년 천안문 사건으로 민주화를 요구하였지만 좌절되었고 1990년대에는 열기가 식자 반성하면서 전통문화로 회귀하려는 신보수주의가 나타났다고 보았다. 李天網,「人文精神尋思錄之二: 人文精神尋踪」,『讀書』, 1994. 4월호, p.74. 이천망은 1980년대 문화열은 이론에 치중하였지만 1989년에 천안문 사건도 일으켰는데, 이러한 민주화운동이 좌절된 뒤 1990년대에는 오히려 실천이 위축되었기 때문에 실천을 강화시켜야 한다고 했다.

17) 劉爲民,「'人文精神' 討論的誤區」,『二十一世紀』, 1996년 8월 제36기, p.136.

18)『上海文學』, 1993년 제6기. 왕효명(王曉明)이 사회를 맡고 연구생 장굉(張宏), 서린(徐麟), 장녕(張檸), 최의명(崔宜明) 등 모두 5명이 1993년 2월 18일 화동사범대학 기숙사에서 대화를 나누었다.

19) 楊嵐, 張維眞,『中國當代人文精神的構建』, 北京, 人民出版社, 2002.6, p.65.

20)『二十一世紀』,"評九十年代中國文學批評", 1995년 2월 제27기. 趙毅衡,「'後學' 與中國新保守主義」; 徐賁,「'第三世界批評' 在當今中國的處境」.

21) 李澤厚 · 王德勝,「關于文化現狀 道德重建的對話」,『知識分子立場-激進與保守之間的動蕩』, 長春, 時代文藝出版社, 2000, p.77. 이택후는 담사동이 근대 급진주의의 시작이었으며 혁명파의 급진적 태도에 영향을 주었다고 보았다. 결국 급진적인 혁명파들이 일으켰던 신해혁명에 대하여 아직 유용하였던 왕조 형식까지도 부정하여 결국 입헌파들의 개혁을 좌절시켰고 다시 군벌들의 혼란 상태까지 촉발하였다고 비판하였다.

22) 張明 策劃, 李世濤 主編,『知識分子立場：激進與保守之間的動蕩』,『知識分子立場：民族主義與轉型期中國的命運』,『知識分子立場：自由主義之爭與中國思想界的分化』, 長春市, 時代文藝出版社, 2000.

23)「曠野上的廢墟－文學和人文精神的危機」,『上海文學』, 1993年 第6期, p.64.

24)「曠野上的廢墟－文學和人文精神的危機」,『上海文學』, 1993年 第6期, pp.64~67.

25)「曠野上的廢墟－文學和人文精神的危機」,『上海文學』, 1993年 第6期, pp.67~70.

26) 張頤武,「95文學理論的狀態與視野」,『中國文化辭皮書(1995-1996)』, 桂林, 漓江出版社, 1996. 10, p.186~187.

27) 陶東風,「90年代文化論爭的回顧與反思」,『中國文化辭皮書(1995-1996)』, 桂林, 漓江出版社, 1996. 10, p.136.

28) 楊麗,『90年代文學理論轉型研究』, 北京, 中國社會科學出版社, 2001. 12, pp.54~58.

29)「人文精神尋思錄」,『讀書』, 1994年 3期, p.3.

30)「人文精神尋思錄之一」,『讀書』, 1994年 3期, pp.4〜9.

31) 陶東風,「90年代文化論爭的回顧與反思」,『中國文化薛皮書(1995-1996)』, 桂林, 漓江出版社, 1996. 10, pp.136-138.

32)「人文精神尋思錄之二」,『讀書』, 1994年 4期, pp.73〜81.

33)「人文精神尋思錄之三」,『讀書』, 1994年 5期, pp.46〜53.

34)「人文精神尋思錄之四」,『讀書』, 1994年 6期, pp.66〜74.

35)「人文精神尋思錄之五」,『讀書』, 1994年 7期, pp.49〜55.

36) 陶東風,「90年代文化論爭的回顧與反思」,『中國文化薛皮書(1995-1996)』, 桂林, 漓江出版社, 1996. 10, p.181. 도동풍은 고서천(高瑞泉)이 해석한 가치 이성의 실추와 장여륜(張汝倫)이 해석한 정부의 도구적 이성을 정리하였다.

37) 陶東風,「90年代文化論爭的回顧與反思」,『中國文化薛皮書(1995-1996)』, 桂林, 漓江出版社, 1996. 10, p.141.

38) 楊麗,『90年代文學理論轉型研究』, 北京, 中國社會科學出版社, 2001. 12, pp.14〜15. 독일과 프랑스 근현대 인문학자들 가운데 칸트, 헤겔, 니체, 후설, 하이데거, 마르쿠제, 막스 베버 등의 명저들이 많이 번역되어 보급되었다.

39) 趙毅衡,「'後學' 與中國新保守主義」,『二十一世紀』, 1995年 2月, 第27期, p.4.

40) 趙毅衡,「'後學' 與中國新保守主義」,『二十一世紀』, 1995年 2月, 第27期, pp.9〜11.

41) 鄭敏,「文化, 政治, 語言三者關係之我見」,『二十一世紀』, 1995年 6月.

42) 許紀霖,「比批評更重要的是理解」,『二十一世紀』, 1995年 6月.

43) 萬之,「'後學' 批判的批判」,『二十一世紀』, 1995年 10月.

44) 趙毅衡,「文化批判與後現代主義理論」,『二十一世紀』, 1995年 10月.

45) 陶東風,「90年代文化論爭的回顧與反思」,『中國文化薛皮書(1995-1996)』, 桂林, 漓江出版社, 1996年10月, pp.162〜164.

46) 楊春水,「新保守主義與新理性主義―90年代人文思潮批判」, 張明 策劃, 李世濤 主編,『知識分子立場：激進與保守之間的動蕩』, 長春市, 時代文藝出版社, 2000, pp.486〜489.

47) 湯一介,「'文化熱' 與 '國學熱'」,『二十一世紀』, 제31期, 1995년 10월호, p.32.

48) 張立文,「中國八十年文化論爭的分析與思考」,『傳統文化與東亞社會』, 北京, 人民出版社, 1992, pp.168〜179.

49) 陳來,「20世紀文化運動中的激進主義」, 張明 策劃, 李世濤 主編,『知識分子立場：激進與保守之間的動蕩』, 長春市, 時代文藝出版社, 2000. 1, p.303.

50) 梁元生,「悄然興起的'國學熱'―傳統文化思潮之再起」에서 재인용.『北京大學學報, 社科版』, 1994年 第4期, p.12.

51) 마르크스주의파는 중국정부의 관방 의식 형태이다. 현재 중국정부와 지식인들의 긴장 관계는 대체로 대립적, 병존적 그리고 융합적 관계라는 세 가지 형태가 있다. 阮青,「九十年代關于馬克思主義與儒學關係問題的研究」,『孔子研究』, 1998, 第3期.

52) 楊嵐, 張維眞, 『中國當代人文精神的構建』, 北京, 人民出版社, 2002. 6, p.89.

53) 陶東風, 「90年代文化論爭的回顧與反思」, 『中國文化藍皮書(1995-1996)』, 桂林, 漓江出版社, 1996. 10, p.181 참조. 張德祥, 『王蒙的誤區, 世紀之交的碰撞―王蒙現象爭鳴錄』, 光明日報出版社, 1995.

54) 龔道運, 「新儒學的人文精神--车宗三論儒學和基督教的會通」, 吳光 主編, 『中華人文精神新論』, 上海, 上海古籍出版社, 1998. 12, p.56~70.

55) 楊嵐, 張維眞, 『中國當代人文精神的構建』, 北京, 人民出版社, 2002. 6, pp.90~91.

56) 楊嵐 · 張維眞, 『中國當代人文精神的構建』, 北京, 人民出版社, 2002, 6, 65~67.

57) 張頤武, 「'95文學理論的狀態與視野」, 『中國文化藍皮書(1995-1996)』, 桂林, 漓江出版社, 1996, 10, 192. 장신무는 후국학이 20년대 호적이 말했던 귀신이나 요괴를 잡는 짓(打魂捉妖)하는 整理國故와 다르며 또한 음운(音韻), 훈고, 문자, 고증 등 학술의 전통 국학을 계승하려는 순수한 고전성(古典性) 국학과도 다르다고 보았다.

58) 실증적 학술 연구의 입장은 진리를 실증하기 위하여 격정보다는 냉정한 태도로, 실용적 의미가 적더라도 역사적 내용이 많도록 연구하는 것이다.

59) 張頤武, 「'95文學理論的狀態與視野」, 『中國文化藍皮書(1995-1996)』, 桂林, 漓江出版社, 1996. 10, pp.192~195.

60) 張頤武, 「'95文學理論的狀態與視野」, 『中國文化藍皮書(1995-1996)』, 桂林, 漓江出版社, 1996, 10, pp.195~197.

61) 龐樸, 「孔子思想的再評價」, 中國孔子基金會 · 學術委員會 編, 『近四十年來孔子研究論文選編』, 濟南, 齊魯書社, 1987, 7, pp.331~349.

62) 中國社會科學院, 哲學研究所資料室 編, 『孔子研究論文著作目錄(1949-1986)』, 濟南, 齊魯書社, 1987. 5.

63) 宋仲福 · 趙吉惠 · 裴大洋 著, 『儒學在現代中國』, 鄭州市, 中州古籍出版社, 1991, pp.352~361.

64) 王中江, 「二十世紀末 '中國' 的 '儒學觀'」 一類型, 範式及其方法」.

65) 『해방일보』는 2003년 8월 8일 북경, 상해, 광주의 18~60세 시민 444명에게 현재 가장 절실하게 배양해야 할 공민도덕 15개 항목에 관한 여론조사 결과를 실었는데 예절, 성실, 책임감이 가장 앞섰다. 성실을 제외한 항목들은 도구성 가치관에 속한다. 따라서 현재 시민들은 개인의 내재적인 궁극적 가치관에 대하여 상당히 자각하지 못하고 있기 때문에 개인의 도덕적 해이를 수시로 촉발할 수 있으며, 이는 시장경제에 따른 부작용이라고 평가하였다.

66) 唐亦男, 「儒學的價値觀念對現代社會的意義」, 『紀念孔子誕辰2550周年國際學術討論會論文集』, p.460; 杜維明, 『東亞價値與多元現代性』, 北京, 中國社會科學出版社, 2001, pp.167~206.

67) 趙艷霞, 「儒學與當代家庭」, 國際儒學聯合會 主編, 『儒學現代性探索』, 北京圖書館出版社, 2002. 8, pp.247~249.

68) 陸玉林, 『哲學與21世紀導論』, 上海, 華東師師範大學出版社, 2001. 2, pp.78~101.
69) 方克立, 『現代新儒學與中國現代化』, 天津, 天津人民出版社, 1997, p.522.

# 찾아보기

# 인명 대조 찾아보기

왕몽 王蒙 wáng méng
왕삭 王朔 wáng shuò
왕조명(왕정위) 汪兆銘(汪精衛) wāng zhào míng(wāng jīng wèi)
왕홍문 王洪文 wáng hóng wén
왕효명 王曉明 wáng xiǎo míng
요계거 饒桂擧 ráo guì jǔ
요문원 姚文元 yáo wén yuán
요승지 廖承志 liào chéng zhì
원세개 袁世凱 yuán shì kǎi
위도풍 危道豊 wēi dào fēng
유소기 劉少奇 liú shào qí
유이징 柳詒徵 liǔ yí zhēng
유해율 劉海栗 liú hǎi lì
이대조 李大釗 lǐ dà zhāo
이덕생 李德生 lǐ dé shēng
이덕전 李德全 lǐ dé quán
이작붕 李作鵬 lǐ zuò péng
이정천 李井泉 lǐ jīng quán
이천강 李天綱 lǐ tiān gāng
이치산 李峙山 lǐ zhì shān
이택후 李澤厚 lǐ zé hòu
이평서 李平書 lǐ píng shū
임어당 林語堂 lín yǔ táng
임표 林彪 lín biāo
장개석 蔣介石 jiǎng jiè shí
장건 張謇 zhāng jiǎn
장계 張繼 zhāng jì
장대년 張岱年 zhāng dài nián
장승지 張承志 zhāng chéng zhì
장신승 章新勝 zhāng xīn shèng
장위 張煒 zhāng wěi
장춘교 張春橋 zhāng chūn qiáo
정문강 丁文江 dīng wén jiāng
조기빈 趙紀彬 zhào jì bīn
좌학훈 左學訓 zuǒ xué xùn

주배원 周培源 zhōu péi yuán
주보삼 朱葆三 zhū bǎo sān
주은래 周恩來 zhōu ēn lái
주작인 周作人 zhōu zuò rén
증국번 曾國藩 zēng guó fán
증보손 曾寶蓀 zēng bǎo sūn
지군 遲群 chí qún
진공박 陳公博 chén gōng bó
진독수 陳獨秀 chén dú xiù
진립부 陳立夫 chén lì fū
진수인 陳樹人 chén shù rén
진인각 陳寅恪 chén yín kè
진환장 陳煥章 chén huàn zhāng
채원배 蔡元培 cài yuán péi
초장 楚庄 chǔ zhuāng
최박 崔薄 cuī báo
탕용동 湯用彤 tāng yòng tóng
탕일개 湯一介 tāng yī jie
탕화룡 湯化龍 tāng huà lóng
파금 巴金 bā jīn
팽덕회 彭德懷 péng dé huái
평백 平伯 píng bó
풍우란 馮友蘭 féng yǒu lán
풍자개 豊子愷 fēng zǐ kǎi
호적 胡適 hú shì
황애 黃藹 huáng ǎi
황영승 黃永勝 huáng yǒng shèng

## 공자, 현대 중국을 가로지르다

지은이 전인갑 외 | 펴낸이 홍미옥 | 펴낸곳 새물결 출판사
1판 1쇄 2006년 4월 30일 | 등록 서울 제15-52호(1989.11.9)
주소 서울특별시 마포구 연남동 565-31 우편번호 121-869
전화 (편집부) 3141–8696 (영업부) 3141–8697 | 팩스 3141–1778
E-mail sm3141@kornet.net
ISBN 89-5559-214-0 (03910)